新疆财经大学学术专著出版基金资助项目

隔离机制、双向资源依赖与协同效应关系研究
——以合作研发为例

GELI JIZHI、SHUANGXIANG ZIYUAN YILAI
YU XIETONG XIAOYING GUANXI YANJIU
——YI HEZUO YANFA WEILI

甘立双 ◎ 著

西南财经大学出版社
Southwestern University of Finance & Economics Press
中国 · 成都

图书在版编目(CIP)数据

隔离机制、双向资源依赖与协同效应关系研究——以合作研发为例/甘立双著.—成都:西南财经大学出版社,2022.2
ISBN 978-7-5504-5275-6

Ⅰ.①隔… Ⅱ.①甘… Ⅲ.①企业管理—技术合作—技术开发—研究
Ⅳ.①F273.7

中国版本图书馆 CIP 数据核字(2022)第 028493 号

隔离机制、双向资源依赖与协同效应关系研究——以合作研发为例
甘立双 著

责任编辑:李晓嵩
责任校对:杨婧颖
封面设计:何东琳设计工作室
责任印制:朱曼丽

出版发行	西南财经大学出版社(四川省成都市光华村街 55 号)
网　　址	http://cbs.swufe.edu.cn
电子邮件	bookcj@swufe.edu.cn
邮政编码	610074
电　　话	028-87353785
照　　排	四川胜翔数码印务设计有限公司
印　　刷	四川煤田地质制图印刷厂
成品尺寸	170mm×240mm
印　　张	13.25
字　　数	244 千字
版　　次	2022 年 2 月第 1 版
印　　次	2022 年 2 月第 1 次印刷
书　　号	ISBN 978-7-5504-5275-6
定　　价	78.00 元

前言

伴随着第六次科技革命的悄然而至，科学技术日益呈现出创新突破的发展态势。面对新技术革命所带来的技术复杂性和产品多样化，任何企业都难以独立掌握全部与其发展相关的前沿技术与创新资源。这加大了企业在竞争中的不确定性，迫使企业不断改变其在研发活动中的组织边界，从而形成了跨越企业甚至跨越国界的合作研发。合作研发通过优势资源互补，共同进行创新活动，实现合作成员的共同利益，进一步提升合作成员的竞争优势。然而，在合作研发过程中，合作各方往往会担心核心资源被窃取而导致合作失败，合作失败率高一直是困扰合作研发各方的主要难题。因此，许多学者通过探讨协同效应的实现路径来解决合作研发失败率高的问题。现有研究主要是提出通过政策、制度、管理等“干预”手段来实现协同效应，尚缺乏透过自发性的作用机制来实现协同效应的探讨。本书在合作研发实践中发现这样一种合作现象（如华为与东风、中国重汽与德国曼等），这些合作组织都具有对方所难以模仿或难以替代的资源或能力，这些资源或能力构筑起企业的隔离机制。在隔离机制的作用下，合作组织能够自发地形成资源的彼此依赖关系进而实现协同效应。因此，根据现有研究的不足及对现实合作现象的思考，本书尝试探讨隔离机制对协同效应实现的影响和作用机理，以及双向资源依赖在隔离机制与协同效应之间的中介作用。

根据 Rumelt 对隔离机制的定义，隔离机制能够防止组织已有的竞争优势被削弱。邱国栋、韩文海（2012）在此基础上对隔离机制进行了更深层次的探讨，提出差别优势（具有难以模仿或难以替代的资源或能力）是形成隔离机制的前因变量，隔离机制的建立又能使企业保持持续的差别优势，并揭示了隔离机制能够防止企业间出现“异质同形性”、防止竞争优势被削弱的内在机理。本书在学者们对隔离机制的现有研究成果的基础上，将进一步探讨隔离机制在合作中对协同效应实现的影响及作用机理。差别优势是形成隔离机制的前因变量，并且隔离机制具有防止企业的核心资源或能力被模仿或替代的作用，因此隔离机制反过来能够“锁定”差别优势。也就是说，在隔离机制的作用下，如果合作一方想要获取另一方的优势资源，那么成本会非常高，这对于模仿者来说得不偿失；如果一方想要在市场中重新寻找其他可以替代的合作伙伴，机会也非常少。根据资源依赖理论，组织从外部环境中获得其生存和发展所需资源，同时，如果组织也能提供外部环境所需的资源，那么组织与外部环境之间就会建立起资源依赖关系。因此，在隔离机制作用下，合作双方能够消除核心资源或能力被侵犯的担忧，使得双方都能够从对方获得所需的且难以模仿或替代的优势资源。因此，合作双方可以基于彼此的差别优势而建立起资源依赖关系，这种资源依赖关系是对称的、对等的，即双向资源依赖关系。合作双方的双向资源依赖关系不仅是一种基于彼此优势资源的依赖，而且还能够通过协同运作促使优势资源得到最大化的利用。这种合作有利于双方在优势资源的互动中实现利益最大化，实现“1+1>2”的合作效果，即协同效应。由此可见，隔离机制在管理领域的作用已经超出了生物领域对其原本的界定，隔离机制在研发合作中能够产生“隔而不离”的作用，进而实现协同效应。本书通过揭示在合作研发中隔离机制与协同效应之间的内在关系，不仅发现了协同效应实现的自发性作用机制，而且也进一步丰富和拓展了协同理论的内容体系。

本书按照“隔离机制—双向资源依赖—协同效应”的逻辑主线，采用先案例探究再实证研究（本书的实证研究指的是数理实证研究）的研究方式。案例研究可以获得其他研究手段所不能获得的数据、经验知识，并以此为基础来分析不同变量之间的逻辑关系，进而检验和发展已有的理论体系。因此，本书采用探索性多案例研究方法，分析隔离机制、双向资源依赖与协同效应之间的内在逻辑关系及作用机理，并据此构建出隔离机制、双向资源依赖与协同效应关系的理论模型，为协同效应的实现提供了理论指导。本书的理论观点是基于3组合作研发案例样本的合作实践而构建的，因此其客观性和普适性还需要进行进一步的检验。实证研究是通过观察或实验来收集数据而对提出的理论观点进行检验的一种研究方法，可以更好地反映理论观点的客观性和普适性。因此，本书采用实证研究方法对构建的理论模型和提出的理论假设进行检验。首先应用SPASS22.0软件对抽样样本进行探索性因子分析、信度分析和效度分析，通过预测试来检验量表的可行性和有效性；其次利用AMOS22.0软件对大样本数据进行验证性因子分析以及结构方程建模，通过各变量之间的路径系数分析来检验本书提出的研究假设；最后得出本书的研究结论。

本书的创新之处主要表现为：①在合作研发领域引入隔离机制来研究协同效应实现的问题，进一步充实和丰富了协同理论的内容体系。现有研究对合作组织间协同效应实现的探讨主要集中在资源、关系、成本等方面，虽然形成了多种理论观点与分析框架，但主要还是通过政策、制度、管理等“干预”手段来实现协同效应，还缺乏对协同效应实现的自发性作用机制的探讨。本书尝试将竞争战略领域的核心概念“隔离机制”引入合作研发领域来研究协同效应的实现问题。与现有研究相比，本书研究了合作双方协同效应实现的自发性作用机制，发现协同效应的实现并不会受到其他“干预”因素的影响。“隔离机制”这一创新性变量的引入，不仅发现了实现协同效应的自发性作用机制的问题，而且充实和丰富了协同理论的内容体系，是对协同效应研究的进一步补充。②发现并揭示了合作研发中隔离机制、双向资源依赖与协同效应之间的内在逻辑关系。现有研究对合作中资源依赖与协同效应实现之间的关系进行了探讨，但缺乏对隔离机制与双向资源依赖之间关系的研究以及隔离机制、双向资源依赖与协同效应之间关系的整合研究。本书发现了合作研发中隔离机制与双向资源依赖之间的内在关联，同时揭示了隔离机制在合作中能够产生“隔而不离”的作用效果，是促使合作主体间形成双向资源依赖关系的主要动因。本书还建立了“隔离机制—双向资源依赖—协同效应”的逻辑链条。本书的研究不仅延长了现有研究的逻辑链条，揭示了隔离机制、双向资源依赖与协同效应之间的关系，而且对资源依赖理论与协同理论也做了进一步的补充和完善。③完善和充实了隔离机制的概念和维度。现有研究主要是基于竞争关系的视角来对隔离机制进行解读，而本书是基于合作关系的视角来对隔离机制进行解读，并重新界定了隔离机制的概念框架。另外，本书将隔离机制划分为显性隔离与隐性隔离两个维度，现有研究对隔离机制的划分主要从隔离的作用形式和表现形式等方面来进行，而本书从资源来源视角重新划分了隔离机制的维度，进一步拓展了隔离机制的维度。相较于以往研究，本书更加全面地揭示了隔离机制的未被发现的新特征，打破了将隔离机制局限于竞争领域的界定，对隔离机制在合作领域进行了重新界定，进一步丰富了隔离机制的理论内涵，弥补了现有研究对隔离机制认知的不完整性与局限性。此外，本书从显性隔离和隐性隔离两个维度对隔离机制进行了测量，填补了现有研究尚无可用的隔离机制量表的理论空白。

综上所述，本书以合作研发为例，深入探讨了隔离机制、双向资源依赖与协同效应之间的关系，丰富了隔离机制的理论内涵，完善了资源依赖理论和协同理论的内容体系，为合作研发双方协同效应的实现提供了理论指导和实证支持。

甘立双

2022 年 3 月

目录

1 导论／ 1

1.1 研究背景与研究问题／ 1

1.1.1 研究背景／ 1

1.1.2 研究问题／ 5

1.2 研究目的与研究意义／ 7

1.2.1 研究目的／ 7

1.2.2 研究意义／ 7

1.3 研究内容与研究方法／ 9

1.3.1 研究思路／ 9

1.3.2 研究内容／ 9

1.3.3 研究方法／ 12

1.4 主要创新点／ 12

2 文献综述／ 14

2.1 隔离机制的相关文献综述／ 14

2.1.1 隔离机制的内涵与维度／ 14

2.1.2 制度层面隔离机制／ 16

2.1.3 资源层面隔离机制／ 19

2.1.4 能力层面隔离机制／ 23

2.2 资源依赖的相关文献综述／ 26

2.2.1 资源依赖理论回顾／ 26

2.2.2 组织间依赖：非对称依赖与联合依赖／ 27

2.2.3 资源依赖的维度／ 29

2.2.4 资源依赖的作用／ 30

2.3 协同理论的相关文献综述／ 31

2.3.1 协同理论的形成与演进／ 31

2.3.2 横向协同与纵向协同／ 36

2.3.3 组织协同的影响因素／ 46

2.3.4 协同效应的内涵与维度／ 52

2.4 合作研发的相关文献综述／ 53

2.4.1 合作研发的内涵与动机／ 53

2.4.2 合作研发协同效应的相关研究／ 56

2.5 文献述评／ 58

3 探索性案例研究／ 60

3.1 研究设计／ 60

3.1.1 理论预设／ 60

3.1.2 案例选择／ 61

3.1.3 案例研究方法／ 65

3.1.4 数据收集与整理／ 66

3.1.5 数据分析方法／ 69

3.2 案例分析／ 69

3.2.1 隔离机制的概念框架／ 69

3.2.2 合作研发双方的隔离机制分析／ 71

3.2.3 合作研发双方的双向资源依赖分析／ 74

3.2.4 合作研发双方的协同效应分析／ 78

3.2.5 案例比较分析与研究命题的提出／ 80

3.3 基于隔离机制的协同效应实现理论框架／ 88

4 隔离机制、双向资源依赖与协同效应关系的理论模型构建／ 90

4.1 隔离机制对协同效应的影响／ 90

4.2 隔离机制对双向资源依赖的影响／ 93

4.3 双向资源依赖对协同效应的影响／ 95

4.4 双向资源依赖对隔离机制与协同效应中介作用的影响／ 97

4.5 研究假设汇总与理论模型的构建／ 99

5 量表设计与预测试／ 101

5.1 量表设计／ 101

5.1.1 量表形成思路与设计步骤／ 101

5.1.2 访谈记录及初始题项筛选／ 103

5.1.3 变量初始测量题项／ 107

5.2 量表预测试／ 111

5.2.1 预测试样本的选择与数据收集／ 111

5.2.2 因子分析以及信度和效度分析的评价标准／ 113

5.2.3 预测试结果分析／ 115

6 隔离机制、双向资源依赖与协同效应关系的实证分析／ 128

6.1 问卷发放与数据收集／ 128

6.1.1 样本企业的甄选／ 128

6.1.2 样本数量的确定／ 128

6.1.3 问卷的发放方式／ 129

6.1.4 问卷的发放和数据筛选／ 129

6.2 大样本描述性统计／ 130

6.2.1 大样本基本情况的描述性统计／ 130

6.2.2 大样本数据的描述性统计／ 131

6.3 大样本数据的验证性因子分析／ 133

6.3.1 结构方程模型与指标分析／ 133

6.3.2 隔离机制的验证性因子分析／ 134

6.3.3 双向资源依赖的验证性因子分析／ 136

6.3.4 协同效应的验证性因子分析／ 138

6.3.5 控制变量分析／ 140

6.4 研究假设检验／ 143

6.4.1 隔离机制与协同效应关系的假设检验／ 143

6.4.2 隔离机制与双向资源依赖关系的假设检验／ 145

6.4.3 双向资源依赖与协同效应关系的假设检验／ 148

6.4.4 双向资源依赖是隔离机制与协同效应的中介变量的假设检验／ 151

7 结论与展望／ 158

7.1 主要研究结论／ 158

7.1.1 隔离机制、双向资源依赖与协同效应之间存在正向影响关系／ 158

7.1.2 隔离机制在协同效应实现中起到自发性作用机制的作用／ 158

7.1.3 双向资源依赖是隔离机制与协同效应之间的中介变量／ 159

7.2 理论贡献与管理启示／ 159

7.2.1 理论贡献／ 159

7.2.2 管理启示／ 160

7.3 研究局限与未来展望／ 161

7.3.1 研究局限／ 161

7.3.2 未来展望／ 161

参考文献／ 163

附录／ 196

后记／ 202

1 导论

1.1 研究背景与研究问题

1.1.1 研究背景

1.1.1.1 科技创新促进了经济社会的不断发展

人类的科技文明日新月异，20 世纪 80 年代以来，随着生物科学与技术、通信科学与技术、管理科学与技术、基因科学与技术、新能源科学与技术等各专业领域科学与技术的融合，科学与技术之间的边界日益模糊，科学与技术之间形成并存和同步发展的新关系。科学与技术的紧密联系逐渐使两者作为一体去影响新的产业变革。科技创新是在科学与技术日益融合的背景下提出来的，与特定时期的经济社会发展密切相关。迈克尔·波特认为，新技术的出现应归功于知识创新的成功。科技创新不同于技术创新，它是知识创新与技术创新的结合。科技创新包括新概念、新思想、新理论、新方法、新发现和新假设等原创性或继承性的科技知识创新、科学创新发现、科学技术创新等，其结构如图 1-1 所示。

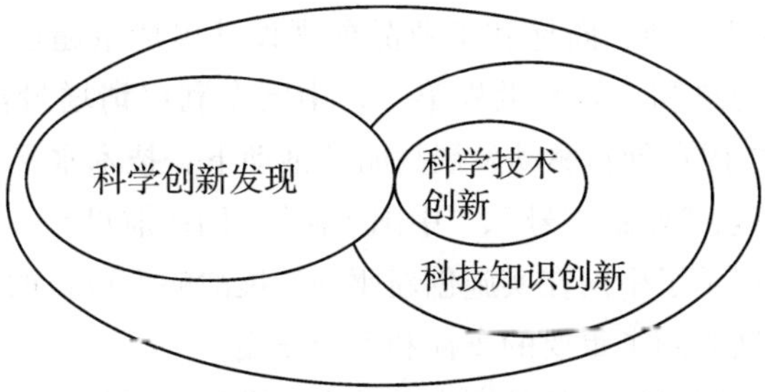

图 1-1 科技创新结构

资料来源：祝娜，王效岳，白如江. 科技创新路径识别研究进展：方法与工具［J］. 图书情报工作，2014，58（13）：132-139.

20世纪后期，新经济的诞生使科学发现转化为现实生产力的时间，由几十年缩短到十几年、几年。现在，科学发现转化为生产力几乎可以实现同步，产业创新就很好地说明了这点。这意味着大的技术跨越可以利用最新的科学发现成果，即可以通过科学发现的原始创新来实现新技术的迅速转化。新的技术机遇和技术范式的涌现，不但会改变相同的产业内部横向的市场结构，而且还会对纵向相关行业的市场力量对比产生影响。物联网、大数据、云计算、区块链、人工智能等高新技术产业正在加速突破应用，重构全球创新版图、重塑全球经济结构。当前，各国正围绕着科技发展前沿而展开激烈竞争，为了能在新一轮技术和产业革命中占据更大的主动权，各国纷纷通过制定并实施面向长远发展的科技发展战略来把握重大发展机遇。例如，金融危机之后的德国工业4.0战略、美国再工业化战略等，这些发达国家具有较强的科技创新能力，能够在全球经济发展出现新常态之时，迅速调整发展模式，在金融危机之后转危为安，实现经济增长。中国进入“十三五”时期后，传统经济发展模式（以投资和外向型驱动为主）的作用在逐步减弱，创新驱动成为区域发展的主要动力，体制、科技和文化创新能力成为区域发展的决定因素，科技创新成为未来影响区域发展的各种创新驱动力量中最稳定和最长期的因素。2016年5月30日，习近平在全国科技创新大会、两院院士大会、中国科学技术协会第九次全国代表大会上强调：“科技是国之利器，国家赖之以强，企业赖之以赢，人民生活赖之以好。中国要强，中国人民生活要好，必须有强大科技。”党的十九大提出的科技强国梦目标的实现，离不开科技创新。2016年，美国国家科学基金会出版的《科学与工程指标》指出，中国已经是世界上排名第2的研发大国，科技创新是中国成为科技强国的重要支撑。在过去的5年里，中国科技进步对GDP的贡献率从2012年的52.2%升至57.5%，国家创新能力全球排名从第20位升至第17位。世界知识产权组织发布的最新年度报告显示，2016年中国的全球专利、商标和工业品外观设计申请量超过美国、日本、韩国和欧洲专利局的总和，名列世界第一，中国专利申请增量占全球总增量的98%。近年来，中国在创新驱动发展战略的推动下，技术水平加速跨越，科技创新成果相继问世，“蓝鲸一号”、“中国天眼”、国产航母等一个个大国重器的出现不仅向世界展示了中国在实施创新驱动发展战略上取得的显著成就，而且对经济社会的发展起到了重要的支撑和引领作用。

科技创新是一国经济增长的源泉和动力。纵观经济与科技发展的历程，科技创新构成经济持续增长的动力源，科技创新能力愈强的国家，经济实力也愈强。洪银兴（2013）提出科技创新、制度创新和商业模式的创新是驱动经济发展的3种主要创新形式，其中科技创新在驱动经济发展中居于核心地位。科技创新对要素结构重组、产业结构升级、需求结构的优化起到支撑作用。世界各国纷纷构建“创新网络”“集群”“区域创新系统”等各具特色的区域创新模式，将区域的各种优势创新资源进行优化配置并建立与之配套的政策体系来开展科技创新活动。李涛、张璋（2014）通过对国家区位优势和科技创新能力关系的研究，提出提升科技创新能力是实现我国迅速崛起的关键路径。学者们对科技创新与经济发展相关要素的关系也进行了研究。田洁等（2015）以华为为例，研究科技创新与企业品牌价值的关系，指出技术创新只有与品牌建设同步协同才能实现价值最大化；贺建风、吴慧（2016）研究发现，科技创新对人口城镇化的影响显著为正；马仁锋等（2012）指出科技创新是文化创意产业发展的动力源；丁鹏玉（2015）提出科技创新在应急产业发展中具有基础性和支撑性作用。

1.1.1.2 合作研发成为企业提升竞争优势的主要途径

世界科技前沿不断开拓新领域，新兴学科纷纷涌现，在基础研究方面、应用研究方面以及高技术研发方面都出现了边界日趋模糊的现象，各领域相互促进、相互融合，科技人才、创新要素在全球范围内的流动更加活跃，研发成果转化为应用的周期不断缩短，科技创新组织模式正在发生历史性的变化。面对科技创新所带来的技术复杂性和产品多样化，任何企业都难以独立掌握全部与其发展相关的前沿技术与创新资源，这就形成了跨越企业甚至跨越国界的合作研发。互联网的发展实现了知识资源、人力资源、信息资源等的整合和共享，使得科技合作不再受到时空的限制，大大推动了跨学科、跨组织、多形式的科技合作。在技术复杂多变以及顾客需求变幻莫测的情况下，合作研发成为企业共享优势资源、降低研发风险、加速知识创新的不二选择。为了提高创新能力和增强竞争优势，越来越多的企业通过依赖外部资源来进行研究合作。同时，企业与外部组织的互动越多，越可能获得更多的外部创意、资源、技术和知识，这会大大增加创新成功的机会。合作研发双方研发成果的共享，不仅能够实现研发外部效应内部化，而且还能够避免重复研发导致的资源浪费，产生协同创造效应。合作研发的企业之间能够有效地解决研发需求复杂化、多样化与研发供给专业化之间的矛盾。

企业是科技创新的主体，企业参与合作研发可以快速地提高其技术水平，增强竞争优势。在科技创新的背景下，企业技术创新要以市场和新的科学发现为导向。国内外企业的实践表明，全球企业合作研发的数量正在迅速增长。在由技术创新演进为科技创新后，企业主动参与到产学研合作创新的体系中，成为孵化高新技术的一个主体。从20世纪70年代开始，日本企业在日本经济的跨越式发展中发挥了积极作用，这主要得益于日本企业不断加强与高校、科研机构之间的合作。实践表明，企业进行跨组织合作研发的程度与企业的创新绩效正相关。例如，华为与东风、中国重汽与德国曼的合作研发都取得了巨大的成功，这与它们的深入合作是密不可分的。不同的企业、学校以及其他形式的研究组织，如政府机构、研究所等所形成的愈发结构化和频繁交互的网络、公会以及协定，逐渐成为企业创新系统获取竞争优势的关键（Sala、Landoni & Verganti，2011）。现在企业之间的合作研发与以往传统的企业之间的合作研发有所不同，现在企业的合作不仅包括在非核心能力方面的合作，而且包括在核心技术能力相关领域的大量合作。这种发展趋势极大地提高了企业之间的合作研发积极性，同时也对参与合作研发企业提出了更高的要求。

1.1.1.3 组织间依赖在合作研究中日益受到重视

追溯理论渊源，依赖现象的最早研究源于政治科学和社会科学两大领域。政治科学研究领域的学者们主要对国家之间的敏感性依赖和脆弱性依赖进行了探讨；社会科学研究领域的学者们认为社会关系主要是成员间相互依赖维系的结果，并将权力引入依赖关系中。在此研究基础上，学者们将依赖思想引入管理学领域，来进行组织间依赖关系的研究。Stock 和 Tatikonda（2008）研究指出，当企业发现自身所拥有的信息不能满足其发展和运用新技术的需要时，往往会更加愿意与其他组织进行合作与互动。Dyer 和 Singh（1998）通过实证分析得出合作主体间由于受到资源依赖的相互影响，促使双方的利益更加紧密地联系在一起，进而提高了企业在合作中的满意程度。组织间依赖是组织间多重因素相互影响、相互作用的结果，既可以是基于组织间资源的依赖，也可以是基于组织间网络结构或组织间关系等不同层次的依赖，其中企业间基于资源的依赖是企业间关系研究的基础。党兴华等（2006）提出，在创新网络中，对异质知识的需要会导致组织间产生相互依赖。组织的网络结构特征超越了仅存在于两个组织之间的相互依赖，这使得网络中的其他组织都对其产生依赖。Gulati 和 Sytch（2007）认为相互依赖的组织之间所产生的相互依赖关系会直接影响它们之间的交易行为和交易关系。组织间依赖程度由合作必要性、资源重要性和资源控制力3个方面决定。组织间的相互依赖程度越高，意味着彼此相对于合作方来说都是必需的、必不可缺的，进而促进长期合作的意向和动力。联合依赖和不对称依赖可以用来描述企业间的相互依赖性。联合依赖用来衡量组织间的内聚力水平。联合依赖的程度越高，企业间越容易形成一致的价值取向与目标，增进相互间信任，更好地实现协作，获得共同成功并保持这种关系的持久性。不对称依赖意味着合作双方在权利或地位上不对等，这种不对等不利于合作伙伴间建立起良好的关系和信任，无法实现共享系统的建立和完善。因此，合作组织只有保持依赖结构的平衡，才能够在合作组织间更好地进行共享和嵌入，不断发挥组织之间相互依赖关系的积极作用，同时抑制非对称依赖关系所带来的消极影响。

学者们对组织间依赖在合作关系、合作行为以及合作绩效中所能够产生的影响和作用进行了研究。组织间依赖的强弱对组织间关系成员及其动态关系具有重要影响。Mccann 等（1979）认为，当企业间发生相互依赖时，它们之间的决策也将相互影响。创新网络中组织间的依赖关系能够使组织产生耦合特性，并且彼此影响和互动。李玲（2011）提出，在技术创新网络中，组织间的依赖程度与合作关系稳定性正相关。她通过实证分析得出技术创新网络中企业间联合依赖与不对称依赖的程度会影响企业在合作过程中的开放度，也会影响企业的合作绩效。党兴华等（2010）研究发现，技术创新网络中企业的合作行为与其依赖程度密切相关。技术创新网络中组织间的权力依赖关系是合作创新取得成功的保障。埃默森教授认为权利来自一方掌握了对方所需要的资源，交换双方会以彼此间的相互依赖来决定他们的相对权利。可见，对组织间的权利依赖的探索能够为组织间关系的研究提供有力的解释。

1.1.2 研究问题

动态能力理论和选择权理论认为，企业获取长期可持续竞争优势的源泉在于不断整合内外部资源，根据外部环境变化灵活管理企业的业务组合，其关键在于通过联盟、协作等合作方式实现知识、技术、信息等资源的共享和创新，进而实现协同效应。然而企业间合作研发实践的失败率为50%~70%（Gerwin，2004）。Hamel（1991）指出，某些公司建立战略联盟的目的是想通过这一途径来学习其他公司的技术或窃取其他公司的稀有资源。Kogut（1998）也指出，企业通过建立合作联盟来获得对方的知识，尤其是无法通过市场交易而得到的隐性知识。王子龙等（2006）研究发现，战略联盟内企业的创新动力与需求将随着目标的完成、任务的结束而呈现出不断下降的趋势，协同活动也会就此终止。例如，美国和日本的合作研发活动在美国的经济主导地位受到日本经济的挑战时，美国会主动减少与日本的合作研发。还有学者从组织对关键资源的拥有和控制构成权利来源的角度来对组织间合作研发进行探讨。Bourantas（1989）指出，依赖会使得依赖组织产生不确定性和不可预测性，从而降低依赖组织的自主决定权及利益维护权，导致依赖企业的脆弱性提高。Bretherton

和 Carswell（2002）也指出，当合作双方存在不对称依赖关系时，各自拥有的权利就会失衡，权利较大一方会以不惜牺牲权利较小一方的利益而为自己谋求更大的利益，而权利较小一方会以报复或退出合作来予以回击，最终导致合作失败。在从事合作研发活动的过程中，虽然联合依赖有利于企业研发能力的提高，但是过度的联合依赖可能会造成技术、知识、信息等资源的反复流动进而产生流动冗余，限定企业的发展范围。不仅如此，过度的联合依赖还会导致合作研发各方形成相似的结构，降低企业对环境的灵活应变能力。由上可见，现有研究识别了合作主体在合作研发过程中可能会导致合作失败的一些现象及原因，为解决合作研发失败问题提供了参考依据。

很多学者通过研究合作研发协同效应的实现来解决合作研发失败的问题，并提出了不同的观点，如可以通过加强合作研发主体间的资源依赖程度、增加相互间的信任、实现收益公平分配、增加彼此间的相容性等手段来实现协同效应。总的来看，现有研究主要是通过政策、制度、管理等“干预”手段来实现协同效应的，尚且缺乏一种自发性作用机制的探讨。本书在合作研发实践中发现这样一种合作现象（如华为与东风、中国重汽与德国曼等），合作组织都具有对方所难以模仿或难以替代的资源或能力，这些资源或能力构筑起企业的隔离机制。在隔离机制的作用下，合作组织能够自发地形成资源的彼此依赖关系进而实现协同效应。因此，根据现有研究的不足及对现实合作现象的思考，本书尝试探讨隔离机制对协同效应的影响及作用机理，以及双向资源依赖在隔离机制与协同效应之间的中介作用。本书根据华为与东风等合作研发组织的合作特征，遵循其合作研发规律，尝试对这些合作研发组织的合作现象进行探讨，以期探寻隔离机制与协同效应之间的内在逻辑关系及作用机理，发现影响协同效应实现的自发性作用机制，为合作研发协同效应的实现提供更加坚实的保障和理论依据。因此，本书将隔离机制与协同效应之间关系的探讨作为研究的新课题，并揭示双向资源依赖在隔离机制与协同效应之间的中介效应。本书主要探讨隔离机制对协同效应实现的作用机理是什么，隔离机制、双向资源依赖与协同效应之间以及不同维度之间有何内在关联。本书通过揭示在合作研发中隔离机制与协同效应之间的内在关系，不仅发现了协同效应实现的自发性作用机制，而且进一步丰富和拓展了协同理论的内容体系。

1.2 研究目的与研究意义

1.2.1 研究目的

本书以探索在合作研发中，隔离机制、双向资源依赖与协同效应之间的内在关系作为研究的主要目标，以资源依赖理论和协同理论作为合作研发协同效应研究的理论基础，以资源依赖过程作为研究主线，引入隔离机制，对合作研发主体间协同效应实现的内在机理进行分析。本书在案例分析和相关理论分析的基础上，构建隔离机制、双向资源依赖与协同效应关系的理论模型，运用结构方程建模对研究假设和理论模型进行检验。本书揭示了隔离机制、双向资源依赖与协同效应之间的关系，丰富了合作研发主体间协同效应实现的研究视角，完善和充实了资源依赖理论与协同理论的内容体系，为合作研发活动的成功开展提供了一些借鉴。

1.2.2 研究意义

1.2.2.1 理论意义

（1）揭示了隔离机制对协同效应的影响。

本书通过对 3 组合作研发案例样本的深入分析，构建出隔离机制、双向资源依赖与协同效应关系的理论模型，提出协同效应是互补效应、集成效应和学习效应的组合，显性隔离作用下实现互补效应和集成效应，隐性隔离作用下实现集成效应和学习效应，双向资源依赖是隔离机制与协同效应之间的中介变量。本书引入隔离机制来研究合作研发组织的协同效应，不断扩充和完善协同理论体系，为合作研发组织间的协同及协同效应研究提供了理论指导。

（2）拓展和丰富了隔离机制的理论研究。

本书构建了隔离机制的概念框架，挖掘出隔离机制在合作研发领域的理论内涵及其作用效果，打破了以往研究对隔离机制的认识和界定，对隔离机制的内容进行了扩展。本书根据形成隔离机制的资源来源不同，将隔离机制分为显性隔离和隐形隔离两类，进一步刻画出隔离机制的功能特征。本书的研究充实和完善了隔离机制的理论研究，扩展了隔离机制在管理领域的作用内涵。

（3）提供组织间资源依赖的新视角。

本书的研究发现具有隔离机制的合作研发双方能够产生更为紧密的资源依赖关系，而且这种资源依赖关系是双向的、对称的。隔离机制是导致双向资源依赖的前因，在隔离机制的作用下，合作双方都能从对方获取必需的、难以模仿和替代的资源，进而与对方建立起一种相互依赖的关系。隔离机制的引入为组织间资源依赖的研究提供了全新的解释视角，也为组织间建立持久的资源依赖关系提供了理论依据。

1.2.2.2 实践意义

（1）隔离机制作用下的协同效应研究是解决合作研发窘境的有效途径。

合作失败率高一直是困扰合作研发组织的问题。合作失败的原因主要包括信任缺失、利益争夺以及协调不畅等。隔离机制便可以较好地解决以上问题。隔离机制的两面性：一方面隔离机制的“隔离”作用，消除了各自“失去竞争优势”的后顾之忧；另一方面，隔离机制的“协同”作用为互补效应、集成效应和学习效应的实现提供支持和保障。本书深刻揭示隔离机制与协同效应之间的内在关系，为合作研发组织间合作的成功开展指明了途径。

（2）隔离机制的引入促使合作研发协同在实践中取得创新性的发展。

运用隔离机制来指导研发组织的合作工作是实现协同发展的重要途径。具有隔离机制的合作双方通过异质性资源的获得和共享，产生技术或知识协同；通过相互信任和相互依赖产生关系协同；通过相关信息的畅通流动产生信息协同；通过利益的公平分配和权利的合理使用产生权益协同。隔离机制是合作研发协同的关键。隔离机制的形成对于提升企业竞争优势，实现合作研发协同都具有重要的现实意义。

（3）凸显合作研发协同对于经济社会发展的重要作用。

合作研发可以解决创新组织在研发中面临的诸如资金不足、研发力量不强等问题。协同效应是合作研发组织实现双赢的保证，因此对合作研发协同效应的研究就显得尤为重要。合作研发实现协同效应是合作成功的主要体现。本书致力于探索并找到一种能够实现合作研发协同的有效途径，这一途径不仅可以推动企业的技术创新、提高企业的市场竞争力，而且可以提高我国科学技术研发实力，促进经济社会全面发展。

1.3 研究内容与研究方法

1.3.1 研究思路

本书深入合作研发领域对隔离机制、双向资源依赖与协同效应之间的关系展开系统的研究。第一，对合作研发主体间协同实践所带来的合作成功现象进行分析，探寻并揭示这一现象背后所蕴藏的作用机制；通过相关文献研究，得到本书的理论依据并发现现有研究的缺陷，进而确定本书的研究主题。第二，根据探索性多案例分析结果，提出本书的初始研究命题并构建基于隔离机制的协同效应实现理论框架。第三，在本书提出的初始研究命题的基础上，结合现有的理论研究，进行更深入的理论探讨，提出相应的研究假设并构建隔离机制、双向资源依赖与协同效应关系的理论模型。第四，通过文献分析和小规模访谈，设计并完善本书各潜变量量表，并运用 SPASS22.0 软件对各潜变量量表进行预测试，通过描述统计分析、探索性因子分析、信度和效度分析来检验量表的可行性和有效性。第五，选取不同领域具有代表性的正在进行合作研发或有过合作研发经历的主体作为大样本调查问卷发放对象，运用 AMOS22.0 软件进行验证性因子分析和结构方程建模，对本书提出的研究假设和理论模型进行检验。第六，根据理论和实证分析结果提出本书的研究结论与展望。本书的技术路线如图 1-2 所示。

1.3.2 研究内容

本书共分为 7 个章节，每个章节的研究内容如下：

第 1 章：导论。这一部分总括性介绍了本书的研究背景、研究问题和研究目的及意义，阐述本书的研究思路、研究内容、研究方法及研究技术路线图，总结本书的主要创新点。

第 2 章：文献综述。这一部分主要对隔离机制、资源依赖、协同理论以及合作研发的国内外相关研究文献进行综述。该部分通过对已有研究成果的梳理和归纳，得到理论依据并发现现有研究存在的不足和局限，进而提出本书拟研究的问题。文献研究的结果显示，目前对隔离机制、双向资源依赖与协同效应之间关系进行整合研究的文献还不多，本书对三者之间关系的整合研究不仅发现了隔离机制在合作研发中的“隔而不离”的作用效果，而且揭示了协同效应实现的自发性作用机制。因此，本书将隔离机制、双向资源依赖与协同效应之间的内在逻辑关系的探讨作为研究主题。本课题具有一定研究意义和研究价值。

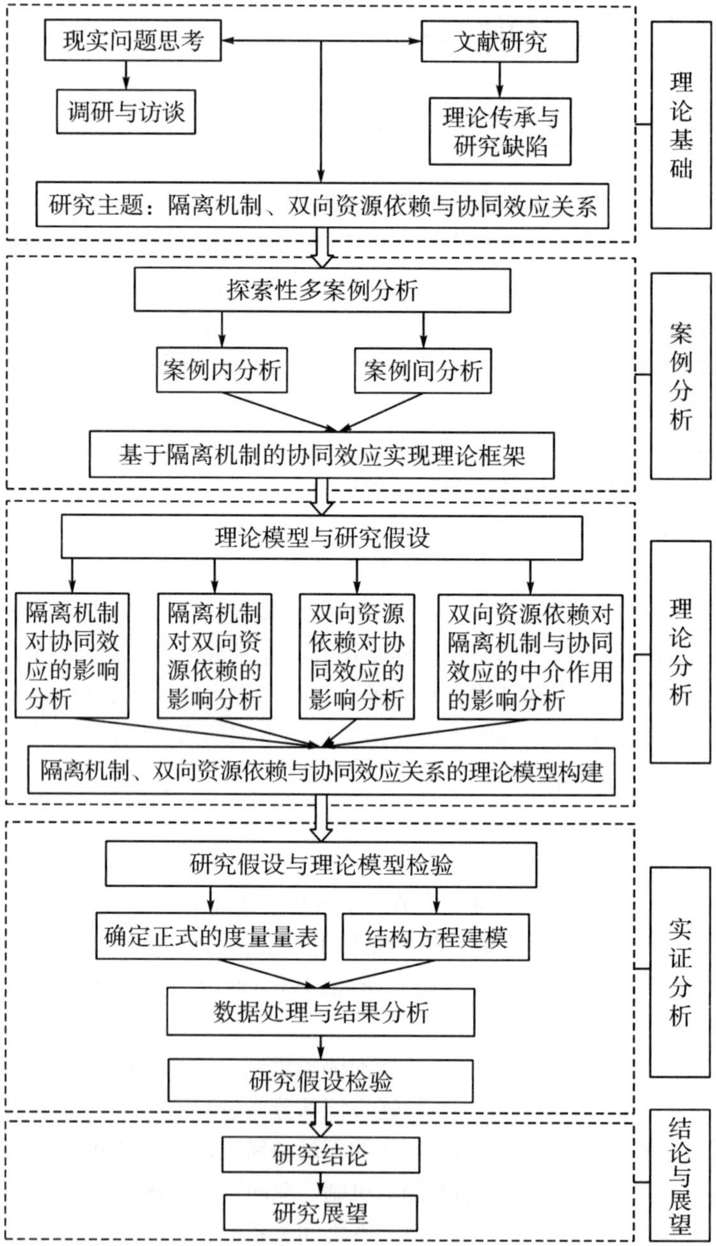
现实问题思考
文献研究
调研与访谈
理论传承与研究缺陷
研究主题：隔离机制、双向资源依赖与协同效应关系
理论基础
探索性多案例分析
案例内分析
案例间分析
基于隔离机制的协同效应实现理论框架
案例分析
理论模型与研究假设
隔离机制对协同效应的影响分析
隔离机制对双向资源依赖的影响分析
双向资源依赖对协同效应的影响分析
双向资源依赖对隔离机制与协同效应的中介作用的影响分析
隔离机制、双向资源依赖与协同效应关系的理论模型构建
理论分析
研究假设与理论模型检验
确定正式的度量量表
结构方程建模
数据处理与结果分析
研究假设检验
实证分析
研究结论
研究展望
结论与展望

图 1-2　本书的技术路线

第 3 章：探索性案例研究。这一部分对来自不同合作层面的 3 组合作研发样本进行探索性案例分析，3 组合作样本分别为跨行业合作层面的华为与东风、竞争者合作层面的中国重汽与德国曼、产学研合作层面的新疆天业与石河子大学。本书通过案例内分析与案例间分析，提出初始研究命题，并在此基础上构建出基于隔离机制的协同效应实现的理论框架。

第 4 章：隔离机制、双向资源依赖与协同效应关系的理论模型构建。这一部分根据本书第 3 章提出的初始研究命题，并结合现有相关的理论研究进行更深入的理论探讨，通过探讨隔离机制对协同效应的影响、隔离机制对双向资源依赖的影响、双向资源依赖对协同效应的影响、双向资源依赖对隔离机制与协同效应的中介作用的影响等几个方面的内容，提出本书的研究假设并构建了隔离机制、双向资源依赖与协同效应关系的理论模型。

第 5 章：量表设计与预测试。这一部分首先进行量表的设计，本书的量表采取自行开发与情境转换两种方式来进行设计。根据第 2 章的理论基础、第 3 章的案例分析和第 4 章的理论分析，本书有针对性地以访谈的形式来收集各潜变量的测量题项。对于已有现成量表的潜变量，本书结合访谈收集的测量题项进行相应的情境转换，形成符合本书研究情景的相应量表；对于还没有现成量表的潜变量，本书则按照量表设计步骤，结合访谈收集的测量题项并邀请相关管理领域的专家和学者对各测量题项进行筛选和评价，剔除内容差异较大的题项，初步确定各潜变量的测量题项。然后，本书选取有针对性的小样本来对量表的可靠性和有效性进行预测试，根据预测试结果来发现量表的不足，进行必要的修改和调整，确定量表的最终内容，为实证研究的顺利进行提供可靠保障。

第 6 章：隔离机制、双向资源依赖与协同效应关系的实证分析。这一部分通过选取分布在不同领域的合作研发组织作为大样本的数据来源，利用 AMOSS22. 0 软件分别对各潜变量的大样本数据进行验证性因子分析，来判断变量之间的信度、效度以及测量模型的合理性，然后利用结构方程模型进行各变量间的路径系数分析，进而来检验本书提出的研究假设和理论模型。

第 7 章：结论与展望。这一部分首先总结本书的研究结论、理论贡献以及管理启示；其次，详细列举本书的研究尚且存在的局限及后续需要进一步改进完善的地方；最后在现有研究的基础上，对今后有可能进一步研究的领域进行了展望，为后续的深入研究探明了方向。

1.3.3 研究方法

1.3.3.1 文献研究法

围绕本书研究主题对相关问题的国内外研究成果进行收集、梳理，为本书的研究提供了相关的理论知识和参考依据，并且揭示了目前研究的不足和存在的问题，在此基础上，明确提出本书的研究主题。

1.3.3.2 问卷调查法

问卷调查法是调查者通过向被调查者发放统一样本的问卷，以便了解或咨询相关情况的一种调查方法。本书主要以邮寄方式和当面作答两种方式填答问卷。被调查对象包括相关的高层管理者、中层管理者、基层管理者和参与研发的主要人员，调查对象依据事实和个人理解回答问卷上的问题，也可对问卷问题提出个人建设性的意见或建议。

1.3.3.3 案例研究法

本书选取华为与东风、中国重汽与德国曼、新疆天业与石河子大学等合作研发典型案例为样本进行探索性案例分析，并通过收集相关的一手资料和二手资料分析和推导出隔离机制、双向资源依赖与协同效应之间的内在逻辑关系，提出研究命题及研究假设。一手资料主要源于实地调研、面谈以及电话访谈；二手资料主要源于公开的资料和数据以及相关内部资料、档案记录等其他文件。

1.3.3.4 数理研究法

数理研究法是指通过观察或实验来收集数据，对提出的理论观点进行检验的一种研究方法，可以更好地反映理论观点的客观性和普适性。本书通过进行探索性因子分析、验证性因子分析、信度和效度等分析以及构建结构方程模型，检验合作研发组织间的隔离机制、双向资源依赖与协同效应之间的相互影响，通过分析各变量之间的关系给研究假设提供实证支持。

1.4 主要创新点

创新点一：在合作研发领域引入隔离机制来研究协同效应实现的问题。现有研究对于合作组织间协同效应实现的探讨主要集中在资源、关系、成本等方面，虽然形成了多种理论观点与分析框架，但主要还是通过政策、制度、管理等干预手段来实现协同效应，还缺乏对协同效应实现的自发性作用机制的探讨。本书尝试将竞争战略领域的核心概念“隔离机制”引入合作研发领域来研究协同效应的实现问题。与现有研究相比，本书的研究更能突出合作双方协同效应实现的自发性，其实现不会受到其他“干预”因素的影响。本书通过引入“隔离机制”这一创新性变量，不仅发现了实现协同效应的自发性作用机制，而且也充实和丰富了协同理论的内容体系，是对协同效应实现研究的进一步补充。

创新点二：发现并揭示了合作研发中隔离机制、双向资源依赖与协同效应之间的内在逻辑关系。现有研究对合作中资源依赖与协同效应实现之间的关系已经进行了相关的探讨，但缺乏对隔离机制与双向资源依赖之间的关系的研究以及隔离机制、双向资源依赖与协同效应之间关系的整合研究的探讨。本书发现了合作研发中隔离机制与双向资源依赖之间的内在关联，同时揭示了隔离机制在合作中能够产生“隔而不离”的作用效果，是促使合作主体间形成双向资源依赖关系的主要动因，并建立了“隔离机制—双向资源依赖—协同效应”的逻辑链条。本书的研究不仅延长了现有研究的逻辑链条，揭示了隔离机制、双向资源依赖与协同效应之间的关系，而且对资源依赖理论与协同理论也做了进一步的补充和完善。

创新点三：完善和充实了隔离机制的概念和维度。现有研究主要是基于竞争关系的视角来对隔离机制进行解读，而本书是基于合作关系的视角来对隔离机制进行解读，并重新界定了隔离机制的概念框架。另外，本书将隔离机制划分为显性隔离与隐性隔离两个维度，现有研究对隔离机制的划分主要从隔离的作用形式和表现形式等方面来进行，而本书从资源来源视角重新划分了隔离机制的维度，进一步拓展了隔离机制的维度。相较于以往的研究，本书能够更加全面地揭示隔离机制未被发现的新特征，打破了将隔离机制局限于竞争领域的界定，对隔离机制在合作领域进行了重新界定，进一步丰富了隔离机制的理论内涵，弥补了现有研究对隔离机制认知的不完整性与局限性。同时，本书从显性隔离和隐性隔离两个维度对隔离机制进行了测量，弥补了现有研究尚无现成可用的隔离机制量表的理论空白。

2 文献综述

文献综述部分将围绕本书的研究主题对相关的文献进行梳理，主要通过对隔离机制、资源依赖理论、协同理论及合作研发等相关基础理论，以及研究观点、方法的检索和梳理，了解现有研究的已有成果对本书的研究的理论支撑，并且发现现有研究的不足及局限。

2.1 隔离机制的相关文献综述

本书在中国知网（CNKI）、EBSCO 等中英文数据库中检索经济管理类主题词为“隔离机制”的文献，在题目中出现“隔离机制”的文献并不多见，甚至在外文文献中只检索到一篇 Minyoung Kim 于 2016 年发表的题目中有“隔离机制”字眼的文章，其他的外文文献中有关“隔离机制”的相关研究均是在“全文”中查找到的，在“全文”中对“隔离机制”的相关内容进行的探讨却不少，这也为本书的研究提供了必要的文献来源。本书通过对隔离机制现有文献的收集和梳理，根据其形成来源及作用将隔离机制的研究归纳为制度层面隔离机制、资源层面隔离机制和能力层面隔离机制 3 个方面。

2.1.1 隔离机制的内涵与维度

1984 年，美国管理学专家鲁梅尔特首次将隔离机制（isolation mechanism）这一个原本属于生态学领域的词汇引入企业战略管理领域，并正式给出隔离机制的管理学涵义，即防止企业已经获得的竞争优势被减弱，并且能够保证维持企业持续的租金流的一种机制，主要包括稀缺资源的所有权、建立保护层、信息不对称以及制止模仿竞争的冲突的准权利（Rumelt，1984）。隔离机制能够限制公司之间的模仿或租金的事后平衡，保持公司的竞争优势（Rumelt，

1984；Mahoney & Pandian，1992）。隔离机制在管理学领域的引入，为企业建立和维持竞争优势提供了途径。邱国栋、韩文海（2012）在竞合理论范畴内对隔离机制进行了重新解读，提出在隔离机制的作用下，竞争企业之间的异质资源或能力不仅不会出现“异质同形”的现象，而且会进一步得到巩固和加强，产生“不合而合”的竞合效益。此研究发现突破了学术界对隔离机制的传统认知，深入地挖掘出隔离机制的“合”属性特征。Minyoung Kim（2016）拓展了隔离机制的传统观点，通过对半导体行业的专利与公司财务绩效进行实证研究，得出获取知识的地理范围为公司间模仿创建了隔离机制，隔离机制对公司的价值占有和价值创造都会产生积极影响。Kim 的研究结论更深刻、全面地揭示了隔离机制的本质内涵，不仅能够通过价值占有创造竞争优势，而且还能够通过价值创造巩固和加强竞争优势。

学者们对隔离机制维度的研究整理如下。Rumelt（1984）将隔离机制划分为所有权（property rights）、学习与开发成本（learning and development costs）及因果关系模糊（causal ambiguity）3 个维度。所有权是企业具有的有别于其他企业的异质性资源所带来的归属性与排他性；因果关系模糊能够保证企业间对资源与能力的相互模仿无法实现；学习与开发成本意味着企业资源和能力的复制与模仿壁垒很高。Ghemawat 和 Spence（1985）认为隔离机制可以从产权、声誉、信息不对称、因果模糊、学习曲线、转换成本、搜索成本、公司规模以及规模经济等维度来进行考量。戴维·贝赞可（1999）的研究将隔离机制划分为模仿障碍（impediments to imitation）与提前行动者优势（early-mover advantage）2 个维度。国内学者刘伟（2008）的研究认为，隔离机制可以通过外生性和内生性 2 个方面来进行维度划分，即外生性隔离机制和内生性隔离机制。唐方成和陈怡然（2013）在戴维·贝赞可（1999）的研究基础上，构建了双边市场中平台企业的隔离机制维度框架：模仿障碍、先动者优势和平台企业定价。

以上学者对隔离机制的内涵以及维度进行了探讨，不难看出，隔离机制的构建主要是为了获得或保持企业的竞争优势，自从 Rumelt 将隔离机制引入管理领域之后，隔离机制更多地被应用在竞争领域，对隔离机制的理论探索一直是竞争战略领域的焦点，而在合作研发领域的应用还鲜有研究。根据 Rumelt（1984）的观点，企业建立隔离机制的主要目的就是对形成的竞争优势加以保护，产生持续竞争优势。本书在合作研发领域对隔离机制进行界定：隔离机制是指在合作研发中，合作双方既能保护其具有竞争力的资源或能力不被模仿或替代（如果一方想要模仿合作方的资源或能力，那么成本会非常高，对于模仿者来说得不偿失；如果一方想要寻找可以替代的合作伙伴，那么机会也非常少），又能通过这些资源或能力的共享和交融来进一步巩固和增强其资源或能力，进而产生持续竞争优势的一种机制。从隔离机制维度的现有研究来看，学者们主要是基于资源或能力所表现出的隔离功能对其进行划分的，而这些资源或能力可以概括为两大类：显性资源或能力和隐性资源或能力。隔离机制正是由具有隔离功能的显性的或隐性的资源或能力形成的，因此本书将隔离机制划分为显性隔离和隐性隔离 2 个维度。显性隔离是由显性的资源或能力形成的壁垒；隐性隔离是由隐性的资源或能力形成的壁垒。本书第 3 章将对显性隔离和隐性隔离这 2 个维度进行深入探讨。

2.1.2 制度层面隔离机制

制度层面隔离机制可以理解为由于产业政策、法律法规的保护和限制而对进入者产生的制度性隔离。制度性隔离带来的资源分配差异导致企业拥有不对等的竞争条件，进而影响企业的竞争优势。学者们对制度性隔离的研究主要集中在知识产权保护和产业政策支持两个方面。

2.1.2.1 知识产权保护

“知识产权”（intellectual property）的概念是由西方引入中国的，可译为“知识所有权”，通常被理解为国家为保护智力创造者的劳动成果而赋予的专有权或独占权。对于企业而言，知识产权即为工业产权，通常包括专利权和商标权。国内学者对知识产权保护制度的研究起步较晚，但近几年已经引起了学术界的广泛关注。目前，学术界对知识产权保护的研究主要持有两种不同的观点：一种观点认为知识产权保护产生的隔离作用有利于促进创新活动的开展，带给企业持续的竞争优势；另一种观点则认为知识产权保护产生的隔离作用不利于企业创新，将导致企业的低效率，降低企业的竞争优势。

有学者认为知识产权的垄断性能够激励企业不断从事创新活动，由此获得持续的竞争优势。知识产权的独占性不仅限制了模仿者的模仿行为，减少技术泄露的损失，而且使得企业的发明成本得到补偿，尽享知识产权保护的福利，激励企业进一步投资知识资产（Arrow，1962；Mansfield，2000），尤其在竞争激烈的行业，知识产权保护对研发投资的积极促进作用更加明显（孙文，2019）。知识产权的排他性阻止了模仿者对其研发成果的模仿或窃取，有效地保护了研发企业的研发收益。知识产权保护制度有效地保护了知识等无形资产，由此而产生的垄断利润成为企业从事研发活动的动力（Claessens & Laeven，2003）。知识产权的垄断性、独占性和排他性所具有的隔离机制特征，使企业在某一产品市场上具有超强的影响力，或者在某一行业技术领域建立起独占或支配地位，为企业带来持续的竞争优势。由此可见，知识产权在竞争优势形成过程中主要有以下3方面的作用：首先，知识产权通过保护核心资源或技术来激励创新活动的开展，有利于建立市场优势；其次，知识产权通过许可等形式来获得财务收益；最后，知识产权通过有效地阻止竞争对手的模仿，降低风险系数，不断提高竞争力。Cohen 等（2000）认为公司申请专利不仅是为了从专利中得到回报，更主要的是为了在涉及侵权争议中获得谈判优势。因此可以将知识产权看作企业的一种竞争能力，能够为企业带来持续的竞争优势（汤湘希，2004）。还有学者对知识产权的独占性作用机制进行了延伸，提出知识产权不仅是一种隔离机制，而且是一种联结机制。合作者之间不用担心知识被模仿而排斥知识共享，更有利于合作创新活动的开展（王雎，2009）。

另有一部分学者对于知识产权保护产生的隔离作用持怀疑的观点。知识产权的独占性抑制了知识、技术、信息等资源在企业间的共享、扩散和转移（Helpman，1993；Hu & Mathews，2008），不利于后发企业对先进技术的模仿和复制（Walker，1995），进而导致企业在东道国的技术投资会随着东道国知识产权保护的完善而降低（Braga et al.，2000）。Schneider（2005）、Allred 和 Park（2007）在研究中均指出知识产权保护会给发达国家和发展中国家带来截然不同的影响，提高知识产权保护强度会降低发展中国家的技术模仿倾向，给发展中国家的技术进步、专利申请等活动带来不利影响。知识产权保护过度也会对企业认知造成影响，导致企业出现技术锁定的现象（Jim & Frances，2009）。唐保庆等（2018）对垄断势力效应进行了分析，提出受到知识产权保护的在位企业会满足于垄断现状，而采取规避创新风险的经营模式，这会弱化其技术研发的动力，限制其创新活动的开展。还有学者从组织间关系的角度对知识产权保护进行了探讨。Dyer 和 Singh（1998）认为，与知识产权保护的强制性相比，组织间关系的有效治理对于知识资产的保护更加有效。企业竞争优势的形成取决于它与所在网络关系的协调。联盟成员为了降低合作中机会主义行为风险，建立更加紧密的合作关系，通过建立规范的关系治理机制的“软性手段”来取代知识产权保护的“硬性手段”（杨伟等，2013）。另外，有些学者通过实证研究发现知识产权保护与创新之间不是线性的关系，而是非线性的关系。Adams（2010）提出知识产权保护对区域创新的正向影响要在一个合适的度之内，如果超出了合适的度，则会阻碍区域技术扩散，影响区域创新。国内学者余长林和王瑞芳（2009）、王华（2011）、李爽（2017）也都通过实证研究发现知识产权保护与创新之间的倒“U”形关系。知识产权保护的门槛要设置合理，过高或过低都不利于创新活动的开展。

2.1.2.2 产业政策支持

产业政策是国家为了调整产业结构或增加供给总量而采取的倾斜式的政策性措施，是国家进行宏观经济调控的重要手段，同时产业政策对企业的发展也有着重要的影响。政府出于对经济运行的不同的干预目的，往往会推出不同类型的产业政策。为了研究的需要，本书主要关注的是“支持型”产业政策对企业微观层面的影响。“支持型”产业政策主要是指通过政府管制、银行提供贷款、税收减免等形式来对稀有资源进行配置（王克敏、刘静等，2017），以便能够保护这些稀有资源的竞争优势。Stigler（1968）认为，受到政府管制的行业内的在位企业相比较潜在进入者而言无须承担由于突破进入壁垒而产生的成本。产业政策支持的企业更易获得行业的特殊优待，不易受到市场竞争压力的影响，通过确立在行业中的垄断地位而获得更多的垄断租金（Evens & Finhler，2002）。田红云和陈继祥（2005）研究发现，受到产业政策保护的电力企业及其相关业务企业比其他非国有企业拥有更多的竞争优势。罗党论、赵聪（2013）提出，国有制且政治关系强的企业更易进入政府规制行业，在产业政策的支持下获得超额利润。处在政府规制行业中的企业，需要付出的社会成本低，获得的垄断利润高，甚至成为行业规则的制定者，较易获得更大的竞争优势（Joel et al.，2000）。一些学者研究发现了产业政策对企业发展的正向激励作用，如中国产业政策对企业技术创新有着积极的促进作用（余明桂、范蕊等，2016），产业政策支持的企业能够得到更多的融资机会（叶建光、李艳红，2014）等。企业是否受到产业政策的支持会影响企业发展所面临的外部环境以及所能获得的资源要素。受到产业政策支持的企业比未受到产业政策支持的企业更容易得到人、财、物等企业发展需要的资源以及税收等方面的优惠，有利于实现市场预期，通过提高企业竞争力来吸引更多的资源要素，进而促进企业进入正向循环发展轨道（蔡庆丰、田霖，2019）。

还有些学者认为，虽然产业政策能够为所支持的企业带来诸多优势，但如果运用不当则会适得其反。产业政策所产生的效果往往与产业政策的制定初衷背道而驰，所以产业生产效率不但没有提高，反而出现了降低的现象（Lee，1996；Powell，2005）。企业在获得充足的资源后容易滋生寻租行为，尤其在中国相关制度还不健全的背景下更容易产生寻租行为（Krueger，1974；Chen et al.，2011），降低了产业政策激励创新的动机。Boubakri 等（2008）提出企业从银行获得更多的贷款，极易破坏企业的经营目标。黎文靖、李耀淘（2014）从企业微观层面来研究产业政策的实施效果，在产业政策的鼓励和支持下，企业将加大投资规模，导致过度投资，进而降低企业投资效率。另外，企业过度投资还会引起投资结构失衡，出现对非创新项目的投资增加而对创新项目的投资消减的现象（余明桂、范蕊等，2016），甚至使企业发展出现停滞（江飞涛、李晓萍，2010）。黄海杰、吕长江等（2016）以中国上市公司为例，通过实证研究验证了“四万亿投资”政策的实施降低了企业的投资效率。王克敏、刘静等（2017）也进一步证实了企业获得的补贴和贷款越多，越易降低企业的投资效率，造成投资泛滥。

从制度层面隔离机制的研究现状来看，学者们主要持有两种不同的观点：一种是以正向的、积极的态度来评价制度性隔离，认为制度性隔离为企业提供了有竞争力的保护和支持，有利于激励企业创新，提升企业的竞争优势，实现企业更快、更好地发展；另一种是以负向的、怀疑的态度来评价制度性隔离，认为制度性隔离不仅可能抑制或削弱企业的创新激励，而且还可能降低社会总福利，制度性隔离对企业的保护是无益的，甚至是有害的。可见，知识产权保护通过门槛限制来保护企业的独占优势，产业政策通过进入限制来保护企业的垄断地位，无论是知识产权保护还是产业政策支持都会对企业的持续竞争优势产生影响，可能是正向影响，也可能是负向影响。因此，制度性隔离发挥隔离机制作用需要限定在一定的范围内，如果超过了这个范围，就会起到相反的作用。制度性隔离与企业持续竞争优势之间的关系如图 2-1 所示。

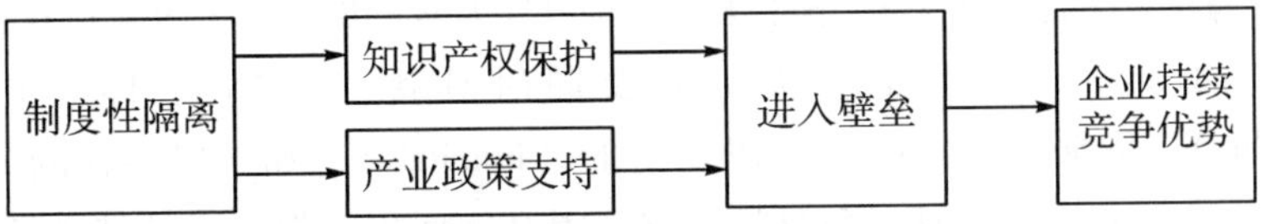

图 2-1　制度性隔离与企业持续竞争优势

2.1.3　资源层面隔离机制

一些学者将资源与能力统一为资源，通常放在一起研究，还有一些学者认为资源与能力的范畴是有区别的，不能混淆，并指出讨论资源与能力的现有理论存在模糊性（Martin Whitehill，1997）。本书为了强调资源与能力形成隔离机制的不同作用原理，将两者分开来讨论。资源基础理论认为，企业的竞争优势主要源于企业内部的异质性资源，异质性资源的难以模仿和难以替代的特性，因此企业能够获得持续的竞争优势。本书认为，资源层面隔离机制主要是指由于企业内部资源具有的某种独特特征，进而对现有或潜在的竞争者形成移动壁垒的资源性隔离。学者们对资源性隔离的研究主要归结为防护性的资源隔离和因果模糊性的资源隔离两个方面。

2.1.3.1　防护性资源隔离

本书将防护性资源定义为企业具有的其竞争对手难以模仿、难以替代的资源，这种资源能够为企业带来持续的竞争优势。有关企业竞争优势来源问题，学者们由对市场环境的探讨转向对企业资源的探讨。Rumelt（1991）研究证实，企业获得的经济租金中的83.03%由独特性资源创造，而只有8.28%受到产业结构的影响。Spanos和Lioukas（2001）的实证研究表明，企业的获利除了受到产业因素的影响外，更重要的影响因素是企业的异质性资产，它可以创造出远远大于产业因素的影响所产生的收益。由此可见，资源的异质性在企业发展中的地位日益突出。美国学者Penrose早在1959年就提出将企业视为资源的集合体，通过利用各种资源向市场提供产品和服务而为企业创造利润。她特别强调企业的差别化特征源于企业的异质性资源，由此奠定了学术界基于异质性资源对竞争优势来源的探讨。Wernerfelt沿袭并扩展了Penrose的观点，于1984年发表了《企业的资源基础观》一文，该文的发表标志着资源基础理论的诞生。Wernerfelt认为企业并非只是产品市场活动的载体，而是将企业视为独特的资源组合，分析了具有资源位移障碍的资源特征与企业盈利能力之间的关系，并将先动优势视为能够为企业带来丰厚利润回报的具有竞争力的资源。Wernerfelt强调企业资源与企业战略之间的紧密联系，提出资源是企业获取竞争优势的重要来源，也是提升自身绩效的关键因素。Barney（1991）在此基础上进一步研究，发现企业资源需要同时具备“VRIN”，即有价值的（valuable）、稀缺的（rare）、难以模仿的（inimitable）和难以替代的（non-substitutable）4个特征时，企业就能够获得高额回报并保持可持续竞争优势。Peteraf（1993）认为难以转移的资源或能力通常具有令竞争对手望而却步的交易成本，进而打消了竞争对手侵犯的念头，保持了企业持续的竞争优势。Dierickx和Cool（1989）则分析了具有难以模仿或难以替代属性的资源保持持续竞争优势的原因。他认为这些具有难以模仿或难以替代属性的资源并不能通过市场交易而获得，而是企业经过长期的内部累积形成的，伴随着企业的历史发展过程而深深地融入整个企业。诸如企业商誉、市场影响力、顾客的忠诚度、技术创新能力等资源都是难以被模仿或难以被替代的，是构建企业竞争优势的坚实壁垒。刘建秋、盛梦雅（2019）认为关系资源具有价值性、稀缺性、难以模仿和难以取代性，能够使企业获得持续的竞争优势。以上学者围绕着企业资源观对竞争优势的来源进行了研究，从他们的研究结论来看，并不是所有的资源都能够成为企业竞争优势的来源，只有那些具有隔离机制特征的资源才能成为企业持续竞争优势的主导。

Grant（1996）认为知识是一种战略资源，而且在企业中占有重要地位。因此，知识基础理论被视为资源基础理论的延伸或改进（Welge & Al-Laham，2008）。知识资本对企业竞争优势有正向促进作用（喻登科和严红玲，2019）。Miller 和 Shamsie（1996）指出知识的“意会性”与“普遍适用性”是企业形成隔离机制效果的根源。知识的“意会性”是一个企业的内涵，是企业历史发展和文化的沉淀。知识的“普遍适用性”是一个企业的实力，决定了企业的竞争优势。过程性和经验性的知识是难以模仿的。企业会通过对知识的整合、利用和创造形成企业的竞争优势（辛晴，2011），知识资源决定着企业不同资源的效能和作用。知识可以分为显性知识和隐性知识两种类型，两种知识都能够表现出难以转移性、难以模仿性和难以取代性三种隔离特性（汪浩、宣国良，2003）。显性知识具有可视性，通过书籍、文件或影视等载体表现；隐性知识不具有可视性，是通过实践摸索和总结出来的，如经验、技能、方法、文化等。隐性知识与显性知识相比，前者的形成具有“状态依赖性”和“边际搜寻性”（Nelson & Winter，1982），因此，隐性知识更加难以模仿，是企业持续竞争优势的可靠来源。日本管理学家 Nonaka（1991）强调企业要重视隐性知识的积累和发掘，并将显性知识与隐性知识之间的相互转化通过知识管理螺旋模型（SECI）表示出来。两种知识的螺旋转化，不断地推动知识的产生和进步。

2.1.3.2 模糊性资源隔离

本书将模糊性资源隔离定义为企业具有的其竞争对手难以识别的资源，这种资源能够带给企业持续的竞争优势。Lippman 和 Rumelt（1982）在研究企业间效率差异的影响因素时发现并提出了“因果模糊性”这一概念，他们认为无法清楚地识别导致效率差异的资源来源，即用因果模糊来解释企业间效率的差异。Rumelt（1984）将“因果模糊”看作是隔离机制产生的一种原因，因果模糊使得模仿者难以分辨“因”与“果”之间的内在逻辑联系，故无从行动。Barney（1991）将因果模糊性定义为产生持续竞争优势的资源模糊性。学者们围绕资源基础理论展开了对资源因果模糊性与持续竞争优势之间关系的探讨（Dierickx & Cool，1989；Reed & De Fillipi，1990；Barney，1991；Peteraf，1993；King，2007）。资源基础理论将因果模糊性作为其核心概念（King，2007）。

Reed 和 De Fillipi（1990）认为默示资源、专用资源和复杂资源是导致因果模糊的 3 种资源。因果模糊性是由其中一种或多种资源组合而形成的。默示

liamson, 1994)。也有学者将组织的学习能力看作是企业的核心能力，通过对组织内的各种技术、管理方法及企业家能力的综合运用和集成，为企业带来有别于竞争者的专业化水平，构筑起难以模仿的壁垒障碍，形成了企业的隔离机制，打消了竞争者的模仿动机，使得本企业的竞争优势免受侵犯，保持了竞争优势的持续性（李正锋、叶金福和蔡建峰，2009）。还有学者基于复合基础观提出只要企业具有复合内、外部资源的能力，即使是普通的资源，也能带给企业竞争优势（陆亚东和孙金云，2014）。这种复合能力也是企业的一种核心能力，能够成为企业的保护壁垒，带来持续的竞争优势。杨李、许庆瑞和吴画斌（2019）以海尔为例，研究发现创新引领能够提升企业的核心能力，而核心能力是企业获取持续竞争优势的保证。

2.1.4.2 动态能力隔离

虽然核心能力能够为企业带来持续竞争优势的观点曾经一度受到学者们的肯定，但是 Teece、Pisano 和 Shuen（1997）在研究中发现核心能力会出现核心僵化的现象。核心能力是内化于企业内部的，随着企业的发展会表现出路径依赖性，一旦企业不能适应环境的变化，核心能力就会表现为核心刚性，降低企业的竞争优势。宝贡敏、龙思颖（2015）由此提出“动态能力”的战略观点，将动态能力看作是在动荡的环境中仍能保持企业竞争优势的新利器。动态能力具有难以模仿、难以复制、专用性及价值性的特征，是保证企业持续竞争优势的根源（曾萍、蓝海林，2009）。“动态能力”战略认为企业的持续性竞争优势取决于过程、位置和路径三个要素相互作用的结果，即企业能够根据快速变化的外部环境及时地对现有的资源或能力进行调整、重构和再配置，形成新的竞争力，实现竞争优势的可持续性（Teece，1997，2018；Eisenhardt & martin，2000）。不难看出，动态能力的研究范式是企业与外部环境之间的一种动态匹配，是根据外部环境的特征来及时调整、更新企业现有的业务流程或处理问题的能力（Helfat，1997；李彬等，2013）。不同企业绩效的差异主要是指通过动态能力的实施会在时间或成本上形成差异（Zott，2003），这也是企业获得持续竞争优势的来源。Zollo 和 Winter（2002）研究发现具有动态能力的企业通过改变企业流程以应对市场变化会比其竞争对手获得更高的资产回报率。企业对市场变化的识别和响应有利于企业竞争优势的构建（Roberts & Grover，2012）。Wang 和 Ahmed（2007）认为企业的动态能力能够在市场环境迅速变化时及时地升级改造已有的独特资源来重新构建核心能力，构筑模仿壁垒并保持竞争优势的持续性。Winter（2003）认为动态能力是内外部知识的集合体并且具有开放性的特征。动态能力能够时刻使企业保持灵活性，对于变化的外部环境，通过吸收外部知识来更新内部知识的独特能力来防止企业发生能力僵化，进而维持企业的持续竞争优势。Drnevich 和 Kriauciunas（2011）通过实证研究进一步证实了动态能力在动荡环境中对企业绩效的正向作用。他们在研究中发现企业具有的动态能力在外部环境发生变化时能够正向影响企业绩效，而企业具有的普通能力在外部环境发生变化时能够负向影响企业绩效。动态能力与普通能力的区别在于动态能力能够克服能力惯性，而普通能力则不能。在变化的环境中，动态能力能够应时而变，重组各种资源与能力，提供满足市场需求和客户需要的产品和服务，为企业带来持续竞争优势（马鸿佳、董保宝、葛宝山，2014）。动态能力作为能力范畴中的高阶能力，能够及时捕捉到环境中出现的新机会，对知识、技术等的重置和保护来取得持续的竞争优势（姚艳虹和欧阳雪等，2017）。还有学者建议通过培育企业动态能力来提升创新绩效（陈建军、王正沛和李国鑫，2018；杨雪、刘成和何玉成，2019）。

还有学者认为动态能力强调的是企业具有适应动态变化环境的能力，呈现的是其被动性的一面。当外部环境不断变化时，企业只能根据外部环境变化的走势来进行相应的战略调整，也就是说，战略的调整受制于环境的变动，往往会在连续变化的环境中出现一定的滞后性，反而会导致战略调整失败（Ambrosini & Bowman，2009）。因此企业建立的动态能力不能仅被动地适应环境，而要主动地预测环境的变化，并能够事先感知环境变化而做出相应的战略调整（Ma et al.，2009）。张春明（2012）在此基础上提出企业应具有“超动态能力”，将其界定为具有主动应对外部环境变化并设有自身目标的一种活能力。

从能力层面隔离机制研究现状来看，学者们对于企业能力的研究是一个进阶的过程，核心能力到动态能力是静态到动态的变化。两种能力既有联系又有区别，都是内化在企业内部的，是难以模仿和复制的，能够为企业带来持续的竞争优势。但动态能力能使企业在变化的环境中迅速对资源或能力做出调整，防止竞争优势被削弱。也就是说，核心能力和动态能力都是通过形成能力模仿壁垒而对企业的持续竞争优势带来影响，而动态能力能够为企业带来真正意义上的持续竞争优势。能力性隔离与企业持续竞争优势的关系如图 2-3 所示。

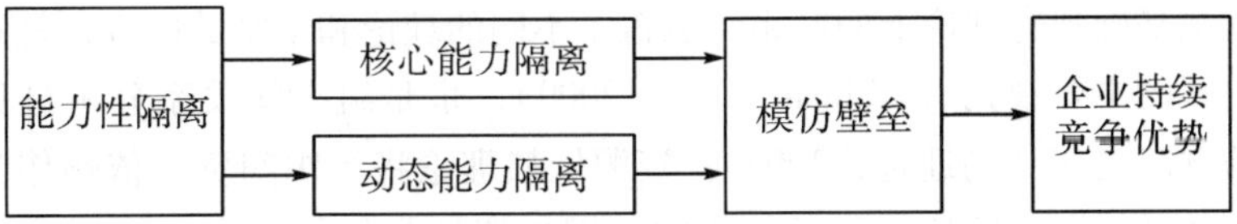

图 2-3　能力性隔离与企业竞争优势

2.2 资源依赖的相关文献综述

2.2.1 资源依赖理论回顾

学者们对组织的研究由“封闭系统模式”向“开放系统模式”的演变阶段转变，促进了组织管理理论的进一步发展。组织研究不再作为一个独立的个体来考虑，而是将组织与外部环境之间的互动作为研究的重点。20 世纪 70 年代，Pfeffer（1972）透过兼并深入到组织间相互依赖关系的研究，并指出一个组织会对拥有其所需要资源的组织产生依赖关系。组织间关系的探讨促使资源依赖理论诞生。Pfeffer 和 Salancik（1978）在《组织的外部控制——资源依赖观》一书中首次提出了资源依赖理论，简称“RDT”，并对其进行了系统阐述。资源依赖理论主要包括三个方面的内容：①组织对外部环境的依赖，组织间的依赖程度取决于资源对于组织的重要性和稀缺性；②组织内部或外部一个特定群体获得或处理资源使用的程度；③资源被替代的程度。资源依赖理论强调了组织的生存和发展离不开各种资源，而这些资源是组织自身不能完全自给自足的，还需要通过外部环境来获得。因此组织需要与外部环境建立起依赖关系。同时，组织的资源也可以被外部环境所需要，组织间形成资源互相依赖的关系。资源依赖理论将组织视为一种拥有权利和能量的“连结”，否定了仅仅将组织看作是实现目标的载体的观点。当一个组织的依赖性越强，其权利越小；而依赖性越小，其权利越大。依赖性与权利之间是此消彼长的关系。组织权变理论与资源依赖理论都是研究组织与环境之间的关系，但两者的关注点存在差异。组织权变理论强调组织要适应环境；资源依赖理论强调组织要改变环境，通过采取相应的策略来突破资源依赖约束，如并购、联合、治理或其他联盟的形式来让环境适应自身。

资源依赖理论在组织研究领域得到了广泛的应用。资源依赖理论源于权利依赖理论，基于交易理论的基本概念，并被认为是不确定性应对视角的变体，且和资源基础观有理论上的联系，涵盖了不同的理论和丰富的内容，是解释组织间关系的主要视角（Hillman et al.，2009），也是组织间关系分析最具有影响力的方法之一（马迎贤，2005）。资源依赖理论将组织间资源依赖作为研究诱因，并且强调重要的、不可替代的关键性资源是组织生存和发展的必要条件。更多的学者将组织间依赖作为组织间关系研究的基础（党兴华等，2010）。资源依赖是组织间依赖的研究重点。虽然也有研究对组织间的非资源依赖进行了探讨，但目前来看，这些研究还没有形成体系，不能准确而全面地对组织间依赖进行有效分析（石乘齐、党兴华，2012）。可见，资源依赖理论的主要贡献体现在它能为组织间关系的建立提供理论基础。每一个组织都会主动与那些占据着重要资源的组织建立连结，去满足自身发展的需要，是组织间关系研究的“法宝”。资源依赖理论不仅能够完整地刻画出组织间的关系模式，而且还能够深刻地揭示出组织间关系模式的作用机制。资源依赖理论新颖的分析视角、开放的胸怀、严密的逻辑论证和自觉的现实关怀为解决各种组织发展的现实问题提供了指南（乔运鸿等，2017）。

2.2.2 组织间依赖：非对称依赖与联合依赖

资源依赖理论为组织与外部环境间的关系的探讨提供了理论基础和分析框架（Hillman、Withers、Collins，2009）。美国学者罗伯特·基欧汉和约瑟夫·奈（2002）对依赖进行了界定，认为依赖是为外力所支配或受其巨大影响的一种状态。有关组织间依赖比较典型的分类是 Emerson（1962）基于交易双方权利视角将组织间依赖区分为非对称依赖（asymmetric dependence）与联合依赖（joint dependence）两种类型。非对称依赖是交易双方彼此依赖的差值，被依赖多的一方将拥有权利优势；联合依赖是交易双方彼此依赖的加总，代表着关系主体间的内聚力水平（Gulati & Sytch，2008；Lavie，2006）。非对称依赖和联合依赖也构成了组织间的依赖关系。非对称依赖与联合依赖的提出推动了资源依赖理论的发展，对组织间关系的研究也得到了学术界的公认（吕文晶、陈劲和汪欢吉，2017）。根据资源依赖理论，资源依赖程度受到资源重要性、可替代性和对资源的控制三个因素的影响。当交易一方对另一方产生依赖，权利也随之产生（Das & Teng，1996），合作主体间由于资源依赖关系而产生了权利。资源依赖程度越高，权利越小，被控制性越强；反之亦然。组织可以通过采取兼并、合资等一系列的战略或行为，减少由于依赖而导致的受控制局面，降低不确定性（Pfeffer & Salanick，1978）。

跨国公司与代工企业之间属于典型的非对称依赖关系。发展中国家的代工企业与先进的跨国公司相比，在技术研发、产品设计、管理经验、品牌优势、信息渠道、市场影响力等方面都存在较大的差距，只能处于全球价值链的底端，被替代的可能性较大，而价值链中的价值增值分配权被跨国公司牢牢地掌控。在这种权力优势严重失衡的情况下，代工企业与跨国公司之间的依赖关系不均衡，甚至出现了单边依赖的现象。马海燕、李世祥（2015）运用资源依赖理论来探索影响代工企业与国际品牌客户关系持续的作用机制，并制定出调节组织间力量失衡的策略，为代工企业走出代工、实现升级提供借鉴。近几年，快速发展起来的电商平台产业中，平台与平台商家之间也存在非对称依赖关系。实践表明平台对平台商家的依赖弱于平台商家对平台的依赖。平台电商依赖平台提供的人才、技术、信息、知识等各种资源从事电子商务活动，并且要遵守平台制定的各种规章制度。平台与平台电商之间相互依赖，但平台电商对平台存在更多的依赖，因而平台拥有更大的权利，平台与平台电商之间存在不对称的资源依赖关系。在国际研发联盟中，后发企业与跨国公司的总体实力和谈判能力是不对称的，进而导致国际研发联盟依赖关系的不对称（Inkpen，Beamish，1997）。联盟的最后结果往往是后发企业成为跨国公司的制造和装配厂，而跨国公司在新兴市场通过联盟获得一定积累后成为后发企业的竞争对手（Kumaraswamy，Mudambi，Saranga et al.，2012）。合作主体间的非对称性依赖关系是导致合作不稳定的主要原因，尤其对权利弱势一方来说，将会出现“资源锁定”的结果。而联合型依赖强调的是依赖的存在以及互惠的关系性质，联盟双方的行为呈现长期的关系导向（Gulati，Sytch，2007）。联合型依赖关系中合作主体间的利益更紧密地绑定在一起，合作双方建立的是相互依赖嵌入式关系，一方行为的变化将受到另一方的约束和限制，背叛的结果将是付出高昂的成本。合作主体间的相互依赖作用能够提升彼此间的绩效（Gulati Sytch，2008）。ZDyer 和 Singh（1998）指出具有相互依赖资源的合作企业，能够通过合作获得更具有稀缺性和不可替代性的资源，增强企业的价值创造能力。合作主体间的联合依赖关系是在相互依赖的基础上建立起来的，能够增加双方的互信程度，深化合作内容，扩大合作范围，促进合作的稳定。

非对称依赖和联合依赖的提出为合作主体间依赖关系的研究提供了理论依据。两种依赖形式对合作主体有不同的影响，非对称依赖对应着短期依赖关系，会使得合作主体出现强者越强、弱者越弱的结果；而联合依赖对应着长期依赖关系，是一种相互依赖关系，会促进合作主体的共同成长，取得更大的收益。显而易见，与非对称依赖相比，联合依赖更有利于组织间关系的长期发展。但现有研究还没有深入探讨联合依赖的形成机理，只是描述了联合依赖的特征、作用及其影响，而对联合依赖形成机理的探讨更能够有效地解决合作主体间利益分配、创新绩效、合作稳定性等一系列问题。组织间依赖关系是一种客观情景，是基于合作双方的资源需求而自发产生的，并不是任何一方有意而为之。组织间依赖与权利这一议题的研究对中国企业的技术创新发展和制度改革具有重要的理论和实践意义。

2.2.3 资源依赖的维度

资源依赖是组织间关系研究的基础（Pont，2002），而学者们对资源依赖的诠释也是通过对资源依赖维度的探讨展开的。学者们基于不同视角对资源依赖维度进行了研究，比较有代表性的视角主要有以下三种：

（1）基于资源特性视角。Thompson（1967）将资源依赖解释为对资源的需求或他人能够提供所需资源的能力。基于此，他将资源依赖划分为内生依赖和外生依赖两个维度。内生依赖是基于组织间资源的内在关联而形成的资源依赖，双方由于彼此间资源需求的满足而产生依赖。外生依赖是基于组织间资源的稀缺性而形成的资源依赖，一方拥有对方所需要的资源，并且这种资源是稀缺的、难以替代的。

（2）基于资源作用视角。Madhok 和 Tallman（1998）在 Thompson（1967）研究的基础上，基于组织间资源作用的视角对资源依赖进行了维度划分。他们将组织间资源依赖划分为结构依赖（structural dimension）和过程依赖（process dimension）两个维度。结构依赖属于内生性资源依赖，组织间基于资源的互补性而产生结构性资源依赖；过程依赖属于外生性资源依赖，组织间基于资源的不可分离性而产生过程性资源依赖。

（3）基于权利与依赖视角。Casciaro 和 Piskorski（2005）通过实证研究得出资源依赖表现为权利失衡和相互依存两个维度。他们认为，权利和依赖是组织间资源依赖的必要条件。权利失衡是组织间的依赖差异，表现为权利大的组织与权利小的组织之间的力量之比。相互依存是组织间的依赖总和，组织间可以表现为不同程度的相互依赖。相互依存表现的权利关系既可以是平衡的，也可以是不平衡的，但组织间不平衡的程度是相同的。权利失衡有助于理解组织间出现的抵制行为，相互依存有助于理解组织间的长期合作行为。

从上述学者对资源依赖维度的划分来看，Casciaro 和 Piskorski（2005）是通过组织间权利的不同结构形态来衡量资源依赖的变化，更加全面地反映了组织间资源依赖的各种情形，是对资源依赖理论模型的一次全新的修订，通过实证检验也进一步推动了资源依赖理论的发展。Thompson（1967）对资源依赖的划分主要关注资源特性的影响，组织间基于对不同资源特性的需求而产生不同的资源依赖形式。Madhok 和 Tallman（1998）对于资源依赖维度的划分传承了 Thompson（1967）的观点，但比 Thompson（1967）的划分更加细化，更能突出资源的作用以及资源依赖的整个过程，从双方产生连结的结构依赖到不断深化合作的过程依赖，全面地反映了合作中资源依赖的变化过程。因此，本书采用 Madhok 和 Tallman（1998）的观点，从结构依赖和过程依赖两个维度对双向资源依赖进行探讨。

2.2.4 资源依赖的作用

资源的重要性和不可替代性决定了组织间资源依赖程度（Emerson，1962），而组织间资源依赖程度的大小对合作关系与合作绩效会产生不同的影响（Buvik，Gronhaug，2000；Das，Teng，1996），进而有学者（Jaworski et al.，1993；蔡新蕾、高山行等，2013；Bode et al.，2011）对组织间资源依赖的研究提出正向作用和负向作用两种不同的观点。

2.2.4.1 资源依赖的正向作用

资源差异是组织间建立资源依赖关系的原因（谢永平、孙永磊、张浩森，2014），当一方相对于另一方或者是双方之间存在互补性资源，资源依赖就会产生（Casciaro & Pisko，2005）。合作双方在资源依赖的驱动下会形成紧密的合作关系（Drees & Heugens，2013）。Dyer Jeffre 和 Harbir Singh（1998）指出，联盟伙伴之间的合作通过相互资源依赖使得彼此资源更具不可替代性和稀缺性，在强化了联盟创造价值实力的同时，又增强了联盟各方之间的紧密合作关系，促进联盟绩效的提升。Xia（2011）也研究得出类似的观点，合作伙伴间的资源依赖性越强，越容易产生持续的合作，越能够加深资源依赖程度。贾生华、吴波和王承哲（2007）的实证研究表明资源依赖性对联盟绩效有显著影响，其中结构型依赖对联盟绩效影响显著，而过程依赖对联盟绩效影响不显著。学者们对供应链中资源依赖作用的讨论也较多，如企业与供应商之间的资源依赖性越强，带来的转换成本也越高，则合作关系越不易解散，越会不断推动双方向着共同目标努力，提高合作绩效（Heide & John，1988）。吕晖、叶飞和强瑞（2011）利用结构方程模型，实证分析出供应链合作企业间的资源依赖程度与信任水平的正相关关系，建议供应链合作企业通过提高资源依赖程度来提高信任水平，进而提升信息系统协同，这有利于建立起长期的战略合作伙伴关系。供应链企业间的资源依赖程度也会影响合作各方的信息技术和信息决策水平（Zhang，Dhaliwal，2009；Deeter-Schmelz et al.，2001）。学者们通过研究提出资源依赖对企业之间的关系强度（唐丽艳等，2017；Rothaermel & Boeker，2008；Holmes，Smart，2009）、企业间的合作行为（党兴华等，2010）、企业的创新行为（蔡新蕾等，2013）等都会带来正向影响。

2.2.4.2 资源依赖的负向作用

资源依赖理论强调组织控制资源是为了减少对其他组织的依赖或是增加其

他组织对自身的依赖。如果一个组织对另一个组织产生过度的资源依赖，那么就会“受制于人”。当实力不对等的合作双方进行资源交换时，弱势一方对强势一方的资源依赖会不断增加，同时也会受到强势一方的制约，降低了弱势一方的自主决策权和创新能力（吴先明，梅诗晔，2016）。对于联盟中的依赖方与被依赖方来说，双方的资源依赖程度越高，则被依赖方在联盟中的掌控力越强，而依赖方迫于对关键资源的需求不得不向被依赖方妥协，甚至不惜以损害自身利益为代价作为交换条件（Inkpen，Beamish，1997；Kumar，Scheer，Steenkamp，1995；沈灏、李垣，2010）。Newbert 和 Tornikoski（2013）研究发现资源依赖和关系嵌入与资源获取成本之间的关系，当组织之间是低嵌入关系时，资源依赖会增加资源获取成本。当企业过度依赖顾客时，就会将关注点放在顾客的现时显性需求上，而忽略顾客的隐性需求，进而降低了开发新产品或新技术的意愿（盛虎宜、王建刚、鲁若愚，2018；Narver et al.，2004）。

综上所述，组织间资源依赖会对组织产生正向作用和负向作用两种不同的结果。组织间资源依赖程度的差异会导致两种不同结果的出现。当组织间资源依赖程度对等时，资源依赖将促进联盟绩效或合作绩效提高，有助于资源或能力的整合，加强合作关系，促进协同与创新等；当组织间资源依赖程度不对等时，资源依赖将对依赖劣势方带来更大的风险；依赖优势方掌握着依赖劣势方所需要的关键资源，因此依赖优势方就控制着双方谈判的话语权。组织间资源依赖程度越大，依赖劣势方的资源获取成本越大，创新能力越低下，自身利益越无法得到保障。可见，只有组织间资源依赖正向作用的发挥才能为合作各方带来协同共赢的效果。

2.3 协同理论的相关文献综述

2.3.1 协同理论的形成与演进

“协同”（synergy）一词最早源于古希腊，意为协调与合作。组织管理之父巴纳德在组织管理理论中提出了正式组织应该具备的三个基本要素。“协作的意愿”被看作是协同思想在组织管理理论中的最早萌芽。而在管理学上正式对协同进行研究的是亨利·法约尔，他在著作《一般管理与工业管理》中对管理的五大职能进行了界定。这五大职能主要包括计划、组织、指挥、协调和控制。其中，协调被看作是连结和调和各种活动，而协调职能也理所当然被看成是最早的管理协同观。美国战略管理专家 Ansoff（1965）在《公司战略》

一书中将“协同”看作是企业的重要战略要素，可以指导企业的多元化经营战略有序运作，他认为协同可以分为销售协同、运营协同、投资协同、管理协同等类型。1971年，德国物理学家赫尔曼·哈肯创立了一门新的学科——协同学。协同学是在多学科研究基础上逐渐形成和发展起来的。哈肯曾经在《社会协同学》的序言中对协同给出了形象的表述，他认为协同能够使群体中的个体获得更高质量的生活条件，而当彼此离开合作，其生活条件将会下降。协同理论认为，在整个环境中，各个具有不同属性的系统间存在着相互影响而又相互合作的关系。协同理论主要由协同效应、伺服原理和自组织原理三部分内容组成。协同效应是指复杂开放系统中大量子系统相互作用而产生的整体效应或集体效应，是在协同作用下而产生的效果。伺服原理是指从系统内部稳定因素和不稳定因素间的相互作用方面描述了系统的自组织的过程，即快变量服从慢变量，序参量支配子系统行为。自组织原理是指在没有外部系统干预的情况下，组织内部子系统之间能够按照某种规则自动形成具有新的时间、空间或功能的有序结构。Hofer 和 Schende（1985）认为，协同是相互独立的各个组成部分经过汇聚之后而产生的“共同效应”（joint effect）。随后，学者们对协同理论不断地进行拓展和延伸，使得协同理论得到快速发展和完善。Linchtenstein 和 Mc Kelvey（2002）分别从水平方向和垂直方向及宏观层面和微观层面对企业战略协同演进进行了划分。Mc Kelvey（2002）进一步提出了协同演进的管理、协同演进的速度等问题的研究方向。纵观学者们对协同研究的进展情况，无论是协同发生在水平或垂直方向，还是发生在微观或宏观层面，协同演进表现为由静态协同到动态协同、组织内部协同到组织外部协同的演进趋势。

2.3.1.1　*静态协同到动态协同的演进*

从协同的状态来看，协同经历了由静态协同到动态协同的演进过程。静态协同与动态协同的区别主要是作用时点的不同，静态协同主要针对同一时点上所要进行的协同活动，而动态协同主要针对不同时点上所要进行的协同活动。美国学者迈克尔·波特（1985）提出的价值链理论对静态协同进行了很好地诠释。该理论认为企业从事的生产经营活动可以分为基本增值活动和辅助增值活动两大类，其中基本增值活动主要由企业内部后勤、生产作业、企业外部后勤、市场和销售、服务等环节构成；而辅助增值活动主要由采购、技术开发、人力资源管理和企业基础设施等环节构成。这些互不相同但又相互关联、相互影响的企业内部活动构成了企业的价值链。价值链是在企业内部活动的协同作用下产生的，价值链上的每一项活动都会影响其他活动的成本收益，进而影响企业最终价值的实现。企业的竞争力不是由某一单项活动决定的，而是由整条价值链的综合实力来决定的。迈克尔·波特的价值链理论为分析企业的价值创造活动提供了理论指导，利用价值链分析方法不仅可以了解企业的每项业务活动之间基于资源共享所形成的相互关系及其对企业整体价值实现的影响，而且可以识别出各项业务活动之间的协同机会，为企业降低成本和实施差别化战略提供思路。但价值链理论所探讨的各业务单元的协同是基于同一时点上的一种静态协同，而没有考虑在不同的时点上企业各业务单元的协同活动。

日本学者 Itami（1987）在其著作《启动隐性资产》中对静态协同效应和动态协同效应进行了区分，他认为静态协同效应是讨论静态的、短期内的资源最佳配置状态，而动态协同效应是讨论动态的、长期的最佳资源配置状态。Itami 认为隐性资产不易被模仿或替代，能够产生协同效应。隐性资产是一种不能直接显露的资产，是企业在生产经营实践过程中对战略的实施以及在应对市场变化的过程中不断积累而成的，包括商标、顾客认知度、技术专长或激发员工强烈认同感的公司文化等。协同的目标是为了资源的最有效利用，同时能够低成本、快速地积累或创造出新的资源，隐性资产的有效积聚功能是协同效应产生的根本原因。隐性资产的有效积聚功能主要表现在隐性资产不受时点的限制，可以在不同的时点上实现有效匹配。所以隐性资产所产生的协同效应是动态的协同效应，隐性资产的调整可以同时满足现在和未来战略对资源的需求。因此 Itami 认为，为了产生动态协同效应，企业应尽量选择那些可以创造隐形资产的业务进行发展，带着动态协同的意识去设计战略，并尽自己的最大努力去发展隐形资产。他还指出，一个企业要想获得成功最主要的就是获得动态协同的适应性，并且还要建立基于动态协同的基本框架。

Itami 提出的隐性资产产生动态协同的观点进一步促进了协同理论的发展。之后学者们继续展开对动态协同的研究。其中核心竞争力理论与伊丹敬之的观点有异曲同工之处。Prahalad 和 Hamel（1990）提出了核心竞争力理论，该理论指出企业培育专属于自己的、不能被竞争对手模仿或替代的资源、技能或竞争能力是获取竞争力的关键。核心竞争力是企业适应多变不定的经营环境的支撑力量。企业核心竞争力属于隐性资产的范畴，则依据伊丹敬之的观点，核心竞争力是企业具有动态协同能力的前因。Markides 和 Williamson（1994）基于核心能力视角对企业并购所产生的动态协同效应进行了研究。他们认为核心能力是公司并购管理的关键，它决定了业务组合的选择，并提出了核心能力协同效应理论。Andrew Campbell 从核心技能角度来探讨如何实现协同效益，他认为核心技能可以为企业带来协同效益，并且提出了建立核心技能的方法。可见，无论是“核心竞争力”“核心技能”还是“核心能力”，都可以概括为企业隐性资产的一种形式，都是企业取得竞争优势的关键。任通海等（1999）指出，单一业务单元或一种业务行为并不能形成企业的核心能力，核心能力是企业各种业务单元或业务行为共同作用的结果，企业整体行为的协调性决定了核心能力效用的发挥。由此可见，核心能力理论与协同理论并不是矛盾的，两者之间是相辅相成的，核心能力理论进一步丰富了协同理论的内容，协同理论进一步促进了核心能力理论的发展。

哈默和普拉哈拉德用核心竞争力理论对竞争性协同进行了解释。他们认为，竞争者之间有必要开展合作，不仅可以节省技术索取、市场开发的时间和开支，而且可以通过对对方资源和技术的有效利用来将其消化和吸收。但哈默和普拉哈拉德也进一步指出，企业之间的任何自利行为的协同都是不稳定的、短暂的，并且协同会随着合作双方各自能够为对方提供的资源的数量的减少而终止。可见，协同的目的不同会导致截然不同的合作结果。各合作主体只有本着“一荣俱荣，一损俱损”的理念，通过在合作过程中大量的正、负反馈环的产生，带动整个系统的动态协同演进。

2.3.1.2 内部协同到外部协同的演进

从协同的作用范围来看，协同经历了由内部协同到外部协同的演进进程。内部协同是指通过组织内部各种要素之间的协调合作，来提高内部资源的使用效率，进而为组织带来更大的收益。外部协同是指组织通过与其他组织建立联盟或进行并购，获得互补性资源和协同性资源，实现互惠共赢。内部协同主要是对组织内部各要素协同进行研究，来探讨内部协同对组织绩效的影响。学者们主要从全面要素协同和关键要素协同的角度进行了探讨。企业内部协同创新依赖于内部各要素协同来实现。郑刚（2004）提出在技术创新过程中，各创新要素的全面协同（如战略、组织、文化、制度、技术、市场等）能够提高创新绩效。组织协同表现为三个层面的协同：战略协同、管理协同和业务协同。张坚（2007）提出技术要素与其他要素的联盟是影响企业创新绩效的重要因素。李飞等（2013）研究发现，海底捞之所以能够一直保持较高创新绩效，主要是因为商业模式、顾客价值等市场要素和火锅底料等技术要素间的有效协同。跨部门协作将相互独立的部门连结在一起，可以创造出高绩效并开发和提高组织的创造力。跨职能型组织结构适用于组织实施突破式技术创新。Song 等（1993）认为高科技企业产品研发与市场营销跨职能部门的协同能够形成协同效应。还有学者对跨部门协同与知识之间的关系进行了探讨。Boer 等（1999）提出跨部门协作能够将来自不同部门的零散知识整合成新知识，跨部门协同能力反映出组织的知识整合能力。马喜芳和颜世富（2016）认为跨部门协作能够打破部门与部门之间的壁垒，促进知识和专长的分享和交流，开发组织潜能，提升组织创造力。

上述学者们的研究显示，组织内部协同可以通过对内部各项要素的整合或组织架构的调整来实现。协同是多元化企业价值创造的唯一途径（Rosabeth Moss Kanter，1983）。Richard Runelt（1981）在对美国大型企业的多元化战略研究中已经得出，企业内部有业务关联性的业绩要高于无业务关联性的业绩。管理学家克里斯托弗·布伦南对企业实施多元化战略而导致失败的原因进行了分析，发现其根本原因在于企业经理们将关注点放在单独的业务单元发展状况，而没有站在企业整体的角度来审视各个业务单元之间的关联，忽略了协同机会的存在。马库斯·亚历山大（2007）提出利用"母合优势"的理念来开展企业各种业务单元之间的协作，更有利于协同效应的实现。

通过学者们的研究发现，内部协同能够为组织带来更多的创新绩效。但是随着组织所面临的环境越来越复杂多变，环境带给组织的竞争压力越来越大。组织仅仅依靠内部协同已经难以满足组织不断发展的需要，外部协同成为组织发展的不二选择。组织外部协同主要是通过实施并购或组建战略联盟来实现的，Weston（1990）提出并购战略能够改进协同效应的效率。张丽英（2013）认为企业已将并购作为提高自身技术创新能力的主要途径和手段，并且通过将并购获得的资源与已有资源进行有机结合来产生协同效应。联盟内的知识转移会刺激协同效应的产生，促进联盟的稳定运行。依靠联盟系统自组织演化特性和协同机制的成熟度，形成了联盟竞争优势的增长，即联盟协同机制越成熟，联盟系统自组织调整所需时间就越短，竞争优势的增长速度也就越快。如果从系统的角度看战略联盟协同机制，其具有系统层次的复杂性，而每个维度的协同机制本身也作为复杂系统，与系统内各要素相互作用、相互影响，同时又通过彼此间非线性作用共同支持战略联盟竞争优势的获取，从而形成一种耦合互动的关系。战略联盟四维协同机制的系统构成及相互间的关系如图 2-4 所示。Rbetta Standifer 和 Allen Bluedorn（2006）研究了构思模型对战略联盟协同实现的作用和影响，得出共享构思模型的应用能够提高联盟的效率，并且会促使联盟成员积极对待联盟协同过程中出现的各种问题，主动探寻最佳方案去解决这些问题，促进联盟协同的顺利实施。谢心灵等（2008）探讨了利用集成系统协调模块来处理联盟网络组织的冲突问题。Christopher Bartlett 和 Sumantra Ghoshal 提出在快速多变的环境下，跨国公司可以通过企业之间各种资源与行为的共享来实现国际化业务的协同，进而产生协同收益。

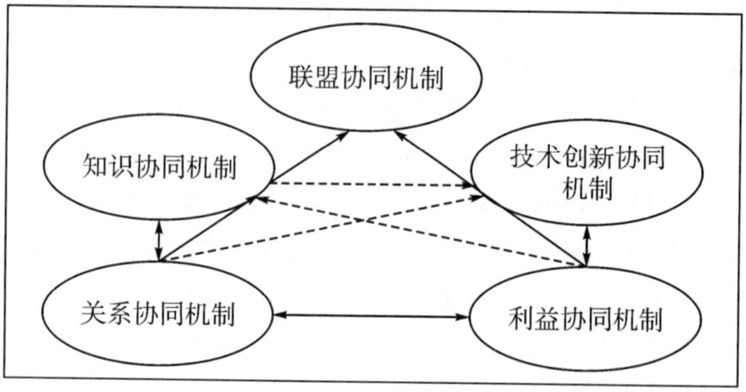

图 2-4　战略联盟四维协同机制系统构成

资料来源：孟琦，韩斌. 获取战略联盟竞争优势的协同机制生成分析［J］. 科技进步与对策，2008，25（11）：1-4.

从现有的研究来看，基于静态协同和动态协同的研究，学者们主要对静态协同和动态协同形成的差别及产生的原因进行了探讨，特别提出了隐性资产在动态协同中的显著作用。基于内部协同和外部协同的研究，学者们主要对内部协同和外部协同的内容和方式进行研究。通过研究组织的协同演进过程不难发现，无论是从静态协同到动态协同的演进，还是从内部协同到外部协同的演进，都深刻地揭示出组织适应环境需要的演变发展规律，为组织多元化、复杂化的发展趋势提供了更有效的运行模式，也为组织合作研发研究提供了理论基础。

2.3.2　横向协同与纵向协同

按照合作主体间协同方向来划分，协同可以分为横向协同和纵向协同两种类型。横向协同是指同一大类产业中细分产业组织间的协同。横向协同主体主要包括企业、高校、科研院所、政府、中介机构等（杨耀武，2009；侯普光，2013）。产学研协同和产业集群协同是横向协同的主要表现形式。纵向协同是指同一功能链不同环节上的产业主体间的协同。纵向协同主体主要包括企业、供应商、客户、竞争对手等（陈劲，2012；范群林，2014）。供应链协同和竞争者协同是纵向协同的主要表现形式。

2.3.2.1　横向主体间协同

（1）产学研协同。

产学研协同是指企业、高校、科研机构通过合作与协调，将目标、组织、体制、机制协同起来，实现“1+1+1>3”的协同效应。产学研协同成为各主体从事技术创新活动的一种契约安排，是科研、教育、生产不同的社会分工形式在功能与资源优势上的协同与集成化。企业参与产学研协同是为了提高基础研究水平、培养人才、缩短研发产品商业化的时间等；大学和科研机构参与产学研协同是为了掌握最新的市场信息以便更准确地了解用户需求，获得研发资金缓解资金不足的问题等。

①产学研协同主体。Bonaccorsi 和 Piccaluga 认为产学研合作创新主体之间所具有的战略目标不同会导致不同的合作效果预期。对产学研协同主体主导地位的研究成为众多学者关注的焦点。归纳现有研究发现，产学研协同主体的类型包括企业主导型、高校主导型、政府主导型以及联合型。在企业主导型产学研协同中，企业占据主导地位，决定着合作的内容与方向，其他合作者是合作的受益者。高校主导型产学研协同中，高校占据主导地位，凭借技术和人才方面的优势，通过合作伙伴的资金或设备来完成科研成果的转化。政府主导型的产学研协同中，政府占有主导地位，通过制定相应的优惠政策或保障措施，更有利于优质资源的集合，促进项目的实现。联合型产学研协同中，合作各方的地位是平等的，通过分工合作，充分发挥各自的优势，共同完成研发任务。

马宁等（2005）以企业作为主体来探讨产学研协同，认为应该将企业作为研究开发、利益分配和技术转移的主体，大学和科研机构在产学研协同过程中起着配合和支持的作用。Chen Jin 等（2008）指出企业有效地吸收大学的技术或知识而成为产学研创新主体，对于发展中国家来说具有重要的现实意义。崔永华（2011）认为企业与高校、科研机构共同构成的协同创新网络不仅能够降低交易成本，而且能够规避网络合作风险，推动企业创新的顺利开展。熊励等（2011）指出与大学和科研机构进行协同对于知识密集型企业来说尤为重要，大学和科研机构能够提供给知识密集型企业技术创新所需的各种资源。彭华涛等（2013）指出政府在横向协同创新中应发挥主导作用，以协调各创新主体因为目标不同、利益交叉及信息不对称等原因而导致难以形成合力的问题。张钦朋（2014）从政府的角度出发，认为政府要成立专门的协同创新管理部门，充分发挥引导职能，为产学研主体的协同创新搭建合作平台，提供各类科技信息，合理有序地配置人力、物力和财力资源。秦军（2011）指出产学研合作主体具有不同的任务导向，企业侧重于分担技术创新风险，而高校和科研机构侧重于自身价值的实现。薛澜、姜李丹等（2019）认为产学研协同创新是由企业、高校和科研院所的各自优势所组成的“能量综合体”。

②产学研协同机制。产学研协同机制主要是探讨如何更好地确保各主体之间的关系、行为、功能等方面的协调有序，实现优势资源的融合。Loepz 认为

只要产学研合作各方建立起良好的沟通机制，那么合作创新就不会受到组织文化差异的影响。段瑞春（2008）提出了产学研合作创新的技术转移机制，认为技术转移机制能够促使各成员创新资源的集聚，实现创新资源整合的持续创新机制。张伟（2009）认为产学研协同机制的基础是沟通机制，发展途径是学习机制。Roland（2011）研究了大学与产业之间的道德问题和协同关系，指出校企协同得以实现的重要前提是建立长效合作机制。王进富等（2013）融合了协同学、管理学、生态学等相关学科理论，从准备期、沟通期、运行期三个阶段来对产学研协同创新进行探讨，并且引入动力协同、路径协同和知识管理协同来建立产学研协同创新机制。王海龙等（2016）采用跨案例研究方法对辽宁省三家新型产业技术研究院的组织架构、利益分配、资金投入等方面进行比较研究，来探讨产学研协同创新主体的利益协同机制问题。研究结果得出知识产权界定、主体权益分配与研发风险补偿构成了产学研协同创新主体利益协同机制的关键要素。倪飞等（2017）对传统信息环境下和大数据环境下的产学研协同创新机制进行了比较分析，建立了大数据环境下产学研协同创新机制。陶丹（2018）通过构建完全竞争市场下的多阶段博弈模型，探究成本分摊机制对产学研协同创新的影响。研究发现，如果产学研各方的成本分摊协商是基于自身收益最大化的考量，则产学研协同创新无法实现帕累托最优；而轮流出价博弈模型下的成本分摊机制能够有效改善产学研各方收益，并使整体收益达到帕累托最优。可见，大数据环境下的产学研协同中，企业不再是获取市场需求信息的唯一途径，高校、科研机构和政府可以通过专业的大数据公司提供的信息服务或运用组织自有的大数据处理程序来直接获得所需要的市场需求信息。大数据环境下的信息获取途径更加开放，信息传递的路径更加多元。

③产学研协同绩效评价。Mora Valentin 等（2004）认为声誉好坏是衡量产学研合作绩效的一个重要评价要素。夏风（2008）基于平衡计分卡原理提出了将创新效益、合作流程、学习和创新和“客户”满意度作为产学研合作绩效评价指标。Simon Philbin（2008）基于系统视角来构建产学研合作评价指标体系，通过对输入要素与输出要素两个方面来进行评价，输入要素具体划分为技术、管理和社会影响三个维度，输出要素具体划分为知识共享与创新和合作持续性两个维度。张爱琴等（2009）从知识共享、网络能力、创新绩效三个方面构建了产学研知识网络协同创新绩效评价指标体系。霍妍（2009）认为可以从投入、过程、产出三个维度来评价产学研合作创新。金芙蓉等（2009）在对已有国内外产学研合作评价模型进行研究的基础上，建立了产学研合作项目绩效评价指标体系，并应用此评价指标体系对某校企合作科技项目进行实证

检验。仲伟俊等（2009）提出能力应该作为衡量产学研合作水平的主要指标，产学研合作水平应由基于成果的评价转向基于能力的评价，改变仅以成果转化率作为产学研合作水平的评价指标的评价体系，这样才能切实提升产学研合作的技术创新水平。马莹莹等（2011）从行业的视角对珠江三角洲地区参与产学研合作的399家企业的产学研合作创新绩效进行了实证分析，结果表明，产学研合作创新绩效显著的是企业规模小、技术水平和资本密集度较高的行业。李成龙等（2013）将产学研合作创新绩效划分为创新任务绩效和学习成长绩效两部分，创新任务绩效可用来衡量产学研合作中有形的、可见的产出和结果；学习成长绩效用来衡量产学研各合作方成长情况和合作满意度情况。李新荣（2013）基于集成分析思想，从投入和产出两个方面建立了产学研合作项目的绩效评价模型。段晶晶（2014）利用耗散结构理论构建了产学研协同创新绩效提升路径的理论模型，分别从合作愿景、组织关系、知识和政策支持四方面分析了产学研协同创新绩效的提升路径。王海军等（2017）设计了面向“产学研+”协同创新绩效的评价指标体系，并开展了实例验证分析。苏州（2018）构建了基于多维多层的产学研合作绩效评价模型，将合作的环境、投入、产出、运行和效果作为产学研合作绩效评价的二级指标。邢美华等（2017）对产学研协同绩效评价方法的运用进行了归纳，认为评价方法主要有比率法、层次分析法、人工神经网络法、因子分析法、数据包络分析法等，并总结出每种评价方法的特征和适用范围。董睿等（2018）构建了产学研协同创新知识转移机制模型，分别研究技术转让、联合研发和共建实体三种模式下最优知识转移机制及其有效性。研究结果表明，知识转移绩效的可度量程度、合作主体间的关系强度、投资规模经济决定了产学研协同创新的知识转移效果。

（2）产业集群协同。

著名管理学家迈克尔·波特给出了产业集群的定义：在某一特定领域中，在地理位置上集中且相互联系的公司和机构的集合，这些公司和机构以彼此共通性和互补性相连结。库克和逊斯托克（Coke & Schienstock，2000）认为集群创新系统由具有明确的地理界限和行政安排的创新网络与机构组成，这些创新网络和机构以正式和非正式的方式相互作用，从而不断提高内部企业的创新产出。Britton（2003）认为产业聚集有助于开展协同研发、降低研发成本和风险、促进成果转化，构建起紧密相连的创新网络关系，获得单一企业无法得到的创新优势。Long（2011）对产业集群内企业之间的共生关系进行了研究，研究发现产业集群内企业之间的相互合作、竞合协同的关系会随着产业集群的演化发展而加强，而与环境、金融等的外部依赖关系会随着产业集群的演化发展而减弱。李瑞丽（2005）对集群演化不同阶段主导企业的协同作用进行了探讨，并得出以下结论：在集群的产生阶段，主导企业对集群的发展方向起了决定性作用；在集群的发展阶段，主导企业对市场的驾驭起了掌控的作用；在集群的成熟阶段，主导企业在集群中处于中心地位，如信息交换中心、物流集散中心等。李大为等（2011）认为，产业集群创新网络比传统的线性技术创新模式更高效，并阐述了通过产业集群实现技术创新的机理与实现路径。张耀辉等（2012）通过案例分析，对企业、政府和智力机构等主体在战略性新兴产业集群形成过程中所发挥的作用进行了论述，认为战略性新兴产业集群是在满足市场需求的基础上，产业主体之间协同形成的。喻登科等（2012）基于资源与文化的相似性视角分析了战略性新兴产业集群是以价值链、知识链和物联网为媒介协同发展的，提出产业集群协同发展的单核、多核和星形三种模式。万幼清等（2014）构建了产业集群协同创新系统，探究不同竞合关系对产业集群协同创新方式选择的影响，为区域经济发展提供理论借鉴，产业集群协同创新系统如图 2-5 所示。

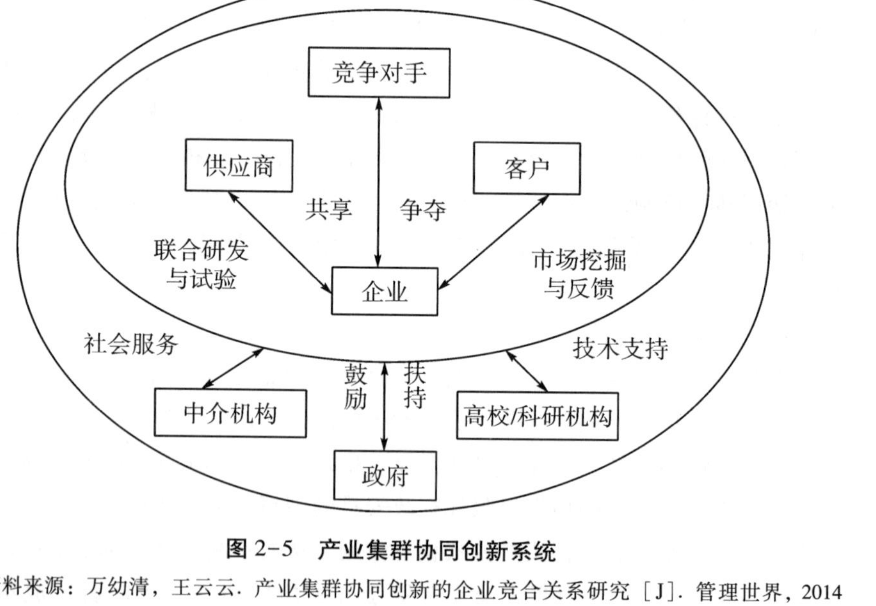

图 2-5　产业集群协同创新系统

资料来源：万幼清，王云云. 产业集群协同创新的企业竞合关系研究 [J]. 管理世界，2014（8）：175-176.

2.3.2.2　纵向主体间协同

（1）供应链协同。

20世纪90年代中期，学术界在协同理论和供应链管理理论的基础上提出了供应链协同（supply chain collaboration，SCC）的概念 。著名的供应链管理专家 David Anderson（1999）指出新一代的供应链战略就是协同供应链。供应链协同成为理论界和实践界重点关注的话题，国内外学者对供应链协同展开了大量的研究。学者们基于不同侧重点来研究供应链协同促进了供应链内容体系的形成和发展。Arshinder 等（2011）对已有供应链协同研究进行了归纳，并总结了供应链协同研究的不同分类（见图2-6）。本书主要从供应链协同概念和作用、供应链协同模型以及供应链协同风险等方面来进行归纳总结。

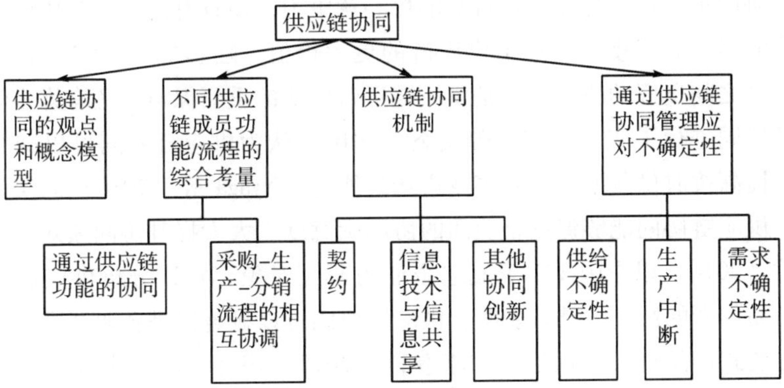

图2-6　供应链协同研究分类

资料来源：ARSHINDER K，KANDA A，DESHMUKH S G. A review on supply chaincoordination：Coordination mechanisms，managing uncertainty and research directions [M]. Heidelberg：Springer Berlin，2011：39-82.

①供应链协同概述。

概念的界定是供应链协同研究的基础。Beamon（1998）将供应链协同看成是通过供应链成员间的激励来改变成员间的行为，以实现供应链整体利益最优。Simatupang 和 Sridharan（2004）认为供应链成员企业之间通过信息共享、共同决策能够给消费者带来高于单独行动所带来的收益，进而使整个供应链的竞争优势得到提升。程国平等（2003）将供应链协同看作是网络式联合体，企业之间通过签订协议或组成联合组织的方式来实现其战略目标。邹辉霞（2007）认为供应链协同是各个环节之间通过无缝对接来确保供应链整体目标的实现。杨春燕等（2007）对供应链协同的界定除了包含以上学者的观点外，特别强调了供应链协同既要提升供应链整体效益，还要使供应链各主体获得更大的效益。

从上述学者们的观点中可以看出，供应链协同能够促进供应链上下游企业的紧密联系，在供应链各级成员之间建立起长期的战略伙伴关系。供应链协同强调各节点企业站在全局的角度，通过对企业内部和外部的协调和集成管理，充分发挥各自独特优势，实现供应链各环节的价值增值，以达到供应链整体最优状态。晓斌和刘鲁（2003）强调用系统的观点建立起整个供应链的协同关系，供应链协调能力的大小能够决定供应链运作效率的高低。Simatupang 和 Sridharan（2005）用信息共享、同步决策、激励联盟三个维度来测量供应链协同程度，研究表明，供应链协同度与运作绩效之间存在着显著的正向关系。张翠华等（2005）指出企业的核心竞争力是供应链协同关系形成的来源，通过供应链协同不仅可以强化企业自身的核心竞争力，而且有助于提升供应链上其他企业的客户满意度，创造出供应链的更大价值。陆杉等（2007）指出供应链各成员之间良好的协同关系是供应链运营成功的重要保障。还有许多学者对供应链协同进行了实证研究。曾文杰（2010）认为供应链协同可以减少库存成本、提高按时供货率及应对多变市场的能力。Nyaga 等（2010）的实证结果表明，供应链协同能够促进企业间的协同满意度、大大提升协同绩效。龙勇和赵玉竹（2016）以中国 141 家制造企业为研究对象，实证分析供应链协同对企业产品创新的影响，结果表明，供应链协同可以显著促进企业渐进式产品创新和突变式产品创新。章怡心和李登科（2018）用环境不确定性作为调节变量实证分析供应链协同与绩效之间的关系，结果显示，协同的各个维度对绩效具有显著的正向作用，而环境不确定性在协同绩效关系中具有显著的调节作用。

②供应链协同模型研究。

众多学者针对社会发展和企业经营中面临的各种问题，通过构建供应链协同模型来展开研究。有关废弃物回收处理的问题，学者们主要围绕回收模式进行探讨。Savaskan 提出了制造商回收渠道三种模式，即制造商直接回收模式、制造商委托零售商模式和第三方间接回收模式。Zikopoulos 等（2007）考虑用一个单期再制造和两个废旧品回收点模型来研究随机的废旧品回收数量如何确定最优的再制造数量，从而使整个系统获得最大的利润。易余胤等（2011）针对制造商和零售商混合回收的闭环供应链模型进行协调分析。Zolfagharinia 等（2014）利用实例分析了一个具有独立的再制造产品库存点和安全库存点的逆向供应链模型。李晓静等（2016）通过分别分析不同回收渠道结构对供应链上不同成员的利润影响后，基于共赢的视角构建了最佳回收渠道的结构。

有关信息不对称情况下供应链的协调问题，学者们根据实际需求制定出相应的决策模型进行探讨。Ha（2001）分析了生产成本信息不对称下短生命周期产品供应链的契约协调问题。Lau 等（2007）在生产成本信息不对称下探讨了供应链的定价策略和数量折扣策略。陶文源等（2002）建立了基于随机需求的制造商订单最优分配的数学模型，分析供应链中制造商和两个供应商的信息共享对供应链的影响。郭军华等（2013）在不确定需求量的情况下，构建了单一制造商实现利润最大化的新产品与再造品定价模型。颜波等（2015）讨论了在制造商成本信息不对称时，由零售商主导的且由两个制造商和一个零售商组成的混合渠道供应链中，供应链的最优定价策略及对供应链的影响。高举红等（2017）在需求信息不确定的情况下，探究了闭环供应链对于再制造竞争的定价问题，研究发现在一定范围内，闭环供应链的批发价格和销售价格会随着再制造程度的增加而下降。有关供应链各主体收益分配的问题，学者们主要基于供应商管理库存（VMI）模式进行了探讨。Gerard Cachon 等（2005）构建了供应链收益共享契约模型，对收益共享契约机制与传统协调方案进行比较后发现，收益共享契约机制具有更好的效果。霍艳芳等（2014）应用价格契约与 Stackelberg 博弈模型建立了零售商占优的 VMI 利益分配模型，指出 VMI 短期内供应链收益源于库存成本变化且受到供应链协调性的影响。杨怀珍等（2014）构建了由 n 个供应商、一个第三方物流（TPL）和一个制造商的 VMI&TPL 模式利益分配机制，并且建立了经济效果模型，根据 Shapley 值法的原理进行算例分析。杨怀珍等（2017）在考虑随机需求对产品价格影响的情况下，以多个供应商和一个制造商组成的上游段供应链为研究对象，建立了以价格补贴收益为起点的 Nash 谈判收益分享契约模型。冉文学等（2018）引入 TPL 构建一个三级供应链的 VMI 模型，分别建立了分散式、上游段 VMI、下游段 VMI 以及集成式 VMI 的四种不同情况下的收益模型，然后采用 Shapley 值法构建利益分配机制，并进行算例分析。结果表明，实施 VMI&TPL 带来的利润增长能通过该机制进行更加公平的分配，可以有效促进集成式 VMI&TPL 的长期稳定发展。

有关供应链协同的其他角度的探讨。Akkermans 等（2004）建立了供应链协同的理论模型，并且运用计算机技术对供应链企业案例进行分析，结果表明实现供应链协同的关键要素是各节点企业的共同努力、彼此信任和可视化程度。叶飞（2005）为保证供应链的协同运作，利用不对称 Nash 协商模型建立了激励制造商与零售商组成的两级供应链的利益协调模型。陈树桢等（2009）分析了双渠道下零售商创新补偿与供应链协调问题，设计了基于创新投入和创新补偿的双渠道供应链协调的两部定价合同。张志清（2010）基于客户需求预测的角度，构建了供应链协同需求预测模型，并对信息协同和方法协同进行了研究。

③供应链协同风险。

供应链各成员企业都是具有自主决策权的经济主体，而追求自身利益最大化是企业的主要目标，因此供应链各成员企业之间既是合作又是竞争的关系。当成员企业之间存在信息不对称时，企业往往为了谋求自身利益最大化而忽视供应链整体利益的实现。供应链企业的这种自利行为势必会影响供应链协同。学者们对供应链协同风险行为进行了研究。Parker（2000）研究指出，供应链协同风险表现在两个方面：一方面，协作过程中企业的核心知识、经验以及技术的外溢，会使自己面临竞争对手逐渐强大的风险；另一方面，各成员企业会由于需要协调而产生额外的财务和时间成本，会对协作创新带来的优势产生抵消的风险。Hoecht 和 Trott（2006）认为供应链协同创新可能会导致企业间的过分依赖而失去其独立性。Tang 等（2009）认为供应链风险管理可以通过协调供应链各成员利益，识别和管理供应链风险，从而降低供应链的脆弱性。于渝飞（2016）的研究指出流程协同的实现能使供应链各成员间在风险利益保持均衡的情况下实现同步运作，达到价值共创的目的。张博文等（2016）指出供应链协同创新产生的成果归多方成员共有，如果利益分配机制不合理，会出现秘密技术故意泄漏或是转让的现象，从而给其他成员带来知识产权贬值或是流失的风险。总的来看，供应链协同风险主要表现在因协调增加的额外成本、核心知识或技术的外溢、创新成果收益的分配纠纷、因合作惯性而导致的独立性的减退等。

（2）竞争者协同。

有关竞争者协同的研究，学者们得出了截然相反的两种结果。有些学者认为选择合适的竞争对手对合作双方都是有利的，对竞争对手不应只持有敌意、戒备的态度。竞争者之间的协同，不但有利于异质资源的共享及优化配置，减少不必要的资源浪费，而且有利于促进整个行业的良性发展。Bengtssonetal（2000）认为竞争者之间的良性竞争能够推动各方在资源和能力方面的积极融合，在与竞争者的合作中共享资源和技术，在与竞争者的竞争中不断提高研发水平并降低研发风险。Tether（2002）研究显示企业与竞争者分享技术与知识能推进本企业的技术创新。徐亮（2009）实证分析得出企业竞合战略与企业技术创新绩效之间存在显著关系。汪巧乐（2011）对竞争者之间的关系维度进行了划分，即关系强度和关系质量，分析得出竞争企业之间的关系强度与技术创新绩效之间是正相关关系。崔永华等（2011）认为与竞争者合作有利于解决共性关键技术问题，实现协同合作与优势资源互补，促进创新溢出，提高人员、技术、资金的吸纳能力和科技创新能力。周跃锋等（2012）认为我国中小企业在面对金融危机或激烈的竞争环境时，提高竞争优势的方式是建立同质化竞争性中小企业联盟。余颖等（2016）认为政府的支持会强化同行业竞争者的合作与绩效之间的关系。赵振宇等（2018）研究国际工程承包商动态能力与竞争者协同进化的关系，研究发现国际工程承包商与竞争者协同进化对企业的适应度水平，即绩效有正面影响效用。余颖等（2016）认为当核心企业同时与同行业竞争者和下游客户企业进行合作时，将获得更高的产品开发绩效。可见，与竞争者合作，建立良好关系，通过分享彼此优质资源和传递丰富的经验能够促进企业创新能力的提高。除此以外，竞争者的合作还能产生其他附加价值。如果核心企业在与客户合作的过程中，与某些同行合作，分享同行的某些关键能力和资源，则能为客户提供更高价值的新产品。

然而有些学者对竞争者合作持否定的观点。Monjon 和 Waelbroeck（2003）、Miotti 和 Sachwald（2003）的研究指出竞争者之间是否进行合作不会对产品创新绩效产生影响。Janz（2003）通过分析德国和瑞典国有企业的技术创新情况后发现，与同行业竞争企业进行合作创新会阻碍本企业新产品的销售。Nieto 和 Santamaria（2007）在研究后也得出类似的结论，同行竞争者之间的合作之所以会对产品创新带来负面影响，主要是因为彼此之间存在不信任以及投机行为。如果同行共同开发新产品，会出现在竞争者对新产品有了深入了解后而自行开发类似的产品或更优的产品的行为。学者们研究发现竞争者合作还会增加合作成本，同行竞争者的资源和能力比较相近，在合作过程中协调和管理的成本也会更大一些，竞争者之间的合作得以继续的前提是合作伙伴之间的利益分享得到满足。与此同时，还要保护核心技术以免被合作对手学习和模仿，竞争者联盟需要寻找更加合适的管理方法来保持自身的竞争优势和讨价还价的能力。因此竞争者联盟在实现学习内化上需要付出更大的管理成本。

学者们从纵向和横向两个方向对不同合作层面的协同进行了研究，主要包括协同模式、协同机制、协同风险等内容。研究结果表明，合作主体间的协同能够对协同绩效、运作效率、产品创新等产生显著影响。同时在合作过程中也会带来协同风险，对于合作双方来说，最致命的打击就是因为知识、经验等资源的外溢，从而培育出新的竞争对手。那么只有确保合作双方具有难以模仿或难以取代的资源，进而形成紧密的合作关系，才能促使协同顺利进行并规避协同风险。从现有的研究来看，合作双方各自拥有难以模仿或难以取代的资源能够带来协同的观点已经得到共识，但还没有研究来详细地探讨合作双方之间形成难以模仿或难以取代资源的有效途径。因此，本书试图通过多案例研究的方法来解决这一理论研究缺口，为合作组织间的协同研究探寻新的前因变量。

2.3.3 组织协同的影响因素

2.3.3.1 资源基础理论视角的资源影响因素

资源的异质性和不可完全移动性是资源基础理论的两个基本假设。资源的异质性是指企业之间具有不同种类的资源，强调了企业资源的差异特性；资源的不可完全移动性是指资源在企业之间是不可以自由流动的，强调了企业资源的隔离特征。资源基础观理论下的协同意味着合作主体之间以资源互动的方式实现内、外部资源的聚集，提升整体的合作价值。因此，资源在企业中具有重要作用，纵观已有的基于资源基础理论视角的协同研究，概括起来主要包括资源获取、资源共享、资源利用和资源整合四个方面的影响。

（1）资源获取。

Glaister 和 Buckley（1996）在研究中特别强调企业是为了获得必需的且不具备的互补性资源，尤其是隐性知识的获取，而不仅仅是为了降低经营风险或实现规模经济而进行协同合作。Eisenhardt 和 Schoonhoven（1996）从资源获取角度看，战略联盟促进了中小企业从外部其他创新主体获取技术和信息，改善其合法性，提高企业的知识管理能力，并提升战略联盟的创新产出。张万宽（2008）在对产学研技术联盟绩效的实证分析中得出，产学研技术联盟的绩效不仅与资源获取的多少有关，还与交易成本的高低有关，并认为资源获取少、交易成本高是该技术联盟样本绩效差的原因。陈劲等（2013）研究得出产业集群的知识资源获取是影响协同创新的主要因素。知识资源获取能够帮助集群企业提升创新能力并获得竞争优势，提高协同创新绩效（侯光文、薛惠锋，2017）。Sears 和 Hoetker（2014）指出技术获取型海外并购能够使企业在技术快速变化的行业中缩短研发时间，产生并购协同效应。陈金丹和黄晓（2015）认为有形资源或隐性资源的获取是企业构建协同创新网络的主要动因。

（2）资源共享。

资源共享是指不同组织在自身知识和能力上存在的差异，导致组织间存在资源不对称性，为了解决资源的不足，各组织需要从外部组织获得所需资源，进而在组织间通过资源的流动和转移，使组织间资源实现对称的过程（见图 2-7）。Bonaccorsi 和 Piccaluga（1994）探讨了产学研合作的本质，各主体间通过信息、知识等资源跨组织的转移、共享与有序交流，进而提升了合作效率，确保合作的持续性和稳定性。Florida（2006）认为开放式创新有利于改变企业的要素资本形态，使得企业间实现要素资本的共享。此外，Nyaga 等（2010）从收益和成本的关系角度对协同进行了探讨，研究表明企业间通过信息共享等协同活动，可以使企业间的信任度得到提高，从而增加企业间的满意度和协同绩效。企业与外部网络中的合作伙伴通过资源共享来释放资源之间所产生的网络效应（王海军、于兆吉等，2017），从而建立起协同创新网络的竞争优势。陈志军、马鹏程等（2018）认为母子公司的信息共享能够产生协同效应，有利于子公司灵活应对市场变化，在市场上占据先发优势。

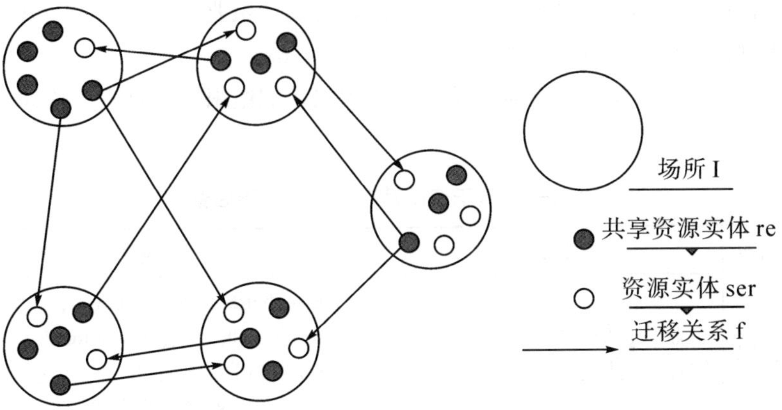

图 2-7　分布式资源共享网络模型

资料来源：吕琳. 基于 Multi-agent 的协同制造资源共享的相关理论与技术研究［D］. 武汉：武汉理工大学，2007.

（3）资源利用。

Itami 和 Roehl（1991）基于资源基础观视角探讨驱动企业产生协同效应的因素，提出企业的显性资源和隐性资源均能产生协同效应，但是协同效应的优化状态需要在隐性资源得到有效利用时才能实现。同样，Hiroyuki Itami（1987，1990）也认同企业隐形资产对企业协同的重要作用，他认为隐性资产能够发挥出企业最大资源效能，得益于某一领域的隐性资产在内部其他领域同时点、无成本地使用。Pnazar 和 Willing（1979）发现企业不同业务领域中未被充分利用的资源或能力在被积聚后将产生更高收益，即企业不同业务领域的联合将产生协同效应。Ma 和 Lee（2008）认为合作专利创新更能适应技术全球化的发展趋势，在专利合作模式中，企业除了需要研发投入和知识积累，还需要站在战略视角来合理使用外部资源。因此，资源利用对于资源不足的中小企业来说尤为重要。资源利用可以对企业内部资源进行有效更新，提升整个系统的价值性（Eisenhardt & Martin，2000；董保宝等，2011）。

（4）资源整合。

Edmondson 和 McManus（2007）将企业资源整合分为微观战术层面（对企业内部资源配置）和宏观战略层面（对企业外部资源配置）。饶扬德（2006）认为资源整合决定着资源效能充分发挥的程度以及竞争优势的形成。简兆权等（2008）认为知识的有效吸收和转移会激发企业技术创新的动力。马海涛（2012）通过实证也进一步证实了企业对内部、外部知识的整合能力更有助于企业实现创新绩效。张协奎、林冠群和陈伟清（2015）提出加强区域间的资源整合，带动不同区域企业间的协同发展，有助于企业进行更复杂、更先进的合作研发，获得更大的综合优势。

综上所述，基于资源基础理论的资源因素影响组织协同研究汇总如表 2-1 所示。

表 2-1　基于资源基础理论的资源因素

影响因素	主要观点	代表学者
资源获取	企业从其他创新主体获取资源，能够促进协同创新产出	Eisenhardt 和 Schoonhoven；Ansoff；张万宽；Chesbrough；Sears 和 Hoetker；陈金丹，黄晓；陈劲等；侯光文、薛惠锋
资源共享	组织间的资源转移和共享，能够增进组织间的信任和承诺，确保合作稳定和合作绩效	Bonaccorsi 和 Piccaluga；Florida；Nyaga 等；王海军、于兆吉等；陈志军、马鹏程等
资源利用	充分利用资源或挖掘未被充分利用的资源将产生更好的协同效应	Itami 和 Roehl；Hiroyuki Itami；Pnazar 和 Willing；Ma 和 Lee；Eisenhardt 和 Martin；董保宝等
资源整合	资源整合能够增强组织的能力和优势，促进资源效能的充分发挥	Reynolds 和 Miler；饶扬德；简兆权等；马海涛；张协奎、林冠群和陈伟清

2.3.3.2　资产专用性理论视角的成本与关系因素

威廉姆森（1985）在《资本主义经济制度》一书中提出了资产专用性的概念，他将资产专用性定义为某项资产在不改变其生产价值的前提下，能够被其他用途或使用者重新替代使用时损失生产价值的程度。通过这一定义，我们可以将资产专用性理解为专用性资产因具有不可转移性而导致的不可再作其他用途的专有属性。随后，Vining 等（1999）的研究也进一步证实了专用性资产被应用于其他领域或其他用途时会带来使用价值的下降。Vining 和 Globerman（1999）从对特定产品和其他产品贡献的角度来说明资产具备专用性的差异表现。由此可见，专用性资产具有被特定的主体拥有和控制以及具有特定的用途两个显著的特征。根据已有文献的研究，资产专用性对组织协同的影响主要从交易成本、交易关系、专业化协作和避免机会主义行为等方面来进行论述。

（1）交易成本。

Williamson（1985）认为资产专用性是决定交易成本的最重要因素。资产专用性程度越高，公司契约治理相对市场契约治理而言更具有交易成本优势，而且能够进一步增强各合作主体间的依赖关系程度。许多学者认为交易双方出于节约契约成本的考虑，往往会在交易双方之间扩大专用性资产投资，以提升竞争优势，保持持续发展。陈玉罡等（2007）以上市公司并购为样本，通过分析发现，资产专用性越强，显性交易成本越高，公司发生并购的可能性就越大。邹俊等（2015）将资产专用性理论应用到行政管理领域，探讨公民政策参与绩效提升的问题，通过分析得出公民政策参与绩效受到交易费用的影响，而交易费用受到资产专用性的影响，包括场地专用性、物质资产专用性、人力资产专用性和特殊资产专用性等。董晓波等（2016）研究企业与农户的自我实施合约产生的条件，发现替代交易费用越大，资产专用性程度越高，自我实施合约产生的可能性越大。

（2）交易关系。

无论是有形的还是无形的专用性资产，只有在特定的交易关系中才能发挥其使用价值（Archyanna & Weldwood，2001）。专用性资产的投资能够在交易双方之间形成可以信任的承诺，有利于维持交易双方的契约关系，专用性投资也可以说是一种关系性投资。合作双方通过对合作关系的专用性资产的投资，能够增加双方的承诺信任和违约成本，降低交易成本，进而能够增加合作绩效。Morgan 和 Hunt（1994）研究了关系专用性资产的投入对合作关系的影响，研究结果表明，投入的关系专用性资产越多，合作关系越紧密。这也反映了合作关系在彼此间的认同和信心可以通过关系专用性资产投入的多少来体现，合作关系的强度也决定了合作收益的大小。如果投入的关系专用性资产的专用性很强，则各主体放弃合作关系需要付出更大的成本，在各合作主体间更容易建立起基于长期契约的合作关系（Jap，1999；Pelton，2001）。可见，专用性资产是一种因交易双方的合作关系的存在而使其使用价值不断增加的资产

（Wiggins，2004），同时也是促进交易双方产生持续的互惠关系的保证。武志伟和陈莹（2008）结合中国国情，提出中国企业在合作过程中既有普通关系专用性资产投资，还有人情关系专用性资产投资，实证分析后发现人情关系的专用性资产的投入不但能够加深合作关系程度，而且还能够促进普通关系专用性资产的投入，进而提升合作绩效。

（3）专业化协作。

Aman 和 Harold（1972）认为专业化资产之间的合作能够实现更高的生产率。Black 和 Bauer（1994）提出资产之间具有增强型的关系。可见，企业内部或企业之间的某些专业化资产被配置到一起使用时，能够提高资产的利用效率，产生协同效应，实现价值增值。Hendrikse（2004）认为农民专业合作社是一种有效的治理结构，当上游生产者的资产专用性程度增强时，农民专业合作社通过将外部交易内部化，使得企业与农户成为一个利益共同体。郭继强（2005）指出专用性资产是在专业化分工和知识积累的共同作用下形成的，分工越是细化，专用性资产增加越多，资产专用性程度越高，使得专业化协作不断增强，促进经济不断地增长。张骥（2005）将企业资产分为资源型资产和能力型资产两种类型。这两种类型资产的来源不同，所以资源型资产受到生产能力和时间的限制，资产共享收益是受限的，而能力型资产是以集体隐性知识为核心，资产共享收益是显著的。黄建康（2009）研究了网络情景下集群企业的网络效率问题。按照网络价值链对集群企业进行专业化分工，各专业化企业提供的产品或服务是最优规模组织生产的结果，不仅会使单个企业的生产效率得到提升，而且会使整个网络集群效率得到提升。

（4）避免机会主义行为。

Williamson（1985）认为专用性资产的价值在事后受制于团队的存在和其他团队成员的行为。资产的专用性，会导致交易一方在事后存在着被另一方套牢的风险，若想脱离这种窘境，就要在一定程度上承担经营上的损失。这种事后机会主义行为也会造成专用性资产预期投资不足的问题（Grossman & Hart，1986）。交易成本经济学认为一体化是解决这类问题的最佳方式（Anderson，1988）。随着资产专用性程度的提高，最优交易模式由现货市场走向合约，再演变为垂直一体化。Williamson（1985）认为如果专用性资产是固定资产，则会在交易各方之间产生“锁定”效应，专用性资产的价值越高，交易各方越有可能采取纵向一体化来代替独立法人之间的自由交易。Stephenjoske（1987）认为资产专用性是交易双方为了特定交易而进行的专用性投资，专用性资产转作他用则会大大降低其价值，当资产专用性程度增强时，交易双方间的依赖关系也会增强，则在市场上完成的交易方式会被纵向一体化取代。因此，资产专用性程度的变化会影响交易双方纵向一体化关系的水平。可见，资产专用性对于公司资产一体化的形成起到了决定性作用。李青原（2006）提出无论是纵向一体化还是契约都是避免机会主义行为侵占可占用性租金的可行方法，当拥有可占用性租金的资产与其他专用性资产有强烈的依赖关系时，则这两项资产合为一方所有是最佳的选择，即采用纵向一体化而不是契约的交易模式。杨广青等（2012）利用上市公司的数据进行实证分析，得出资产专用性与纵向一体化之间存在着显著的正相关关系。董晓波（2014）通过实证分析发现企业和农户双边资产专用性程度很好或资产互补性较强时，企业和农户会采取垂直一体化模式进行交易。王国才等（2010）运用交易成本理论和组织学习理论分析了双边专用性投资对渠道关系绩效的影响，研究结果显示，双边专用性投资能够减少合作中的机会主义行为，促进双方的相互信任，进而提高企业绩效。王节祥、盛亚和蔡宁（2015）提出了双边资产专用性的概念，并通过案例分析发现了双边资产专用性对合作双方发生机会主义行为有抑制作用，双边资产专用性能够增进合作双方的共生性依赖关系，推进合作的顺利开展。

综上所述，基于资产专用性理论的成本与关系因素影响组织协同研究汇总如表 2-2 所示。

表 2-2　基于资产专用性理论的成本与关系因素

影响因素	主要观点	代表学者
交易成本	资产专用性程度决定了交易成本的大小，进而影响了协同收益	Williamson；陈玉罡，李善民；邹俊，徐传谌；董晓波，常向阳
交易关系	关系性专用资产投入越多，越易产生协同绩效	Archyanna 和 Weldwood；孙毅；刘杉；Morgan 和 Hunt；Jap，Pelton；Wiggins；武志伟和陈莹
专业化合作	专业化资产越多，资产专用性越强，专业化协作越强	Aman 和 Harold ；Black 和 Bauer；Hendrikse；郭继强；张骥；黄建康
避免机会主义行为	为了避免资产专用性引发的机会主义行为，纵向一体化或双边资产专用是最佳的交易模式	Williamson；Stephenjoske；李青原；杨广青，刘涛，丁茜；董晓波；王国才；王节祥、盛亚和蔡宁

本书基于资源基础理论和资产专用性理论这两个不同理论视角对组织协同的影响因素研究进行了梳理和总结。资源基础理论强调企业资源的异质性和非完全流动性的属性在组织协同实现中的影响作用，现有研究主要通过资源获取、资源共享、资源利用和资源整合四种资源互动形式对组织间协同的影响进行探讨。无论是哪种资源互动形式，对组织间的协同都能带来积极的影响。资产专用性理论强调资产的不可转移性和不可再作他用的属性在组织协同实现中的影响作用，现有研究主要从交易成本、交易关系、专业化合作、避免机会主义四个方面对组织间协同的影响进行探讨。具有资产“专用”属性的合作双方是通过管理控制来进行协同活动的，管理控制方式决定了资产专用程度，进而影响组织间协同的实现。

2.3.4 协同效应的内涵与维度

安索夫（1965）在他的《公司战略》一书中把协同效应定义为“2+2=5”，即整体价值大于各独立组成部分价值的简单相加。马克·L. 赛罗沃在他所著的《协同效应的陷阱》一书中通过分析企业并购对协同效应进行了界定：两家公司合并后增强了彼此的竞争力，产生了协同效应，即所获经营效益超过它们独立运作时各自预期达到的效益之和。美国学者迈克尔·波特从价值链视角分析得出协同效应是对供应链各部分进行集成而产生的效应。日本的战略专家Itami（1987）把协同效应分解为“互补效应”和“协同效应”两部分。他认为互补效应是由实体资源带来的，但是极易被模仿；协同效应是由企业独特隐性资源产生的，企业竞争优势的真正源泉是隐性资源。蒂姆·欣德尔（2004）指出协同效应可以通过企业间的垂直整合、共享资源或技能、战略协调或与供应商合作等方式来实现。彭正银等（2007）提出协同效应能够为企业带来竞争优势，源于隐性的、不易被识别的价值增值的实现。之后，在对企业网络组织的研究中彭正银发现，企业与企业之间的共生关系和协同演化机制能够产生整体协同效应。

学者们基于不同的研究视角对协同效应维度进行了探讨。①基于时点差异视角。Itami（1987）将协同效应划分为静态协同效应和动态协同效应两个维度。静态协同效应源于同一时点不同战略要素之间的组合；动态协同效应则源于不同时点两个战略要素的组合。动态协同效应决定了一个公司能否获得发展。②基于管理职能视角。Weston（1990）等探讨了公司并购协同效应，认为公司协同效应主要表现在管理协同效应、经营协同效应以及财务协同效应三个方面，不仅可以改善企业效率，而且可以提高整个社会福利。③基于价值生成视角。邱国栋和白景坤（2007）从价值生成视角提出协同效应是由共用效果、互补效果和同步效果中的一种或几种效果组成的。④基于价值链评价视角。王长征（2002）认为可以通过价值链重组的方式来实现企业间协同，以价值链评价作为标准，将协同效应划分为纯粹增加效应、加强效应、转移与扩散效应和互补效应四个维度。

从现有的研究来看，学者们主要从协同效应的概念界定、来源、表现形式、影响因素等方面进行了定性与定量研究，为我们提供了获得协同效应的途径和方式。但是现有的研究主要是基于整体绩效或价值的考核，忽略了各合作组织绩效或价值的变化。另外，如何保证合作稳定、合作收益得到公平合理地分配也是影响协同效应实现的主要因素，而这些方面却鲜有学者研究，特别是对协同效应产生背后所隐含的作用机制的相关研究少之又少。基于此，本书将协同效应界定为各合作主体以差别优势作为合作背景，通过资源的共享、融合和协同运作不仅使整个系统的总价值超过各合作主体单独活动的价值总和，而且各合作主体的各自价值都得到提高。虽然学者们对协同效应维度的划分各有千秋，但究其根本是企业各要素以不同的组合方式实现的功能差异。

因此，本书在现有研究的基础上，解析各种协同效应维度的表现形式和功能特征，拟将协同效应划分为互补效应、集成效应和学习效应三个维度。本书将在第 3 章对此进行详细的探讨。

2.4 合作研发的相关文献综述

2.4.1 合作研发的内涵与动机

合作研发的研究源于 20 世纪 80 年代，由学者 Kats（1986）率先提出，并运用博弈论作为基本分析工具对合作研发进行探讨。当 Geringe（1988）提出了合作研发的概念之后，合作研发成为企业之间的主要研发模式（苏中锋等，2016），在高科技领域更为显著（Zirulia，2012）。合作研发能够有效应对技术复杂性需求，成为企业实现技术进步的发展趋势（Badaracco，1991），可以解决企业在动荡的环境中资金、运行、风险等方面所面临的困难。合作研发不仅可以与其他企业实现资源共享，风险共担，而且还可以提高技术创新能力和效率（Narayanan，2002）。Oxley 和 Sampson（2004）认为合作研发是建立在资源互补的基础上的，合作研发可以帮助企业分担研发所需资金、降低研发风险、节省研发时间、产生规模优势，获取新技术或打开新市场。Faems、VanLooy

和 Debackere（2005）将合作研发界定为企业、高等院校、科研院所或政府等机构为了规避创新风险、分摊研发所产生的巨额投入、缩短研发时间、降低交易成本而形成的一种合作关系。朱晨和杨晔（2018）运用知识溢出理论对合作研发进行解读，他们认为，研发主体通过合作研发实现研发溢出内部化，既可以降低研发成本，又可以提高技术创新能力。根据企业在产业链上所处的位置，合作研发可以分为横向合作研发（horizontal cooperation）和纵向合作研发（vertical cooperation）。其中，横向合作研发是指生产同一类型产品并在产品销售市场上产生竞争关系的竞争企业之间进行的合作研发；而纵向合作研发是指产业链上下游企业之间的合作研发，企业既可以与上游原材料供应商进行合作研发，又可以与下游顾客进行合作研发（Sanchez Gonzalez，2010）。根据合作的构成主体的不同，合作研发可以分为企业之间的合作研发和产学研合作研发；根据合作研发组织形式的不同，合作研发可以分为联合开发、研发联盟和研发网络。

不同的合作研发动机会产生不同类型、不同方式的合作（Helenelundberg，2012）。归纳起来，学者们对合作动机的探讨主要基于以下几种理论视角。

2.4.1.1 交易成本理论

交易成本理论从交易费用最小化的角度来解释合作研发。Teece（1986）从考虑成本最小化的角度出发来研究合作研发的动机，研究发现，企业是否采取合作研发方式取决于合作研发方式所产生的成本与企业自行研发所产生的成本的比较。Jarillo（1988）认为企业为了减少交易费用和生产成本，会通过组建联盟的形式来进行企业活动。Gulati 和 Singh（1998）分析出企业战略联盟的协同成本会对合作研发的发展产生重要的影响。威廉姆森将技术看作是一种存在高额交换费用的商品。David 和 Han（2004）依据这一观点，提出合作研发的交易成本取决于交易的重复性以及合作各方对合作研发的态度和努力。

2.4.1.2 资源基础理论

资源基础理论是从价值最大化的角度来解释合作研发。Pfefer 和 Nowak（1976）认为企业联盟形成的关键在于合作各方都具有彼此所需要的资源，这种资源的融合能够创造出远远大于单个企业的价值增值。当企业现有的资源储备无法满足企业进行技术研发所需要的大量创新资源的需求时，企业选择组建联盟进行资源获取、整合的效率要高于市场交易或企业并购（Grantand Baden Fuller，1995）。Glaister 和 Buckley（1996）在研究中特别强调了企业的合作动机，他们认为企业合作是为了获得企业必需的且不具备的互补性资源，尤其是隐性知识，不是为了降低经营风险或实现规模经济而进行合作。资产专用性的隔离机制作用是通过投入的初始资产所形成的进入壁垒而产生的（Mahoney & Pandian，1992）。这也限制了企业对其他关键性资源的获取，所以要想获得其他企业的专用性资源，只有通过合作才能实现。余雅风和郑晓齐（2002）基于资源观视角来探讨大学—企业合作创新问题，研究发现技术资源在大学—企业合作中的决定性作用，同时指出大学—企业的合作也是技术资源互相学习的过程。党兴华等（2006）探索了跨组织技术创新合作的动因，认为交易成本理论不能合理有效地解释企业间的合作动机，而从产业技术生命周期与企业资源两个视角提出，跨组织技术创新合作意味着组织间需要不完全流动和难以模仿的互补性资源。

2.4.1.3 组织学习理论

组织学习理论认为，战略联盟是通过组织学习来解决经验知识转移的有效方式。合作研发可以使企业从合作中获取所需要的研发资源或技术知识，从而建立和提高其核心能力（Kogut，1988）。Bastos（2001）认为企业间的合作主要是为了可以相互学习对方的知识，经过吸收、整合、创造后得到创新研发成果，提升各自的创新绩效。Doz（1996）也指出，实践表明合作研发能够促进企业间的学习和交流，进而创造出新技术和新知识。Joe Tidd（1997）研究发现，20 世纪 80 年代日本企业的技术崛起与其善于利用和西方企业组建联盟合作进行学习是分不开的。Tsang（2000）通过调查中国的合资企业（73 家新加坡企业和 89 家香港企业），阐释了企业间合作是为了通过互相学习来获取技术知识、经验知识及创新知识。Alessia 和 Lucio（2008）基于对罗马航空业合作的研究得出，在高竞争性的科技产业中，企业间的学习能够为合作各方提供发展所需要的创新知识。企业互相学习的结果是知识内化的体现。从合作对方获得的是关乎企业整体成长的要素，而不仅仅是某一产品或技能。以提升能力和获取知识为目的的合作表现出系统化学习的倾向。Tsai（2000）的研究指出，企业间相互学习可以推动社会网络中的知识合作，进而产生新的知识。学习黏性知识更有利于发现新的机会和知识。可见，基于组织学习理论视角研究合作研发的动机并不仅仅是为了获得互补资源，而是以获得不易被模仿的知识经验、价值观、文化等企业的核心能力为重点。

通过对合作研发动机的研究可知，合作研发的开展主要出于减少成本、降低风险、优势互补、共享资源、提升核心能力等方面的考虑，已经成为企业提高技术研发能力的主要手段和途径。从目前对合作研发的相关研究来看，合作研发中既有合作的关系，又有竞争的关系，重合作、轻竞争或者轻合作、重竞争，都达不到合作预期。只有使合作与竞争的关系达到均衡的状态，才能实现合作目标。两者之间关系的平衡是确保合作研发顺利开展的决定因素。因此，根据已有观点及本书研究情景对合作研发进行如下的界定：合作研发是不同类型的组织为了获得更大的竞争优势，通过与其他组织进行资源共享、融合及创造等活动，进而共同开发出更具竞争力的创新产品的过程。

2.4.2 合作研发协同效应的相关研究

2.4.2.1 合作研发协同效应

合作研发协同效应在合作领域具有重要的影响（范波、孟卫东和代建生，2015）。虽然现有研究对合作研发协同效应的直接探讨还不多见，但从学者们对合作研发效果的探讨中可以发现合作研发协同效应的特征。Mansfield（1977）等研究发现，合作研发可以不断激发企业的创新动力。企业无法独自完成的研究项目都可以通过合作研发方式实现，合作研发还可以避免企业重复研究和重复投资而导致的过多成本。合作研发能够产生协同效应，抑制合作中经常出现的“搭便车”现象，提升企业研发积极性和主动性。D'Aspremont 和 Jacquemin（1988）提出合作研发不仅能够为企业带来协同效应价值，而且能够带来倍增效应价值。协同效应价值是指合作研发的整体价值大于单独价值的简单相加。倍增效应价值是指合作研发能够使知识价值产生杠杆效应价值。Irwin 和 Klenow（1996）也通过实证研究证实了美国半导体制造企业在降低研发投入的情况下，仍然可以通过组建技术战略联盟来实现利润增长。合作研发通过组织间的技术溢出和知识共享，能提高组织的创新能力，缩短新产品的开发周期，降低开发费用，并提高产品质量和技术含量。在合作研发过程中，合作主体间将会共享知识并产生知识溢出效应（Amir，Jim & Troege，2008；Kalaignanam，Shankar & Varadarajan，2007）。合作研发知识溢出内部化有利于合作伙伴之间共享研发成果、增加创新资源的投入、提高技术研发水平和社会整体福祉（Veugelers，1998；Evstigneev & Wooders，2003；Akira Ishii，2004），实现“1+1>2”的协同效应。供应链上下游之间的合作研发能够提高供应链的总利润（黄波等，2012；武博等，2012）。吕璞（2013）应用博弈理论证实了供应链合作研发比不合作研发能获得更高的利润水平。Fred R. David（2012）认为合作研发不仅能够缓解合作双方的外部竞争压力，而且能够提高新产品的研发效率，进而提高合作双方的获利水平。企业往往会寻找那些与自身的资源或能力相匹配的主体进行合作（Kuittinen et al.，2009；Mindruta et al.，2016），一方面可以对共享资源进行有效配置（黄少卿等，2016），另一方面可以实现资源互补（Emilie Pauline Gallie，Pascale Roux，2010），产生协同效应。还有学者研究发现合作研发有助于创新（周立群、张龙鹏、张双志，2016；Bouncken & Fredrich，2012）以及创新绩效的提升（马艳艳、刘凤朝等，2014）。研发联盟能够为参与企业提供难以从市场获得或由授权而得到的知识（Miotti & Sachwald，2003），并且异质性研发联盟比同质性研发联盟更能为企业提供更多的学习机会，进而实现协同效应（Amaldoss & Staelin，2010）。

2.4.2.2 合作研发协同效应实现中面临的问题

合作研发中存在着集体活动行为所固有的知识溢出及复杂性、不确定性等难题（黄少卿、从佳佳和巢宏，2016）。研发联盟的复杂性和不确定性主要是因为各合作方的有限理性行为导致无法在契约中详细地确定出各个合作细节（Sampson，2004），只能制定出不完备契约。李正锋和叶金福（2014）指出合作研发中的不确定性可能来自不同方面，如制度因素调整、市场需求发生变化、技术的快速更新或合作收益分配等，这些不确定性因素会导致合作各方追求自身利益最大化而忽视合作方利益。另外，合作研发各方之间的“搭便车”行为也会对合作研发的顺利开展造成不利影响，如合作各方都会想方设法地增加输入溢出而减少输出溢出（张荣佳、原毅军和徐凯，2012）。苏中锋、王海绒和张文红（2016）在研究中强调合作研发涉及许多对企业价值有重要影响的知识流动与共享，这就会引发机会主义行为。合作研发中的机会主义行为主要表现为：违反合约约定的行为、侵犯合作方合法利益的行为、为了达到预期目标而夸大事实的行为、为了达到预期目标而违背事实等行为（Carson、Madhok & Wu，2006），这种机会主义行为会削减研发投入，降低研发有效性（孟卫东和代建生，2013）。合作研发过程非常复杂，各个合作主体在创新活动中会遇到战略目标不匹配、文化存在差异、创新成果收益分配以及所有权等问题（Rahman & Korn，2014）。在合作研发中，核心技术或人才可能会流失到竞争对手一方，或者被合作方取消合约等风险（Erkala，2010），甚至因为利益分配纷争而导致合作研发失败（罗利和鲁若愚，2000）。还有学者对合作研发中存在的道德风险进行了探讨。Roels、Karmarkar 和 Carr（2010）认为合作双方之间的信息不对称可能会带来道德风险。骆品亮和周勇（2005）提出在合作研发过程中，人力资源或技术资源等无形资源是无法直接观察或测量的，容易导致道德风险的出现。原毅军和孙大明（2017）指出合作研发中的信息不对称或失信问题的存在会导致知识产权侵权或技术流失的风险。

以上学者对合作研发中可能存在的诸多问题进行了探讨，这些问题主要包括道德风险、合作冲突以及机会主义行为等。这些问题直接影响了合作研发的顺利开展，甚至会导致合作研发失败，协同效应无法实现。因此，如何有效地解决合作研发中可能出现的问题，找到一条行之有效的途径，成为理论界和实业界共同关注的重要课题。

2.5 文献述评

通过对上述文献的回顾与梳理，不难看出，隔离机制、资源依赖理论、协同理论以及合作研发的相关理论发展为本书的研究提供了必要的理论依据，同时也存在一些不足与局限性。现有研究虽然揭示了隔离机制的形成根源以及作用机制，但仅局限在竞争领域的探讨，在合作领域却鲜有研究。资源依赖理论的出现为组织间合作关系的研究提供了更有说服力的解释，但资源依赖不仅能够产生正向作用，也能够产生负向作用。现有研究只是对资源依赖产生负向作用的原因，如依赖关系不对等、权力失衡等进行了探讨，而对产生正向作用的作用机制的探讨却很少见。协同理论为各类组织提高合作绩效、获取竞争优势提供实现途径，同时也是企业制定多元化战略、实施并购、组建战略联盟时所参考的最为重要的原则。但现有研究还存在以下局限与不足：第一，协同理论内容体系建设还不够完善，不能够有效解决在管理实践中出现的诸多协同失败的问题。无论是产业协同，还是竞争者的协同，抑或是产学研协同都强调在外部环境作用下，整个系统从无序到有序的协调与合作，从而产生协同效应。但是，现有研究忽略了合作双方的有限理性行为，无法解决核心资源流失的问题。譬如，战略实施后，不仅没有实现协同效应，而且出现了“1+1<2”的现象，协同作为多元化经营战略和资产重组的理论基础的说法受到人们的质疑。因此，需要更深层次的理论研究来解决实践问题。第二，现实中出现的一些协同实践现象缺乏合适的理论解释，尤其是在合作研发中突破以往合作局限，产生协同效应的合作现象更需要从理论层面上进行分析和提炼，在实践中发展理论，为更多的企业合作实践提供有效的理论指导。现有研究对合作研发的诸多优势进行了探讨，为合作研发协同效应的实现提供了理论基础，与此同时，现有研究也指出合作研发中存在着一些问题亟须解决。

针对现有研究存在的上述问题，本书拟进行以下两方面的研究：

（1）探究隔离机制对协同效应实现的作用机理。合作研发领域协同效应的实现是合作顺利开展以及合作绩效提升的最重要保障，本书将隔离机制引入合作研发领域，进一步挖掘隔离机制的概念内涵，完善隔离机制与协同效应的维度，深入探究隔离机制对合作研发双方协同效应实现的影响机制和作用机理，为合作研发双方协同效应的实现提供有力的理论解释。

（2）探究隔离机制、双向资源依赖与协同效应之间的内在逻辑关系。本书在现有研究对资源依赖认知的基础上，提出合作研发双方要建立双向资源依赖的关系，并将双向资源依赖定义为一种对称性依赖，合作双方之间都能够提供对方所需要的资源，而且这种资源具有难以模仿和难以替代的隔离机制特征。本书力求通过探究隔离机制、双向资源依赖与协同效应之间的内在逻辑关系，发现隔离机制与双向资源依赖之间的关系，双向资源依赖与协同效应之间的关系以及双向资源依赖在隔离机制与协同效应之间的中介作用。另外，隔离机制的引入也为组织间资源依赖关系的形成提供了一个全新的研究视角。本书不仅丰富了资源依赖理论和协同理论的内容体系，而且为企业合作管理实践提供了有意义的理论指导。

3 探索性案例研究

本章主要探讨在合作研发中隔离机制、双向资源依赖与协同效应之间的内在逻辑联系及因果关系。考虑到所研究问题的相关理论发展以及现实需要，本书通过合作研发实践去发现隔离机制、双向资源依赖与协同效应之间关系的变化规律，进而揭示三者之间的内在逻辑联系，并提炼出相应的理论观点，不仅可以弥补现有理论对现实问题理论解释的不足，而且可以对所研究的问题有更充分的解读。本章首先以访谈的形式收集案例样本的一手数据，并结合相关的二手数据进行案例内分析和案例间分析，进而提出本书的初始研究命题；然后在此基础上，构建基于隔离机制的协同效应实现的理论框架。

3.1 研究设计

3.1.1 理论预设

隔离机制的作用主要是防止企业具有的核心资源或能力被模仿或替代，是企业保持持续竞争优势的一个重要途径。在合作研发过程中，为了保证合作绩效的实现，资源在合作双方之间的流动与共享是必要的，但同时，在合作中又要防止被模仿或替代等机会主义行为的发生。当其他企业采取竞争行动时，隔离机制能够构筑起一道坚实的防线，防止竞争优势被削弱，进而确保企业能获得持续经济租金。经济租金主要源于资源或能力的独特性（Rumelt，1991），独特性意味着与众不同、“异于”其他企业的资源或能力。根据生物进化理论的观点，隔离机制能够保持物种的异质性，有利于物种的优化。邱国栋、韩文海（2012）提出企业在隔离机制的作用下能够克服由于制度同化或产业成熟而导致的异质性资源的趋同。因此，在合作研发中，隔离机制能够保持合作双方资源或能力的异质性，即核心资源或能力不被模仿或替代，从而带来持续的互补性资源。互补性资源能够促成企业间相互资源依赖关系的形成（Parkhe，1991）。组织间资源依赖程度取决于被依赖资源的特性，如果被依赖资源是难以替代的，那么组织间的资源依赖关系就会很强（Thompson et al.，1967）。互补性资源能够弥补合作双方的资源缺陷或不足，帮助各方发展独特的资源或能力，不仅能增加合作组织价值，而且能提升合作组织的竞争力。战略联盟的组建能够提供互补性资源并且通过资源的集聚产生协同效应（常荔，2002）。在合作研发中，合作双方的互补性资源与合作效应之间是正相关关系（尤勇，2006）。隔离机制能够保持资源异质性进而为合作企业双方带来持续的互补性资源，这种持续的互补性资源会促使企业间形成双向资源依赖关系，代表了企业间紧密的资源内聚力水平。在这种合作模式下，合作双方之间彼此信任，合作目标和价值取向逐渐趋于一致，进一步加强合作企业彼此间的协同合作行为（李玲，2011），实现协同效应。由此可见，隔离机制使企业间产生的资源依赖是一种双向的资源依赖，这种双向资源依赖又促进协同效应的实现。本书假设隔离机制对协同效具有显著的正向影响，并引入双向资源依赖这一中介变量来解释隔离机制对协同效应的作用机制（如图 3-1 所示）。

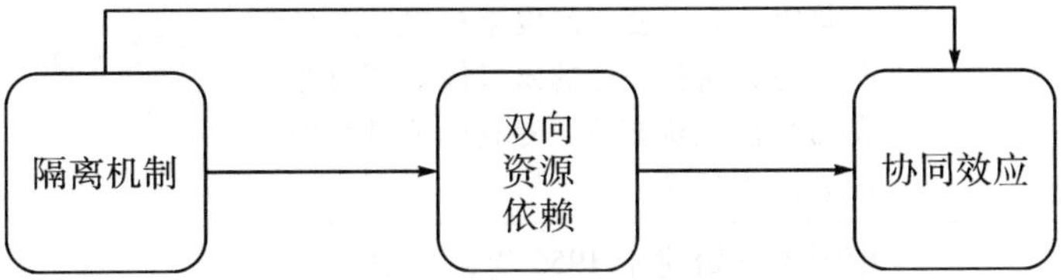

图 3-1　隔离机制、双向资源依赖与协同效应的关系假设

3.1.2　案例选择

本章主要围绕“隔离机制、双向资源依赖与协同效应的关系”这一问题展开研究，选择华为与东风、中国重汽与德国曼、新疆天业与石河子大学作为案例样本（见表 3-1）。3 组合作研发样本分别代表不同合作层面，利用各自的资源优势，在不同领域展开研发合作，并且取得了一定的合作成效。3 组合作研发样本的部分典型定性数据如表 3-2 所示。

表 3-1　案例背景简介

样本	所属行业	背景简介	资源优势
华为	通信设备	华为是一家民营企业，由任正非先生于1987年在深圳创办，以生产和销售通信设备起家，经过30多年的发展，华为通信产品线已非常成熟，产品涵盖交换网络、传输网络、无线及有线固定接入网络和数据通信网络及无线终端产品。华为已成为国际知名公司，为全世界70多个国家通信运营商提供网络硬件设备、软件、服务和解决方案。如今华为已在通信标准制定、专利数量、技术研发和人才积累等方面走在了同行的前列	新产品开发能力、人力资源、组织管理能力和企业文化方面具有较强资源优势，其中人力资源、企业文化、组织管理方面的特殊管理形式，已经成为华为的核心竞争优势
东风	汽车	东风始建于1969年，是中央直管的特大型汽车企业，企业规模在国内汽车行业名列第2，世界500强企业排名第68位。公司主营业务包括全系列乘用车和商用车、新能源汽车、汽车零部件、关键总成件等。公司高度重视提升产品研发能力，拥有完善的研发体系和行业领先的科技创新能力，专利申请量和拥有量居行业领先	东风的资源优势主要体现在完善的体系建设，包括商品体系、资源体系、保证体系、协同体系和运行机制等
中国重汽	汽车	中国重汽始建于1956年，是中国最大的重型汽车生产基地，是中国重卡市场上的龙头企业，在重型汽车行业具有明显的技术和市场领先优势，产品畅销国内外，在整车、发动机、零部件、材料工艺等方面具有很强的研发和检测能力，其加工工艺和产品检测水平已达到国际先进水平。中国重汽每年投入十六七亿元的研发费用，拥有国内规模最大的重型汽车技术中心，配套试验室硬件设施达到了国际先进水平	中国市场强大的品牌影响力，先进的技术研发实验室，巨额的研发投入，优秀的研发团队

表3-1(续)

样本	所属行业	背景简介	资源优势
德国曼	汽车	德国曼成立于1758年，在欧洲是一个领先的工程集团。具有百年积淀的曼集团，在其主营业务领域拥有全球领先地位。曼集团旗下有三大业务领域，分别生产卡车、客车、柴油发动机和透平机械，并在各个业务领域都处于全球领先地位。曼集团旗下的曼商用车股份公司是世界著名的重型卡车制造商之一。曼集团旗下的各公司凭借其技术优势和创新能力在各自的市场均位列前3名。德国曼是最早进入中国开展业务合作的国际公司之一，其业务在国内经过多年的发展，已具有良好的声誉，并得到广泛的认可	世界领先的研发技术，严谨的工作作风和丰富的研发经验，较高的国际知名度，以及在中国市场的良好声誉
新疆天业	化工	新疆天业组建于1996年，是新疆生产建设兵团农八师的大型国有企业。其产品聚氯乙烯、烧碱、电石、节水器材、塑料加工、电石渣水泥在全国排名行业第一。新疆天业连续多年进入中国企业500强、中国制造业500强，是中国第一批循环经济试点企业、技术创新示范企业、循环经济教育示范基地和资源节约型、环境友好型企业创建试点企业	产品在同行业中处于领先地位，先进的研发实验室，较强的创新能力和社会责任感
石河子大学	教育	石河子大学拥有理、工、农、医等11个大学科门类，是一所综合性重点大学。自2010年开始，北京大学、华中科技大学、华东理工大学等共9所国家重点高校组成高校团队对口支援石河子大学。2012年，石河子大学入选国家“中西部高校综合实力提升工程”重点建设高校行列。2016年，石河子大学成为国家“一省一校”重点建设高校。2017年9月，石河子大学入选国家“双一流”世界一流学科建设高校名单	依托国内多所重点高校的对口支援，构建科研、教学的优质发展平台

表 3-2　3 组合作研发样本部分典型定性数据

部分定性数据	跨行业企业合作层面	竞争者合作层面	产学研合作层面
	华为与东风	中国重汽与德国曼	新疆天业与石河子大学
研发产品/项目	WindLink 系统是由东风和华为共同研发并已经搭载到东风风神 AX7 车型上的车载智能互联网系统。WindLink 系统软硬件开发与实现由华为完成，整体方案设计和测试验证由东风技术中心完成	SITRAK 系列重型卡车是中国重汽与德国曼共同打造的高端合资自主品牌，是中国重汽基于德国曼 TGA 系列整车开发的高端重型卡车。MC 系列发动机是中国重汽基于德国曼 D80、D20、D26 发动机的国产化产品	2011 年，双方成功申报 973 项目“乙炔氢氯化合成氯乙烯无汞催化材料与反应工程”课题。2015 年，双方成功申报“十三五”国家重点研发计划“氯乙烯无汞催化合成新技术及产业化示范”课题
技术能力/优势	Windlink 系列产品和服务将汽车与通信技术完美结合，具有高兼容性、高集成性、高质量和高稳定性，可以丰富旗下产品线，增加更多具有独特互联网特色的产品，给车辆装备更好的安全服务，给用户提供更加便利的驾乘体验，AX7 上的 Windlink 在极冷极热的情况下都能够保证数据的安全	SITRAK 系列重型卡车具备出色的整车可靠性、舒适性、经济性，提升中国重汽公司现有动力总成技术水平。MC 系列发动机功率大、排放满足欧五标准，油耗低、可靠性高、噪音低，提高驾乘舒适性	研究乙炔氢氯化合成氯乙烯的非汞催化机理，开发非汞固相催化剂，开展工业单管侧线及工业化测试，并进一步推进催化剂的放大制备研究与反应器的优化设计，形成整套非汞催化及应用技术，从根源上解决电石法聚氯乙烯行业的汞问题
市场地位/影响力	华为与东风的合作研发进一步加速东风汽车自主品牌的发展，在技术和质量上逐渐缩小与合资或独资品牌的差距，同时也推动了中国汽车工业的转型升级，在中国汽车产业将掀起新的竞争，为双方下一步在车联网领域的合作打下了良好的基础	SITRAK 系列重型卡车车型在国内同类高端卡车产品中居于首位，可以比肩国际主流产品，是不折不扣的国产 GTA。但其售价仅为进口 GTA 的 1/2 左右。MC 系列发动机可以挑战国内任何一家主流柴油机专业生产厂的同类产品，其 MC13 系列更是以 540 马力的最大功率胜过国内量产车用柴油机	氯乙烯非汞技术的实验室研究已取得突破性进展，工业化测试及催化剂的放大制备正在按照预期规划有序推进，目前该项技术处于国内外研究前沿，在电石法聚氯乙烯行业及学术界均有显著影响力。

案例样本的选择主要遵循以下原则：①理论抽样原则。本书选择的3组合作研发案例样本都具有隔离机制特征，即合作主体都拥有自己独特的资源或能力，且不易被模仿或替代。3组案例样本在隔离机制的作用下，通过建立起相互之间的资源依赖关系来形成强大的合力。选择这样具有特定合作情境的3组案例样本，是为了能够更好地满足本书理论构建的需要。3组案例样本分别来自不同的合作研发层面，华为与东风属于跨行业企业合作层面，中国重汽与德国曼属于竞争者合作层面，新疆天业与石河子大学属于产学研合作层面。本书深入到不同的合作层面开展研究的理论原因，一方面是通过多案例样本的对比分析来挖掘出构念与构念之间的关系；另一方面是通过多案例样本的差别复制性来判断是否达到理论饱和，进而排除其他因素对本书理论构建的解释。②典型性原则。本书所选择的案例样本在通信、汽车、化工等领域取得了显著的成绩，专业水平也是名列前茅，都分别在各自的领域里具有一定的竞争优势，它们之间的合作属于“强强联手”。“强”具有隔离机制特征，指的是合作主体拥有自己独特的资源或能力，且不可被模仿或替代，在合作中具有互补性。本书选择的3组样本通过“强强联手”都已经取得了合作研发的成功，且处于合作研发稳定运行阶段，并得到了相应的合作研发收益，样本的选择具有典型性。③数据可得性原则。3组案例样本的合作情况在网络平台上都有相关的报道和介绍，华为、东风、中国重汽、新疆天业等都是国内知名和国家重点支持企业，已有研究这些企业的学术论文、书籍等发表，可以增加可获得数据的可信度。另外，本书作者一直对这3组案例样本比较关注，并与其建立了紧密的联系，为获得所需的一手资源提供了便利。

3.1.3 案例研究方法

本书选择案例研究方法对来自不同合作层面的合作研发主体的合作情况进行分析，以期能从案例样本的合作实践中发现协同效应实现的本质根源及机理，为合作研发摸索出一条可行的成功之路。案例研究是一种经验性的研究，而不是一种纯理论性的研究。案例研究的意义在于回答“为什么”和“怎么样”的问题（Yin，2008），而不是回答“应该是什么”的问题。案例研究方法特别适用于当现有的理论不充分或不完整，需要更深入地进行理论发展的情况（Eisenhardt，1989）。案例研究是一种行之有效的研究方法，它可以获得其他研究手段所不能获得的数据、经验知识，并以此为基础来分析不同变量之间的逻辑关系，进而检验和发展已有的理论体系。

案例研究方法可以分为探索型、描述型、例证型、实验型和解释型 5 种类型（Scapens，1990；Hussey，1997）。本书采用探索型案例研究方法。探索型案例研究是通过搜集和分析案例资料，来确定研究的问题和行动路线，进而提出理论命题或新理论。探索性的研究能够产生完全透彻的、具有深度的诸种成果（Erhard Friedberg，1997）。本书将通过 3 组案例样本的合作实践及典型事件来探寻隔离机制、双向资源依赖与协同效应之间的内在逻辑关系，属于探索性多案例研究。多案例研究提出的经验数据具有更高的可信度，当多个案例的分析结果均得出相同结论时，将有效提升案例研究结论的有效性、科学性和普适性（Eisenhardt，1989）。隔离机制对协同效应实现的影响研究需要深入挖掘不同层面合作主体间的资源与能力的演变过程，选择多组案例进行研究，对数据及资料的收集与观察更全面，得出的结论也更具有说服力。

3.1.4 数据收集与整理

案例样本数据的收集遵循“证据三角”的原则，通过不同途径获取数据资料，力图对不同来源的数据资料进行相互验证，以确保案例数据的内容更加真实可靠，与事实之间形成稳固的“证据三角”关系。本书案例数据资料主要来自以下四个方面：①公司年报和公司网站等公共信息。通过这些资料来了解企业的经营绩效和发展现状。②学术期刊等公开出版物。通过搜索中国知网（CNKI）数据库，获得已发表文章相关的理论研究成果及相关新闻报道。③一些相关的行业网站，通过相关数据比较来确定样本组织的竞争优势。④案例企业提供的一手内部资料。通过实地访谈或电话咨询的方式对每家企业能够全面了解企业合作研发情况的相关负责人进行了半结构式的深入访谈，进一步丰富样本数据和资料，并且核实和确认从其他渠道得到的内容与结论。数据收集的数量和质量为案例的深入研究做好准备工作，数据来源的多样性有助于进行三角测量，并直接决定案例研究的信度与效度（Yin，2008）。本书数据来源及相应的一手资料和二手资料采集途径如表 3-3 所示。

表 3-3 资料来源及采集途径

<table>
<tr><th></th><th>资料来源</th><th></th><th>案例样本</th><th>资料采集途径</th></tr>
<tr><td rowspan="3">一手资料</td><td rowspan="3">①实地考察与调研
②电话访谈
③E-mail 询问与沟通
④与公司相关人员的座谈
⑤与公司主要负责人的非正式场合交流</td><td rowspan="6">资料采集过程</td><td>华为</td><td>①参加公司产品介绍会
②实地访谈
③电话或发邮件给相关部门负责人
④查阅公司相关研究文献以及新闻报道
⑤公司内部资料</td></tr>
<tr><td>东风</td><td>①查阅公司网站及相关新闻报道
②通过电话与相关研发人员进行半结构式访谈
③公司年鉴
④公司内部资料</td></tr>
<tr><td>中国重汽</td><td>①实地访谈
②电话或发邮件给相关部门负责人
③查阅公司官方网站及相关新闻报道
④公司年鉴</td></tr>
<tr><td rowspan="3">二手资料</td><td rowspan="3">①公司的官方网站
②公司年鉴
③相关行业网站
④学术期刊等公开出版物
⑤媒体新闻与专访
⑥公司内部资料</td><td>德国曼</td><td>①电话访谈
②查阅公司官方网站及媒体新闻
③发邮件给研发相关人员</td></tr>
<tr><td>新疆天业</td><td>①实地访谈
②实地调研公司研发部门
③电话访谈相关人员
④查阅公司相关研究文献以及新闻报道
⑤与科研部门主管在非正式场合交流</td></tr>
<tr><td>石河子大学</td><td>①参观大学相关实验室
②与参与合作的相关院系人员进行访谈
③查阅相关学术期刊及新闻报道</td></tr>
</table>

本书根据访谈目的和受访对象拟定出有针对性的访谈提纲，并征求相关领域的专家对访谈提纲提出建议和意见，进一步修改和完善访谈提纲。受访对象主要是 3 组合作研发样本的中高层管理者，每个案例企业选择 4 或 5 位中高层管理者进行半结构式访谈，这些受访人员主要在工作中担任重要领导职务，要么是高层管理者，要么是中层管理者，并且分管不同的业务部门。之所以把访谈目标锁定在中高层管理者，主要是考虑到他们对行业的发展趋势、本企业的发展历程和规律以及合作研发的关键事件较为熟悉，能够给研究提供更加全面的原始数据，确保研究工作的顺利开展。实地调研工作始于 2017 年 1 月，历时 6 个月的时间完成数据的收集和整理工作。每次访谈结束后，我们都要对当

天收集到的资料进行归类和整理，避免发生遗漏，以确保数据的准确性、客观性和时效性。访谈信息汇总如表 3-4 所示。

表 3-4 访谈信息汇总

受访组织	访谈主题
华为	建立企业竞争优势的关键要素；华为与东风合作情况的具体介绍
	5G 的重点应用场景以及对未来发展的展望
	技能培训和经验传授在企业核心竞争力建设中如何落地
	万物互联和智能时代理念在车联网业务中的具体表现
	华为和东风的车联网合作业务；在新疆市场发展情况；以及对国家“一带一路”倡议的促进作用
东风	车载智能设备的核心技术要素以及如何在该领域建立竞争优势
	在万物互联时代，汽车企业的人力资源战略
	在 5G 时代，提升车载智能化水平对零部件的新要求
	神龙汽车公司在车辆智能驾驶领域的创新与探索
中国重汽	和德国曼合作的初衷、合作的具体过程和当前的实际效果
	同德国曼公司合作过程中，在人员交流和技术培训方面对公司人力资源产生的影响
	竞争合作关系中，如何做好核心竞争力的保护和提升
	通过与曼公司合作，是否对公司市场竞争力提升产生正向促进作用
	和曼公司合作，对重汽行业竞争格局的影响
德国曼	与中国企业合作在人力资源管理和人员、技术交流方面的情况
	与中国企业合作对曼公司市场竞争能力的影响
	与中国企业合作对公司财务指标和绩效目标的影响
	曼公司未来在中国市场发展的战略规划
新疆天业	天业集团如何通过产学研合作方式促进战略目标的实现
	石河子大学合作项目对公司人力资源、人才队伍提升的影响
	石河子大学合作项目对财务绩效指标的促进作用
	石河子大学合作项目具体实施过程和技术创新的重点内容
	和高校科研院所合作研发的新产品在市场竞争中的表现和未来的展望

表3-4(续)

受访组织	访谈主题
石河子大学	石河子大学与天业集团合作的总体情况和产学研合作模式对于科研成果转化为产品的促进作用
	石河子大学产学研合作模式对当地产业升级的促进作用
	化学化工学院与天业集团的合作项目及具体实施情况
	农学院与天业集团的合作项目及具体实施情况
	在产学研合作模式下如何有效培养应用型高层次科研人才

3.1.5 数据分析方法

本书采用艾森哈特在 1989 年发表的《由案例研究构建理论》一文中提出的案例数据分析方法，即案例内数据分析和跨案例数据分析。①案例内数据分析。案例内数据分析主要是指对每一个研究案例进行详细的描述。本书通过分别对来自不同合作层面的 3 组合作研发案例的隔离机制、双向资源依赖和协同效应等变量进行分析，发现每一组合作研发案例中各变量的独特特征。②跨案例数据分析。本书在完成案例内数据分析之后，采用跨案例分析方法对 3 组合作研发案例的隔离机制、双向资源依赖与协同效应等变量特征进行对比分析，发现案例间的共同和不同之处，然后归纳和总结出案例中各变量之间的相关性及其因果关系。为了确保理论与数据的匹配性，我们需要通过案例来逐一反复比较和验证：将分析第一组合作研发案例而得到的初始理论命题应用到第二组合作研发案例，如果初始理论命题与第二组合作研发案例的情况匹配，则继续进行分析；如果不匹配，则修改初始理论命题或更换案例。这样重复上述步骤直到初始理论命题趋于稳定，从而形成本书的研究命题。

3.2 案例分析

3.2.1 隔离机制的概念框架

学者们分别从资源基础论、能力基础论、因果模糊论等角度来解读隔离机制，为隔离机制的形成探寻理论根源（见第 2 章）。邱国栋和韩文海（2012）运用扎根理论的方法对耐克（Nike）等 3 组企业进行跨案例分析，揭示了隔离机制作用下的非契约性竞合关系，并指出差别优势是隔离机制产生的基础。从现有研究来看，学者们从不同的角度对隔离机制进行了探讨，为隔离机制的发展提供了理论基础。但现有研究主要还是基于竞争关系的视角来解读隔离机制，而本书通过考察华为与东风、中国重汽与德国曼、新疆天业与石河子大学3组合作研发案例样本的合作管理实践，发现隔离机制在合作研发领域同时表现出“隔离”与“协同”的属性特征。华为与东风、中国重汽与德国曼、新疆天业与石河子大学分别属于不同的合作层面，都具有隔离机制特征，并且通过不同的隔离作用形式都取得了预期的合作收益。在合作研发过程中，每一组案例样本之间彼此依赖，而且这种依赖是一种能够满足合作双方各自需求的自发性依赖。因此，本书通过上述3组案例样本的合作管理实践经验，深入合作研发领域对隔离机制赋予进一步的解读，主要包括以下三个方面的内容：①隔离机制源于合作双方各自具有的独特资源或能力。这种资源或能力相对于合作方来说又是一种绝对优势，即合作方拥有其他主体所不具有的综合优势，是最佳的合作伙伴选择。②隔离机制是合作双方互为依赖关系的驱动因素。隔离机制的存在能够有效地确保合作双方的竞争优势不被削弱，即核心资源或能力不被侵犯，更好地维持互补协同关系，合作中的任何一方对于另一方来说都具有资产专用属性，进而形成双向资源依赖关系。③在不同的合作研发层面，隔离机制分别表现为难以模仿、难以超越和难以取代三种不同形式。本书构建出隔离机制的概念框架（见表3-5），合作双方能够产生互补性关系与协同性关系。在互补性关系中，合作双方具有差别优势（既包括资源性差别优势，也包括结构性差别优势），即相互不可模仿和取代（因成本高或不可能），进而形成双向资源依赖；在协同性关系中，通过异质性资源融合产生新的能力，但相互不可模仿和取代（因成本高或不可能），进而形成双向资源依赖关系。

表3-5　隔离机制的概念框架

<table>
<tr><th colspan="2">关系</th><th>隔离的基础：差别优势</th><th>隔离的作用结果</th></tr>
<tr><td rowspan="2">合作领域</td><td>互补性关系</td><td>合作双方具有相互不可模仿和替代（因成本高或不可能）的差别优势（既包括资源性差别优势,也包括结构性差别优势）</td><td rowspan="2">双向资源依赖</td></tr>
<tr><td>协同性关系</td><td>合作双方通过异质性资源融合产生新的能力，但相互不可模仿和替代（因成本高或不可能）</td></tr>
</table>

3.2.2 合作研发双方的隔离机制分析

3.2.2.1 华为与东风的隔离机制分析

华为与东风的合作属于跨行业合作。华为经过30多年的发展，目前已经成为全球领先的信息与通信（ICT）基础设备和智能终端供应商，华为公司的愿景是致力于构建万物互联的数字世界、智能世界，从而使个人、家庭和组织产生深刻的改变。目前华为公司产品已经涵盖了通信网络、IT、智能终端和云服务等多个领域。进入5G时代，华为公司致力于打造一个开放的生态，与生态伙伴共同合作，从而实现构建万物互联的智能世界的目标。东风经过近半个世纪的发展，已经拥有了行业领先的产品研发能力、生产制造能力、市场营销能力与客户服务能力。东风坚持创新驱动，致力于建设世界汽车科技强企，把握汽车产业轻量化、电动化、智能化、网联化、共享化的发展趋势，围绕"为用户提供全方位优质汽车产品和服务"的发展定位，确立了新业务行业领先的战略目标。虽然华为和东风两个企业所处的行业各不相同，战略目标各有侧重，但是两个企业都看到了无线互联网世界对汽车产业的深刻变革，在汽车产业必然会与互联网融合发展的大趋势下，是进行多元化战略布局，进入各自陌生领域，自己构建一个生态圈？还是寻找战略合作伙伴，共同打造一个生态圈？华为和东风不约而同地选择了后者。

华为与东风分别作为通信行业和汽车行业的领军企业，利用它们在通信领域和汽车领域的强大优势，实现了跨行业的合作研发。正如华为总裁任正非先生所说："数字世界、智能世界的搭建与落地需要整个生态的共同努力。华为坚持打开边界，与世界握手，与合作伙伴一起建立'互生、共生、再生'的产业环境和共赢繁荣的商业生态体系，共同促进数字世界、智能世界的快速发展，让所有人收益更多。"合作是华为的战略选择。华为与东风是差异较大的两个行业，主要体现为知识、技术、能力或其他资源上的差异。这些巨大差异的存在使得合作双方都想在合作中通过互学、互补实现知识和技术转移，这样不仅可以使合作双方在资源或能力方面取长补短，提高创新绩效，而且能有效弥补自身的不足和缺陷。华为的一位负责人在接受采访时说："车联网或云计算领域，可以进一步细分成很多的垂直行业，华为一家不可能进入全部应用领域，我们会寻找合适的合作伙伴，建立起联盟关系。云平台实际上是属于华为企业网的业务，我们只是一个平台提供商，华为不会运营车联网的任何业务，因为我们主要是卖硬件设备。"华为不可能进入它所不擅长的汽车行业。华为的某位技术专家说，造车不是华为擅长的，按照华为的业务逻辑是不会做这个事情的。这也意味着华为不可能将与东风的合作当作跳板而进入汽车行业，否则前途未卜而且成本巨大。目前华为和东风成立一个联合团队，共同规划双方未来在车联网市场的合作前景。华为与东风双方都认为合作研发投入一定能够给东风和华为带来双赢。东风汽车公司总经理朱福寿说："东风和华为都是国家支柱性行业的企业，双方的合作属于强强联合，我相信，通过双方在车联网领域的成功合作，对提升中国汽车产业的国际竞争力、加快自主品牌汽车发展、推动汽车工业的转型升级，都具有重要的示范意义。"

车载产品作为IT产业与汽车产业的联合产物，在华为与东风两个隶属于不同行业的企业之间建立起必然的内在联系。华为是全球第一的信息与通信技术解决方案的供应商，东风是国内知名的汽车骨干企业，两者都具有雄厚的经济实力和强大的研发背景。华为与东风隶属于不同行业，双方业务相关性较低，对彼此所在的行业并不十分熟悉，所以合作双方不存在资源被掠夺或被占有的情形。由此可见，华为与东风之间存在难以模仿的隔离机制作用，这种隔离形式是促使双方进行深入合作的动力和保障，难以模仿是跨行业层面合作研发顺利开展的必要条件。

3.2.2.2 中国重汽与德国曼的隔离机制分析

中国重汽与德国曼的合作属于竞争者合作。中国重汽是中国重卡市场上的龙头企业，中国的第一辆重型汽车就出自重汽，产品畅销海内外，在业界享有良好的声誉。中国重汽始终坚持国际化战略，连续14年位居中国重卡行业出口第一。中国重汽以"建设成为最具核心技术竞争力、最具品质竞争力、最具成本竞争力的全系列商用车研发制造基地，叫响世界一流品牌，成为受人尊敬的国际化强企"为己任，以"打造世界一流的全系列商用车集团"为企业目标，努力向高质量发展转型升级。德国曼是一家拥有百年历史的汽车制造企业，也是世界著名的重型卡车制造商之一，现有的各项业务在全球均处于领先地位。曼集团曾经七次荣获"世界年度卡车"国际奖项，在全世界重卡领域仅此一家。不难看出，中国重汽与德国曼都具有雄厚的重型卡车研发资质，而中国重汽对中国市场的成熟理解及掌握和德国曼对高端重卡的研发技能及经验成为双方合作的根本原因，强强联手是双方取长补短的最佳选择。

中国重汽和德国曼的主打产品均是重型卡车，它们之间不可避免地存在一定的竞争关系，那么竞争者之间的合作又存在何种利益纽带呢？中国重汽和德国曼的合作是一种竞合关系的合作，德国曼在重型卡车研发制造、发动机技术和整车生成流程管理领域有着百年的积淀，而这些正是目前中国重汽最迫切需要弥补的短板，和曼集团合作可以大大加速自身技术升级和提升管理水平。同样对于德国曼集团来说，随着2008年以后全球经济特别是欧洲经济增速的下滑，开拓经济高速增长的中国市场，参与到中国基础设施建设领域分配红利，无疑是该集团实现其全球战略最重要的一环。而与中国重汽的合作，借助其在国内半个世纪积淀的品牌优势、渠道优势和政策扶持优势，对实现德国曼集团的全球战略目标，无疑具有事半功倍的成效。中国重汽与德国曼虽然同为竞争者，但双方各自具有对方所不具备的资源和优势，而且这种资源和优势也是对方所需要的。隔离机制的存在，使得合作双方不可能对对方构成威胁。正如中国重汽副总裁高定所说："重汽对自己的品牌有考虑，曼集团对自己的品牌也有考虑，所以双方的品牌是有区隔的，针对的目标群体与市场都是有不同的。"中国重汽与德国曼的目标定位和市场不同，这也意味着合作双方拥有对方可望而不可即的资源或能力。双方的SITRAK重型卡车合作项目是这种竞争者合作关系下，双方各取所需的最好体现。重汽集团总经理蔡东说："通过该项目的合作，中国重汽和德国曼在技术、资本、市场和管理等方面展开了一系列卓有成效的合作。"由此可见，中国重汽与德国曼合作研发的顺利开展离不开难以超越的隔离机制的作用，难以超越是竞争者层面合作研发顺利开展的必要条件。

3.2.2.3 新疆天业与石河子大学的隔离机制分析

新疆天业与石河子大学的合作属于产学研合作。新疆天业是大型国有企业，也是中国500强企业之一。它的产品涉及多个领域，其中聚氯乙烯、烧碱、电石、节水器材、塑料加工、电石渣水泥等产品在全国位居行业第一。新疆天业在循环经济、清洁生产和电石法聚氯乙烯行业汞污染防治领域取得了成功，并成为全国的实践典范，多项核心技术达到了行业清洁生产标准，在行业中获得了较高的话语权，并且成为国家制定相关产业政策或行业标准的主要参与者。石河子大学是一所综合性重点大学，已经入选国家"双一流"建设高校名单。石河子大学大力发挥强应用的学科优势，在农业与生态、化工与新型材料技术、兵团经济社会发展等具有区位优势和当地特色的研究领域取得了突破性的进展。由此可见，新疆天业坚实的产业基础与石河子大学丰富的智力资源促进了两者之间的合作，双方的合作能够进一步增强两者的竞争实力。

新疆天业和石河子大学同处新疆石河子市，具有显著的毗邻优势；同时，在全国性的援疆工作中，新疆天业和石河子大学分别承接了内地各省市的各类资源。技术创新是新疆天业公司发展的理念。实现技术创新可以通过企业内部投入、研究开发，但是这样做不仅投入巨大，存在很大的不确定性，更重要的是，从立项到研制出产品的周期往往很长，而市场需求是瞬息万变的，可能当研究出来的时候产品已经过时或是有了新的替代产品。因此，新疆天业急切需要寻找一个既能够实现产品技术创新，而且又能够节省研发投入和缩短研制周期的有效办法。与石河子大学进行战略合作正是解决此问题的有效途径。因为石河子大学在当地具备雄厚的科研实力，还具有一大批实验室的科研成果，这些成果也急切地需要寻找一条能够实现产品化的途径来实现科研价值。两者有天然的互补合作基础，新疆天业可以通过引进成熟的技术成果，结合企业自身特点进行技术的改造和升级。石河子大学可以借此实现成果转化并有效激发科研人员的热情，形成正循环效应。由此可见，新疆天业与石河子大学合作研发的顺利开展离不开难以替代的隔离机制的作用，难以替代是产学研层面合作顺利开展的必要条件。

3.2.3 合作研发双方的双向资源依赖分析

3.2.3.1 华为与东风的双向资源依赖分析

虽然华为在通信领域取得了卓越的成绩，但在汽车领域还是一个“门外汉”，它需要一个与之势均力敌的合作伙伴，来协助其完成通信技术的拓展和应用。现在世界各地的IT企业都在努力和汽车制造商结成更紧密的联系，华为也不例外。华为的一位研发负责人对华为与东风的合作给出了自己的观点，他认为华为与东风的合作是一次更加符合本土商业价值的合作，东风有实力快速地应对大数据背景下的各种产品或服务变化的需求，华为需要东风所提供的资源与能力。东风的资产总规模达到3 256亿元，拥有汽车研发及生产制造的丰富经验。乘用车生产已形成多个整车平台和发动机平台，具备K&C试验、整车NVH试验、电磁兼容试验等试验能力；商用车具备整车、发动机、车身开发和关键零部件的开发能力。华为在通信领域的领导地位和具有的核心技术掌控力是东风实现汽车转型升级所必需的。东风依托华为成熟的研发管理经验以及雄厚的研发实力来实现其智能汽车的目标。从东风与华为合作的前期成果数据来看，华为先进的信息化建设及软、硬件实力为东风的大数据建设提供了帮助和经验。华为所提供的资源和经验是也东风所必需的。

华为与东风的合作属于跨界合作。华为是科技企业，东风是汽车企业。在移动互联网对生产方式和生活方式产生巨大影响的时代背景下，华为与东风在车载领域进行合作。双方在车载领域的合作包含车载电子产品、车联网、智能汽车等相关产品以及代表未来发展方向的车载通信设备产品和解决方案。合作分为三个阶段，双方首先进行的是智能车载系统的简单合作，如华为与东风合作推出WindLink智能车载系统已经搭乘在首款SUV车型AX7上。其次，双方在车联网方面进行合作。目前，东风汽车旗下东风新能源的车联网项目正式上线，该项目由华为提供云服务。车联网项目具有个性化信息娱乐推荐、免钥入车、远程诊断、自动报障等功能。最后在前两个阶段合作的基础上，华为与东风共同研发智能汽车，通过辅人阶段、拟人阶段和共生阶段，最终打造出具有情感化自动驾驶的智慧汽车。华为与东风是战略合作关系，所有的知识产权归双方共有。

纵观华为与东风合作的三个阶段，我们发现，合作由第一阶段向第二阶段再向第三阶段发展的过程中，双方合作的深度和力度逐渐增强，双方的资源依赖关系越来越紧密。在合作初期，双方由于共同研发车载产品而结合在一起，利用各自的资源优势开展车载产品的研发合作，在合作双方之间产生了基于互补性资源的相互依赖关系。随着合作的深入开展，双方共同参与到研发项目的开发与生产中，这样更有利于产品的研发和整合。华为和东风作为一个共同体，一方对于另一方来说是不可或缺的一部分，双方是双向的资源依赖关系，这种依赖关系不是一方高、一方低的情形，而是双向和对等的关系。

3.2.3.2　中国重汽与德国曼的双向资源依赖分析

中国重汽和德国曼同为重型卡车生产企业。中国重汽是一家具有国际竞争力的大型现代化企业集团，是国内四大汽车企业之一，是国内最大的重型汽车生产基地。中国重汽的业务范围已经覆盖全球 90 多个国家和地区，形成了完善的国际市场营销网络体系，持续保持国内重型卡车行业外贸出口领先地位，并连续十四年位居国内重型卡车行业出口第一。中国重汽始终坚持自主创新，着力实施技术领先战略，不断打造以自主知识产权为内核的企业核心竞争力。截至 2018 年年底，中国重汽累计获授权专利 3 682 项，其中获国家发明专利 284 项，参与制定国家标准 52 项，行业标准 26 项，专利数量在国内重型卡车行业排名第一。虽然中国重汽在国内重型卡车领域非常有影响力，并且已经占领了一定的国际市场，但与国际上先进的重型卡车技术还存在一定的差距。中国重汽技术研发中心主任于天明特别强调这次合作的重要性。他说："中国重汽从德国曼那里学习到了释放性标准，重汽就知道该如何验证零部件、如何改进和提升发动机，大大缩短了研发时间。释放性文件之所以是核心技术，是因为它是一家企业几十年甚至上百年积累的经验。"中国重汽质量部部长范建明提起德国曼的管理水平时赞不绝口。他说："与我们合作的曼方团队换过好几批，但令人惊奇的是，新来的专家总是知道之前所有内容，不需要重复解释。该公司的管理水平确实很高，与曼集团合作后，重汽在管理理念上得到了很大提升。现在可以说，不管是重汽人还是重汽产品，都已经跟过去完全不同了。”中国重汽与德国曼的合作能够为中国重汽带来更加宝贵的资源。德国曼是世界500强企业之一，全球第三大重型卡车制造商，拥有世界一流的产品开发机构和设备精良的生产工厂，卡车业务居全球领先地位。目前德国曼拥有MAN、STEYR、OEAF、STAR ERF和NEOPLAN等6个国际级品牌。其中MAN和NEOPLAN两个品牌的长途及城市客车，在欧洲拥有较高的市场占有率。尽管中国重汽与德国曼之间存在业务重合，从而导致一定的竞争关系，但是两者均在各自擅长的领域和地域有着深厚的积淀，如市场、渠道、技术等，双方的合作对于彼此来说是如虎添翼。正如2008年中国重汽与德国曼合作谈判阶段，德国曼的谈判代表在看完中国重汽自主研发的A7车型驾驶室后，说了一句耐人寻味的话："我们不愿意与能开发这样驾驶室的企业竞争，我们更愿意合作。”中国重汽看重的是德国曼成熟的技术和产品，通过合作可以弥补生产环节的不足，缩短产品的验证时间。中国重汽吸引德国曼的主要原因是中国重汽在中国的强大影响力和市场占有率。随着中国经济的高速发展和人们生活水平的提高，中国市场已经成为众多跨国公司竞相争夺的对象。从这点来看，德国曼在帮助中国重汽提升技术研发水平的同时，也在帮助自己。每年德国曼可以从中国重汽的销售中获得一定的份额。中国重汽在应对新兴市场的需求时更具有竞争力，增强合作双方未来在新兴市场的开拓能力。

从表面上看，中国重汽与德国曼的合作是建立在技术换市场的层面上的，但合作的本质是双方之间互为需要的结果。虽然同为汽车领域的竞争对手，但中国重汽和德国曼都分别具有对方所需要的资源或能力，并且这种资源或能力是众多资源或能力的复杂融合，不是单一的。中国重汽强大的中国市场占有率和在新兴市场的品牌影响力正是德国曼所需要的，而德国曼先进的研发技术和行业知名度也正是中国重汽所需要的。双方的各有所需是建立合作关系的基础，也是中国重汽与德国曼之间产生结构性依赖的根源。可以说，中国重汽与德国曼之间产生的结构性依赖是基于互补性资源的结合。从近十年的合作历程来看，中国重汽与德国曼的合作研发取得了实质性的成功，双方已经突破单一依赖的格局，进行了全方位的、更加深入的合作。从合作结果来看，中国重汽与德国曼之间的合作具有稳定性和持久性；从合作成果来看，无论是合作研发出的发动机还是重卡系列产品，都为双方带来了超额绩效；从合作关系来看，中国重汽与德国曼建立起更加紧密的资源依赖关系。合作双方在合作中能够不断释放出自身的核心资源或能力，如德国曼的产品标准和规范文件，中国重汽在国内外市场大力宣传和销售拥有德国曼技术的产品。

3.2.3.3　新疆天业与石河子大学的双向资源依赖分析

新疆天业跻身国内500强企业，公司主营业务有化工产品、塑料制品的生产和销售以及商贸、农业种植和番茄制品加工、建筑安装及房地产开发等。其中化工类产品是新疆天业的主打产品。据天业公司副总经理王华国所说："化工产品的特点是品种多、更新快，市场竞争非常激烈，要想在竞争中脱颖而出，就需要不断进行产品的技术开发和生产工艺流程的优化升级，从而实现既能够快速满足市场需求，又能够降低生产成本的目标。这对企业的科研能力有较高的要求。"新疆天业工程技术中心总经理张伟介绍说："我们公司目前自有的技术研发人才队伍有25人，其中博士以上学历有3人，硕士有10人，本科学历有12人，自主研发科研实力相对较弱，科研项目主要是以技术成果引进和合作开发为主。"而石河子大学具有较强的科研人才队伍和科研能力，且在基础研究和应用方面更具有本土特色，能够有针对性地解决新疆天业所面临的问题。石河子大学在"新疆农产品高效贮藏与深加工、新疆特种植物药资源与开发、化工绿色工艺及新型材料技术、新疆特色农业生产机械化技术与装备、兵团经济社会发展"等具有区位优势和特色的研究领域取得了突破性进展。虽然石河子大学取得了众多科研成果，但实现商业转化的却不多。新疆天业具有雄厚的资金实力和宽广的市场渠道，能够为石河子大学的科研成果实现商业转化提供帮助。

从新疆天业与石河子大学的产学研合作过程来看，双方的合作已进入到深入融合阶段。由第一轮战略合作进入到第二轮战略合作，是一个合作内容不断深化、合作形式更加复杂的过程。余雅风等（2002）指出，虽然校企合作研发是以互补性资源为基础的，但是校企在进行合作研发时，合作双方技术或知识的相似性更有利于实现创新及科技成果产业化。所以，大学与企业是在技术资源的交叉边界上来选择合作伙伴的。新疆天业与石河子大学的合作项目充分考虑了双方的资源优势及相似性，如在化工、节水、农产品等相关合作领域的选择，既是新疆天业的主营生产项目，又是石河子大学优势学科专业的代表。新疆天业与石河子大学在同一领域的合作研发，始于知识或技术相似基础上的优势资源的互补。纵观新疆天业与石河子大学合作的发展进程，双方的合作是逐渐深化的，双方的资源依赖关系也越来越紧密，地理位置的邻近已经显示出强大的合作优势。Zipf（1965）研究发现地理位置的邻近能够使人们之间维持社会关系的成本较低。新疆天业与石河子大学同处于新疆石河子市，在相同的社会人文环境背景下，彼此之间可以产生较高的认可度和信任度，而且地理位置的邻近可以减少维持双方社会关系的成本，因此地理位置的邻近能够进一步稳固新疆天业与石河子大学的合作关系。地理位置的邻近也成为新疆天业与石河子大学互为优选合作对象的主要原因。

3.2.4 合作研发双方的协同效应分析

3.2.4.1 东风与华为的协同效应分析

东风为华为布局其物联网提供了车载的入口；华为为东风最终实现汽车智能化改革提供了互联网技术。在合作中，华为侧重于产品的开发与生产，东风侧重于产品的集成与应用。例如，双方合作成功的第一个项目，即 WindLink 系统与东风风神 AX7 的结合。WindLink 整套方案由华为和东风共同设计，WindLink 系统软硬件开发与实现由华为完成，WindLink 系统整体方案设计和测试验证由东风技术中心完成。从 2012 年 10 月到 2014 年 8 月底，华为在该项目上投入 250 多人参与开发和测试工作。经过 3 年的努力，项目组成功解决了 439 个技术难题，实现了 3 项新技术突破。东风在产品研发过程中，对新产品进行了 5 轮测试与验证，累计完成了 70 多项试验和验证工作。华为与东风的合作有别于国内其他 IT 企业和汽车企业的合作，在百度与广汽传祺的合作、阿里巴巴与上汽集团的合作中，百度、阿里巴巴等互联网公司仅作为产品提供商，给汽车连接上互联网，通过车载系统对汽车进行简单的控制，而华为与东风在合作中都要参与到整车技术的开发与生产中，通过及时向对方分享各自最新产品开发动向和技术研发成果，从而能够有针对性地共同制订汽车项目开发计划。为了做到项目开发同步，双方还指定相关人员专门进行项目管理并定期召开会议进行信息沟通，共同商讨具体方案。每个季度，双方项目组管理层会互访一次，根据下个季度或下一阶段新技术、新亮点，共同规划新产品。大数据的启用使得东风能够更加灵活、快速地应对诸如个性化定制、销售动向、共享服务以及整个产业的其他变化，进一步加速自主品牌发展、提升行业竞争力。华为与东风的跨界合作反映了彼此对陌生领域的大胆尝试和学习意愿。在合作过程中，华为和东风会根据合作计划或项目的进展情况定期组织双方的研发人员相互学习和讨论，由双方各派专业人员分别为参会人员讲解本企业的核心优势及相关研发技术内容。双方在共同学习和讨论中突破知识盲区，弥补了对异质性知识认识的不足，并将双方异质性知识更好地衔接起来。由此所产生的“化学反应”不仅提高了双方的创新思维能力，而且确保了双方合作顺利进行。

3.2.4.2 中国重汽与德国曼的协同效应分析

中国重汽具有本土品牌影响力和国内完善的销售渠道，德国曼虽然拥有国际先进的研发技术，但是没有与中国市场相关的本土制造能力，仅以技术开发来获得市场竞争优势是非常困难的。中国重汽与德国曼的合作为其“二次创业”提供了契机，通过优化产品结构来全面提升产品质量，发展模式也从速度规模型转向质量效益型。德国曼从中国重汽贡献的销售额中提高了财务收入。另外，新产品的面世也为德国曼在中国市场的发展起到了关键的作用。可以说，中国重汽与德国曼是双赢互利、不断提升核心研发实力的合作。中国重汽技术中心主任于天明认为，中国重汽与德国曼的合作是一次真正的合作。真正的合作绝不是形式上的、表面上的合作，而是实质性的、嵌入性的合作，中国重汽与德国曼的合作过程就可以证明这一点。例如，中国重汽与德国曼的合作结晶 SITRAK 系列产品就是双方真正合作的有力佐证。SITRAK 系列重型卡车是合作双方精湛造车技艺和中、德两国领先运营理念，共同打造的新一代高安全、高可靠、高经济性产品。SITRAK 重型卡车的定位是世界级的高端品牌产品，成为“进口的替代品”。SITRAK 重型卡车融合了德国曼重卡的先进科技内涵，高度贴合国内重型卡车用户品质需求，承诺可连续运行 30 万千米无故障，为国内高端物流提供高效、安全的运营保证。在打造 SITRAK 重型卡车时，中国重汽根据现有产品的实际情况以及对国内高端重型卡车市场经营理念的深入了解，消化和吸收德国曼全球顶尖技术，并且在合作中植入德国曼的各种优质资源，严格按照德国曼的质量标准和工艺方法进行产品设计。德国曼将其先进的发动机技术独家授权给中国重汽，不仅向中国重汽提供发动机图纸，最关键的是还同时提供了生产检验和试验规范文件。这使得中国重汽可以更加方便地利用德国曼成熟的技术和产品，为产品设计提供判断标准，从而提高产品质量和生产效率。曼集团的技术产品自投放市场以来，业绩增长突出。曼集团凭借其先进的技术和稳定的质量得到了广大用户的普遍好评，市场认可度大幅提高，用户正面反映强烈，实现了市场导入的成功。德国曼也从合作产品的销售收入中获得一定比例的回报。这也是中国重汽与德国曼合作成功的一次完美体现。中国重汽与德国曼为了合作项目能更快推进，成立了联合工作组，双方互派工作人员进行交流和学习。中国重汽先后派遣两百多名工作人员到德国曼去学习。不仅如此，德国曼在中国重汽济南总部还建立了常驻专家团队，根据项目进展情况，先后向中国派遣了 20 批有关技术、质量管理方面的流动专家团队进行现场指导。除了由中德两国工程师联合实施质量管控外，SITRAK 生产车间核心岗位班组长全部到德国曼总部接受了专业化培训。在互动交流中，德国曼方专家对曼发动机等技术标准进行解释，使中国重汽学习到了判断发动机研发的试验结果是否合格的技巧，解决了长期困扰中国重汽的研发问题。可以说，中国重汽与德国曼的合作带来的是双赢互利的结果。

3.2.4.3 新疆天业与石河子大学的协同效应分析

新疆天业是兵团大型国企，是国家首批循环经济试点企业，也是电石法聚氯乙烯行业技术创新领军企业；石河子大学是国家西部重点建设高校，现由教育部和新疆生产建设兵团共建，是“中西部高校综合实力提升工程”（一省一校）入选高校。新疆天业充分利用石河子大学基础科学方面的研发优势进行新产品的前期实验性开发工作，不仅能够有效地降低新产品的开发风险，而且缩短了新产品的市场化时间；石河子大学则通过新疆天业提供的市场前沿需求信息和应用研究的经验，调整技术研发方向和内容，同时进一步丰富教学及人才培养方案。新疆天业与石河子大学在共享各类相关资源的基础上，相互投入优势资源来支持和推动研发项目的开展。石河子大学参与新疆天业在大型项目投资建设中的科技创新、人才培养等工作，并围绕天业产业发展与升级提供技术支撑；在“石河子大学—新疆天业集团化工绿色技术研发中心”建设基础上，天业集团全力支持石河子大学申报“省部共建乙炔化工国家重点实验室”的创建工作等。双方共同成功申报了多项国家及地方科技项目，不仅提高了各方的研发水平，解决了一些亟待解决的现实问题，而且争取到专项资金来深入开展基础研究和应用研究。双方还自行筹资共同构建了科研平台与工业测试平台，包括 BET、XRD、XPS 等仪器设备及催化实验室，非汞催化工业单管侧线及工业化测试平台。双方通过签署协议明确权责，共享各类相关的资源。双方建立校企合作育人平台，积极开展人员互聘工作，充分共享人才资源。新疆天业与石河子大学共同组建“氯碱化工清洁生产与产品高值化教育部科技创新团队”和“农业节水科技创新团队”，创新团队由双方的专业技术研发人员组成。企业研发人员以市场化经验参与到技术研发当中，高校提供给企业更加专业化的技术知识，双方相互补充，相互渗透。为了进一步深化合作，高校里的科研人员深入到企业进行调研，积累企业经验，打牢科研基础；企业的科研人员可以到合作高校去学习，提升相关技能知识，也可以通过到高校讲座来相互之间交流经验。双方以共建实验室为纽带，完成合作研发任务，将基础研究和应用研究深化融合。双方每季度轮流组织一次项目及相关技术的全面交流，并互聘专家，就各自的研究问题随机开展非正式的资源及学术交流；交流的形式多样，包括专题讲座、技术咨询、技术指导（研发方案、研发报告、研发过程操作）、项目或规划的评审活动等。

3.2.5 案例比较分析与研究命题的提出

基于上述分析，本书对 3 组合作研发样本的隔离机制、双向资源依赖与协同效应各个变量进行对比分析，分别比较 3 组合作研发样本在隔离机制、双向资源依赖与协同效应上的表现差异及共同之处，并总结归纳出隔离机制、双向

来实现创造性融合。可见，创造性融合能够带来优势技术或产品的相互融合和渗透，提升合作效率和合作质量，获得利益最大化，进而实现协同效应。③创新能力提升。Druker（1993）曾指出，企业的可持续发展离不开持续创新能力。在日益激烈的全球化竞争环境下，企业的成功更需要能够快速进行创新的能力。合作双方的双向资源依赖使得合作研发组织能够共享彼此的优势资源，通过内化吸收，不断地强化“内功”，提高创新能力。创新能力的提升能够使合作产生“共生放大”效应，创造出更多的“新资源”，从而产生“合作剩余”，获得利益最大化，进而实现协同效应。

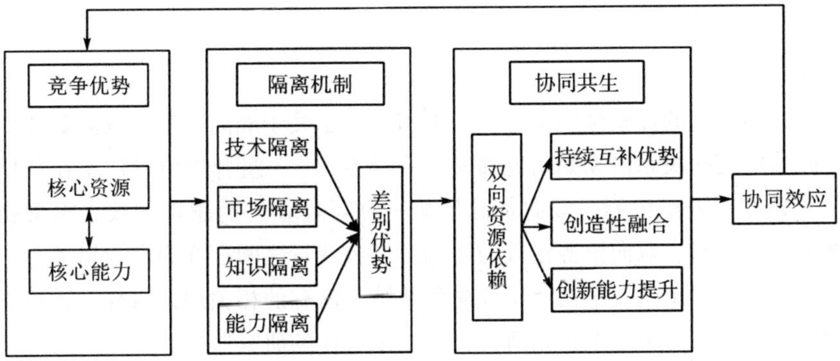

图3-2 基于隔离机制的协同效应实现理论框架

4 隔离机制、双向资源依赖与协同效应关系的理论模型构建

通过第3章的探索性案例分析，本书提出了关于隔离机制、双向资源依赖与协同效应之间关系的初始研究命题。不难看出，3组合作研发样本在合作过程中遵循着“隔离机制—双向资源依赖—协同效应”的逻辑主线，本书初步明晰了隔离机制、双向资源依赖与协同效应各变量之间存在内在逻辑关系。因此，本书根据提出的4个初始研究命题并结合已有的相关理论研究，进行更深入的理论探讨，对每一个初始研究命题提出具体的研究假设，并构建出隔离机制、双向资源依赖与协同效应关系的理论模型。

4.1 隔离机制对协同效应的影响

隔离机制能够保持企业的竞争优势不被削弱，主要是因为形成企业竞争优势的核心资源或能力是难以模仿和替代的。一方面，这些核心资源或能力在市场交易中具有不可获得性，即使这些核心资源或能力被其他企业获得了，也难以与之匹配，难以发挥其作用；另一方面，这些核心资源或能力嵌入企业的价值链的流程，是一个随着时间积累和沉淀的过程，对于其他企业来说，具有因果模糊性，可以构成一道坚实的模仿壁垒。根据资源的来源，隔离机制可以分为两大类：一类是由有形的、可见的资源（资源的广义内涵）形成的保护壁垒，即由显性资源产生的显性隔离；另一类是源于无形的、不可见的资源形成的保护壁垒，即由隐性资源产生的隐性隔离（邱国栋、甘立双，2017）。隔离机制可以划分为显性隔离和隐性隔离两种类型。

创新主体之间通过资源的互补实现创新绩效（王丽平、何亚蓉，2016）。

互补性理论认为互补资源的整合能够实现超额价值。那些可见的、实体性资源等显性资源的互补可以实现互补效应（邱国栋、白景坤，2007）。然而仅仅基于互补资源而产生的互补效应本身是一种短期的、效率的协同。因为基于互补性资源的合作会使互补资源的价值随着外部环境的改变、资源的使用而逐渐降低，由此在合作伙伴中产生投机行为，导致合作关系破裂（Gulati & Nohria，2000）。信息获得和知识传播的便捷性使得企业之间的创新模仿和技术改造追随变得越来越容易（沈灏、谢恩和王栋晗，2017）。因此，通过互补性资源所获得的竞争优势不具备持续性，极易被竞争对手模仿，且协同模式容易被竞争对手复制，导致互补效应减弱。Peteraf（1993）研究指出，资源能否具有持续竞争优势取决于这种资源是否具有异质性、不完全流动性、竞争的事前限制与竞争的事后限制四个条件。显然，企业显性资源所具有的“自我保护壁垒”，即显性隔离是保证竞争优势持续的关键，会影响互补效应的稳定。

许多学者认为集成创新需要打破仅局限于技术层面的限制，将各种要素通过创造性的融合，进而实现相互匹配。曹洲涛和杨建梅（2003）提出对战略、技术、组织以及文化四个要素的集成能够大大提高企业的核心竞争力。企业间相关要素经过融合、主动优化后以最合理的结构形式组合在一起（李文博、郑文哲，2004），产生集成效应。资源的稀缺性是集成产生的主要原因之一（杨瑾等，2006）。稀缺资源既可能来自显性资源，也可能来自隐性资源。人力资源方面，来自不同专业领域或同一领域但具有独特专长的人员聚集在一起，通过沟通、交流以及培训等方式改善了合作双方人力资源的质量，提高了技术研发能力，为创新思想和创新观念的出现创造了机会，增强了各自的竞争优势。技术方面，稀缺资源的结合使得合作主体更易于进行技术集成创新。技术集成创新，可以为企业提供独一无二的性能、外观和其他内在质量的产品和服务。获得专利认可的创新产品能够保持较长的领先时间，不易为竞争对手所复制，可最大限度地占有市场和吸引潜在用户。市场方面，稀缺资源的结合使得双方合作研发的新产品或新技术能够依托品牌的影响力迅速打开市场，获得更高的市场占有率。可见，由稀缺的、难以模仿的显性资源或隐性资源构筑起的隔离机制能够使得合作双方在研发活动中始终处于一种相互依赖和步调一致的状态，可以有效地减少冲突，促进资源的优化融合，创造出更高的合作价值，产生集成效应。

资源异质性是创新网络中组织间知识转移的前提，是组织间互相学习的关键因素，也是组织间知识转移的重要变量。知识的溢出能够产生学习效应，学习效应是实现协同效应的核心（王琛，2004）。学习效应包括两个方面，学习意愿和学习投入的程度。学习意愿是学习效应产生的条件，学习投入的程度决定了学习效应产生的效果（Caloghirou et al.，2004）。王渊等（2006）区分了硬性资源和软性资源，前者是不可模仿的并且通过学习也难以得到，而后者可以通过模仿和学习而得到。可见，企业间的学习效应主要是通过传递和转移隐性资源来实现的。知识接受者的专业技能显著影响知识分享者的分享意愿（Zhang，Jiang，2015），而且初始合作基础的强弱和后续合作过程的紧密程度也会对技术学习效应产生影响（李瑞茜，2016）。另外，隐性资源是企业竞争优势的不竭源泉，企业会千方百计地防止其流失，往往致使合作效果达不到预期，甚至使合作以失败告终，学习效应更是无从谈起。因此，企业隐性资源的稀缺性、难以模仿或难以替代性是实现学习效应的关键，即构筑起企业隐性资源的隔离机制（本书称之为隐性隔离），这样企业在合作中就不会担心因隐性资源的溢出而削弱自身的竞争实力，并且会通过获取新知识，来进一步提高企业生产力和效率水平，从而创造出更大的企业价值。

综上所述，本书提出如下研究假设：

H1.1：显性隔离对互补效应有正向影响。

H1.2：显性隔离对集成效应有正向影响。

H1.3：隐性隔离对集成效应有正向影响。

H1.4：隐性隔离对学习效应有正向影响。

隔离机制对协同效应的影响如图 4-1 所示。

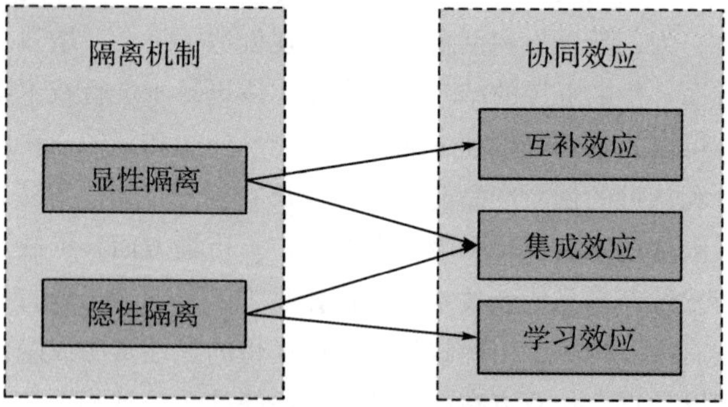

图 4-1　隔离机制对协同效应的影响概念模型

4.2 隔离机制对双向资源依赖的影响

企业需要依赖外部环境来实现其发展目标（Jiang，2014）。任何一个企业在面临环境不确定性和自身发展的需要时，都不能以单一的组织形式存在，必须与外部环境不断地进行物质、能量和信息的交换，获取其生存发展所需的资源，并与满足其资源需要的另一方形成一种资源依赖关系。企业通过组建战略联盟或以合资等合作方式来弥补自身在资源或能力等方面的短板，利用“联结资源”获得竞争优势（Das & Teng，2000）。企业间能够进行合作主要是因为存在资源依赖关系（Pfeffer & Salancik，1978；Hillman et al.，2009）。合作伙伴间的资源依赖关系是建立在异质性资源的基础上的，通过对合作伙伴拥有的异质性资源的依赖，共同进行合作研发活动（Rogan & Greve，2014）。组织间资源依赖的程度受到被依赖资源特性的影响，Madhok 和 Tallman（1998）基于资源视角，将资源依赖划分为结构依赖和过程依赖两个方面进行探讨。双向资源依赖属于资源依赖的一种形式，因此双向资源依赖也可以划分为结构依赖与过程依赖两个维度。结构依赖关注的是空间概念，是由组织间拥有内在关联的互补资源而产生的依赖；过程依赖关注的是时间概念，是由组织间拥有稀缺的、不可替代的资源而产生的依赖。结构依赖与过程依赖主要是基于空间和时间两个层面的界定。

资源依赖理论解释了企业获得竞争优势的根源（Das，Bing-ShengTeng，2000），而隔离机制正是企业保持竞争优势的保障。隔离机制主要从以下两个方面影响合作双方的资源依赖：

一方面，隔离机制能够保持资源的异质性，在合作双方中建立起互补性资源依赖关系。合作双方资源依赖的产生主要源于异质性资源的存在，而无论是显性隔离还是隐性隔离都能够保持合作双方资源的异质性。资源异质性可以满足合作双方对差别化资源的需求，为合作研发提供资源保障。合作双方会基于资源时差的影响而彼此相互依赖（朱丽等，2017）。合作双方只有保持资源的异质性才能使其成为持续的互补性资源。互补性资源能够补充合作双方彼此间资源的不足（Lambe et al.，2002），合作双方越是需要彼此的资源，双方越易发展成为具有紧密关系的合作伙伴（Holmes，Smart，2009）。互补性资源也是决定合作双方关系的关键因素（Xie，2013），有利于战略联盟之间建立资源依赖关系，开展有效的合作（Parkhe，1993）。合作主体间的互补性越强，相互间的关系依赖程度和利益关联就越强，更有利于稳定的互惠互利关系的形成（李玲，2011）。

另一方面，隔离机制能够防止合作双方的竞争优势被削弱，在竞争优势能够得到保护的情况下，合作双方在合作过程中更愿意投入各自的稀缺性资源，这样就会进一步在合作双方之间建立起紧密的、长期的资源依赖关系。隔离机制的存在决定了合作双方的认知主导模式。由于组织获取的知识和信息只能基于认知框架提供的参照系统被观察、感知和理解（王亚娟，2014），因此在隔离机制作用下合作双方能够打消对于核心资源或能力被削弱的顾虑，充分利用和整合双方的稀有资源，建立起双向资源依赖关系。隔离机制能够在合作双方中自发地产生一种信任机制，这种信任机制不需要刻意去建立，因为合作双方都无法采取竞争行为去削弱对方的竞争优势。在合作中，如果合作双方不存在对对方资源的掠夺和占有，则战略联盟能够通过共享资源而提高合作双方的行业竞争力并实现共赢互利（Bing-ShengTeng，2000），建立起长期的资源依赖关系。在与竞争者合作时，隔离机制显得尤为重要。作为竞争者，合作双方都希望通过合作使自己变得更强大且能够赶超对方，这可能会给双方带来资源虚耗，破坏双方的资源依赖关系，进而难以实现合作目标。Lhuillery（2009）研究显示，和竞争对手特别是外国组织建立合作关系时，最有可能导致项目延迟或失败。虽然合作可以使双方在许多关键领域得到补充和增强（Garraffo，2002），但也带来了合作风险。只有竞争者之间不能准确掌握彼此的优势资源来源时，或是对彼此的核心资源或能力无法模仿或替代时，为了取得更好的合作绩效，双方才会提供彼此具有竞争力的资源，即稀缺性资源，并建立起长期的资源依赖关系。由上述讨论可见，隔离机制作用下合作双方既对互补性资源产生依赖又对稀缺性资源产生依赖（如图 4-2 所示）。因此，本书提出如下研究假设：

H2.1：显性隔离对结构依赖有正向影响。

H2.2：显性隔离对过程依赖有正向影响。

H2.3：隐性隔离对结构依赖有正向影响。

H2.4：隐性隔离对过程依赖有正向影响。

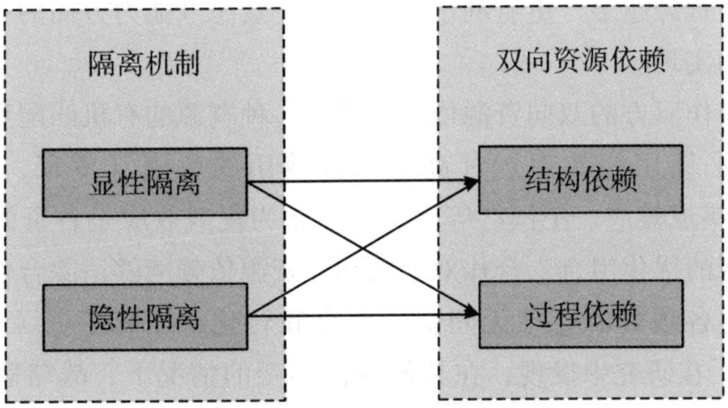

图 4-2　隔离机制对双向资源依赖的影响概念模型

4.3　双向资源依赖对协同效应的影响

合作研发双方的双向资源依赖关系反映了任何一方都具有对方所需要的异质性资源，异质性资源是协同效应产生的基础（韵江等，2006）。双向资源依赖意味着合作双方分别具有对方所需要的，且难以模仿和替代的资源，企业难以通过市场交易等手段来获得，只能与拥有这种资源的企业合作来满足自身的需要。双向资源依赖既包括对资源的结构依赖也包括对资源的过程依赖。联盟之间的资源依赖关系将各方的利益更加紧密地联系在一起，成为利益共同体，有利于联盟绩效的提升（Dyer & Singh，1998；Holm et al.，1999）。基于异质性资源而合作的双方通过双向资源依赖关系来进行资源互动，产生协同效应，主要表现在以下三个方面：

首先，合作双方的双向资源依赖有利于资源得到充分利用，取长补短，提高资源利用效率，实现互补效应。互补效应属于初级协同效应（邱国栋、白景坤，2007），是其他效应实现的基础，是合作深入协同的基石（屈维意、周海炜，2011）。企业间互补性资源的共享和相互依赖可以创造“1+1>2”的价值（Prahalad & Hame，1990）。贾军、张卓和张伟（2013）在研究中发现当企业之间的技术有关联时，如果有效地使用互补资产，则能够大大提升企业的创新绩效。合作双方在双向资源依赖过程中，资源的共享能够为合作双方提供多样化的优势资源，有利于发掘出更多的创新想法和机会；资源的充分利用能够降低产品的生产成本，增加合作收益；资源的吸收和转化能够减少资源冗余，减轻企业的负担。合作研发双方的资源依赖程度越大，表明双方之间的互补性资源和稀有性资源越多，更有利于双方在核心资源或能力方面的互补合作，促进互补效应的实现。

其次，合作双方的双向资源依赖有利于各种资源的有机匹配和融合，大量资源结合起来使用的效率远远高于单独使用的效率（罗珉，2006；王玲，2010），实现集成效应。王国红等（2010）认为集成效应是各资源要素经过相互吸纳而实现的优化组合。合作双方的相互资源依赖能够消除合作中出现的各种障碍，促进各项资源要素无间隙的融合和转化，提高了资源的整体价值。Gulat（1995）在研究中发现，在其他条件不变的情况下，战略联盟间的相互资源依赖程度决定了各方对资源和能力的整合力度。双向资源依赖关系中合作双方的资源是彼此关联的，在合作中更易实现资源整合。通过资源整合，企业不仅能够对现有资源的作用有新的认识，而且还能够为新技术的开发提供资源支持（Kogut & Zander，1992）。除此以外，在资源整合中，企业还能够获得不同类型的资源以及一些有关的关键技术信息，有助于已有产品的改进和新产品的研发（Cousins & Spekman，2003）。

最后，合作双方的双向资源依赖有利于提高各方的学习意愿，增加学习投入，实现学习效应。合作双方对资源的相互依赖能够增强彼此的凝聚力，激发合作研发的动力。合作各方都具有形成其核心竞争力的难以模仿、难以替代的资源，同时这种资源也是合作方所必需的。为了能够高效地“驾驭”彼此的资源，更加顺利地开展合作研发活动，合作各方都要通过知识学习来提高自己对知识的识别和利用能力（Greenhaus，2006），进而不断提升自己的创新能力。企业组建联盟是为了利用联盟成员的知识，而不是获取知识，联盟中知识利用的持续性决定了联盟的竞争优势（Grand & Baden-Fuller，2004）。双向资源依赖能够建立起双方紧密的合作关系，知识转移受到关系强度的影响，紧密的合作关系更有利于知识转移（潘文安，2012）。李瑞茜、陈向东等（2016）通过研究发现，合作双方的关系与技术学习效应正相关。联盟成员的强关系有助于增加合作方之间的信任（张慧玉、杨俊，2011），有助于解决合作中遇到的技术、生产及管理方面的问题，使得学习方的技术学习效应得到提升（李瑞茜、陈向东等，2016）。合作双方的相互资源依赖程度越大，双方越容易相互信任。Levin 和 Cross（2004）认为联盟之间的信任能够推动企业产生学习意愿。合作企业间的相互信任能够激发企业学习的热情，并为组织学习的顺利开展创造条件（薛卫、雷家骕和易难，2010）。双向资源依赖能够保障合作双方行动的一致性。合作成员间的共同行动更加有利于进行复杂难懂的知识交流学习（Nonaka，1991；Collins & Hitt，2006），不断促进知识的创造与能力的提升

(Malhotra et al.，2005)，从而产生更大的合作价值。双向资源依赖对协同效应的影响如图 4-3 所示。

综上所述，本书提出如下研究假设：

H3.1：结构依赖对互补效应有正向影响。

H3.2：结构依赖对集成效应有正向影响。

H3.3：结构依赖对学习效应有正向影响。

H3.4：过程依赖对互补效应有正向影响。

H3.5：过程依赖对集成效应有正向影响。

H3.6：过程依赖对学习效应有正向影响。

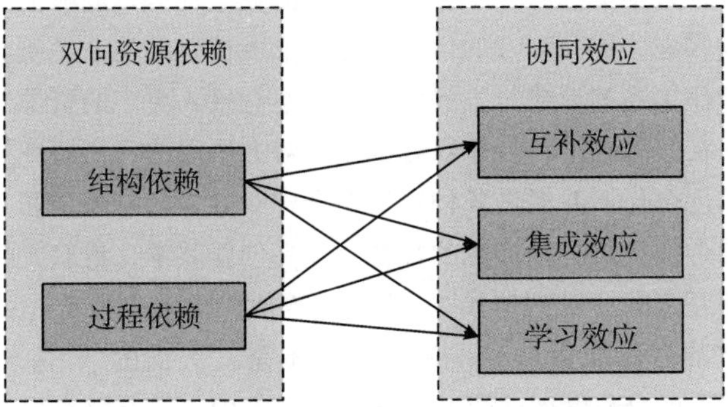

图 4-3　双向资源依赖对协同效应的影响概念模型

4.4　双向资源依赖对隔离机制与协同效应中介作用的影响

Dyer 和 Singh（1998）指出资源相互依赖的企业之间的合作会使得融合后的资源更具稀缺性和不可替代性，从而使合作企业具有更稳定的创造价值的能力。Casciaro 和 Piskorski（2005）认为可以将“相互依赖”用“共同依赖”和“力量失衡”两个维度来定义。双方相互依赖程度之和即为“共同依赖”；双方相互依赖程度之差即为“力量失衡”。“共同依赖”和“力量失衡”两个维度对企业间相互依赖程度给出了完美的诠释。“共同依赖”的作用机理可以从嵌入视角来解释，“力量失衡”的作用机理可以从能力视角来解释（Gulati & Sytch，2007）。双向资源依赖关系是一种“共同依赖”的对称性依赖关系，而不是非对称性依赖关系。对称性依赖关系强调合作双方的活动是嵌入到合作关系中的，会带来长期导向的、互惠的结果；而非对称性依赖关系强调合作双方的权利的较量，会带来短期导向的、对抗性的结果。非对称性的资源依赖关系会导致议价能力的失衡，进而增加合作终止的可能性。

Jacobs（1974）将两个经济学概念——关键性和难以替代引入组织间依赖关系的研究中，他认为组织间依赖关系的紧密程度取决于被依赖组织是否具有关键的或难以替代的资源。企业保持竞争优势的关键是具有难以模仿的资源（Rumelt & Lippman，1982）。企业可以通过不同的方式从企业外部获取自身所需要的资源与知识。在隔离机制作用下，合作双方都具有对方稀缺的、难以模仿和难以替代的资源，从而使双方产生结构依赖关系。结构依赖能够强化合作双方的合作意愿（陈伟、张旭海，2011）。隔离机制的存在使得合作主体在合作过程中投入或共享资源后并不会丧失原有的竞争优势，能够消除合作研发双方间的猜疑和顾虑，提高双方的信任程度，形成良好的关系品质。关系品质是联盟成员在合作关系的形成与发展中，彼此愿意投入更多的资源与努力，以达成联盟目标。在此基础上，合作双方都投入对方所需的、稀缺性的资源，促使双方产生主动性合作，并促进各种资源在合作双方之间的流动和共享，通过资源的嵌入、融合加快对各种资源的整合，提高创新效率，将双方的利益紧密联系在一起，相互之间“共同依赖”，产生过程依赖关系，为合作的顺利开展提供保障。双方的合作能力是“平衡的”而不是“失衡的”，进而实现协同效应，提升了双方的合作绩效。因此，在合作研发中，具有隔离机制的双方都要依赖对方的优势资源，通过产生双向资源依赖关系，来实现协同效应。双向资源依赖对隔离机制与协同效应中介作用的影响如图 4-4 所示。

综上所述，本书提出以下研究假设：

H4. 1：结构依赖对隔离机制与协同效应有中介作用。

H4. 2：过程依赖对隔离机制与协同效应有中介作用。

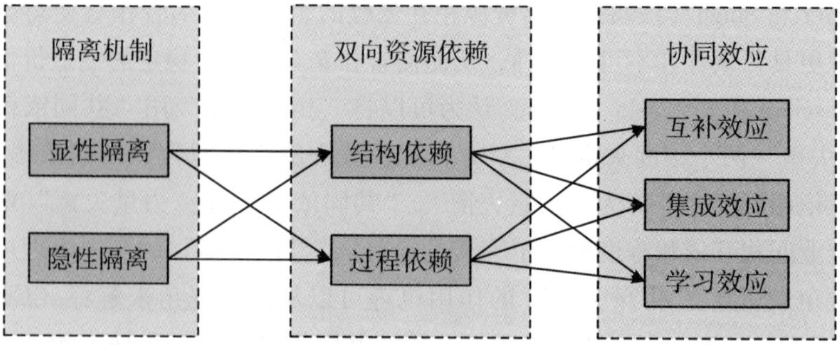

图 4-4　双向资源依赖对隔离机制与协同效应中介作用的影响概念模型

4.5 研究假设汇总与理论模型的构建

本书分别对4个初始研究命题展开深层次的理论分析与推演，得到了相应的细化研究假设（见表4-1）。一方面，显性隔离、隐性隔离对互补效应、集成效应和学习效应有正向影响；另一方面，显性隔离、隐性隔离可以通过结构依赖、过程依赖对互补效应、集成效应和学习效应产生正向影响。本书据此构建出隔离机制、双向资源依赖与协同效应关系的理论模型（见图4-5）。

表4-1 研究假设汇总

序号	研究假设
H1.1	显性隔离对互补效应有正向影响
H1.2	显性隔离对集成效应有正向影响
H1.3	隐性隔离对集成效应有正向影响
H1.4	隐性隔离对学习效应有正向影响
H2.1	显性隔离对结构依赖有正向影响
H2.2	显性隔离对过程依赖有正向影响
H2.3	隐性隔离对结构依赖有正向影响
H2.4	隐性隔离对过程依赖有正向影响
H3.1	结构依赖对互补效应有正向影响
H3.2	结构依赖对集成效应有正向影响
H3.3	结构依赖对学习效应有正向影响
H3.4	过程依赖对互补效应有正向影响
H3.5	过程依赖对集成效应有正向影响
H3.6	过程依赖对学习效应有正向影响
H4.1	结构依赖对隔离机制与协同效应有中介作用
H4.2	过程依赖对隔离机制与协同效应有中介作用

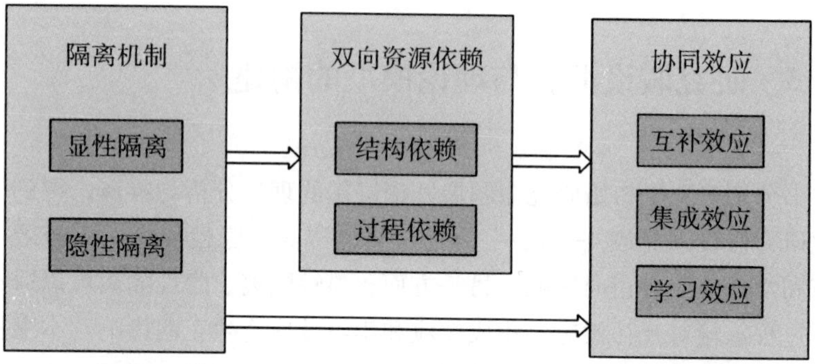

图 4-5　隔离机制、双向资源依赖与协同效应关系的理论模型

5 量表设计与预测试

量表设计是实证分析能够有效开展的关键步骤，量表的质量直接关系实证分析结果是否有效和可靠。本章主要包括两方面的内容：量表设计与预测试。本章首先介绍本书量表的形成思路与设计步骤；其次通过有针对性的访谈，并且结合相关文献内容，确定各变量的测量题项；最后为了检验所形成量表的测量题项的合理性，通过选取小样本来进行量表预测试，检验量表的可靠性和有效性，并根据预测试数据分析结果，对量表不足之处进行修订和完善，确定最终版量表。

5.1 量表设计

5.1.1 量表形成思路与设计步骤

笔者首先查阅相关的文献研究，明确本书的哪些变量已有国内外学者开发出比较成熟的量表，哪些变量虽然已有相应的研究，但还没有成熟量表可以使用。其次，对于已有成熟量表的变量，将其根植于本书研究的特定情境，判断是否与本书研究变量的内涵和文化一致，如果不一致，则需要对已有成熟量表进行相应的情境转化。对于没有可以直接使用的成熟量表的变量，则需要在已有相关理论研究和实践经验的基础上自行设计。自行设计的变量量表需要按照既定的设计步骤严格执行。本书的量表主要采用情境转换和自行设计两种形式。最后将情境转换和自行设计得到的量表汇总形成最终的量表。

在量表开发方面，并没有一个唯一的标准的量表开发程序（Hinskin, 1998）。因此，对于需要自行设计的量表，本书采用当前比较常用的量表五步设计步骤（罗胜强、姜嬿，2015）来进行量表设计，如表 5-1 所示。

表 5-1 量表开发的主要步骤

步骤	目标
第一步	明确要测量的目标构念
第二步	编写备选题项
第三步	选择问题形式和答题方式
第四步	请专家和测量对象评审备选项目
第五步	进行预测试，并进行量表修订和检验

资料来源：罗胜强，姜嬿. 管理学问卷调查研究方法［M］. 重庆：重庆大学出版社，2015：162.

第一步：明确要测量的目标构念。本书首先需要明晰所要研究的构念的概念，根据研究情境有针对性地对构念进行定义。构念的准确定义能够反映出量表的测量目标。因此构念的清晰定义是量表设计至关重要的一步。本书在第三章中通过对案例的详细分析，明确了构念与构念之间的关系，并在此基础上提出了研究假设，研究假设的提出进一步明晰了各变量之间的关系，为量表的合理设计奠定了基础。

第二步：编写备选项目。编写备选项目一般可以采用三种方法：第一种方法是归纳法（inductive approach），第二种方法是演绎法（deductive approach），第三种方法是组合法（combined approach）。归纳法适用于研究者对被测构念的内容和结构还不确定的情况，在这种情况下首先需要通过访谈或问卷等途径来收集构念可能的表现形式的相关表述，然后对收集到的内容进行整理和筛选，删除那些与本书研究目标明显不符或有偏差的内容。演绎法适用于研究者对被测构念的内容和结构已经明确或有了充分的了解，在这种情况下，可以由研究者本人或研究团队一起根据已经掌握的构念及其维度来尽可能多地进行相应的测量项目的编写，之后再进行筛选。本书采用的是第三种方法——组合法，即归纳法与演绎法相结合的方法。组合法综合了归纳法与演绎法的优点，同时也力求克服它们的缺点。本书通过案例分析和理论分析已经提出了相关的构念之间及其维度之间的关系，不用去大量收集项目来探索构念及其维度。测量项目的编写如果仅由研究者本人或研究团队来完成，虽然可以有针对性地反映出研究者要测量的构念，但是由于脱离实践，可能会导致编写的测量项目不完整或脱离现实。因此本书根据已经确定的构念及其维度以访谈的方式从企业管理者或相关人员那里收集测量项目，再由研究团队根据现有文献的研究成果进行调整和补充。

第三步：选择问题形式和答题形式。完成备选项目的编写后，就要把它们变成被调研者能够回答的问题。本书的问题形式主要遵循简短、具体、简单、单一内容和肯定句的原则。本书采用 Likert5 级量表打分法来对问题进行选答。量表有不同的形式，常见的有哥特曼型量表（Guttman scale）、语意差别量表（Semantic differential scale）、里克特型量表（Likert scale）。本书采用里克特型量表，该表是一种常用的评分加总式量表，它是由美国社会心理学家李克特于 1932 年在原有的加总量表基础上改进而成的。该量表的特点是归属同一构念的测量项目用加总方式来计分，而单个或独立项目的分值是无意义的。Likert5 级量表对一个问题的陈述的同意程度分为 5 个等级，“1”表示“非常不同意”；“2”表示“比较不同意”；“3”表示“中立”；“4”表示“比较同意”；“5”表示“非常同意”。要求每个被调研对象根据实际情况并结合个人的认知进行独立判断，给每个题项打分。每个被调研对象答题分数的加总，反映了该被调研对象的态度总分，这个数据用来表明被调研对象对该问题同意与否的态度强弱或其对这一问题所表现出的不同状态。

第四步：请专家和测量对象评审备选项目。为了保证测量项目的内容效度以及测量项目的字面内容简单易懂、意思明晰，本书邀请本研究领域的专家对本书提出的构念及其测量项目进行评审，主要判断测量项目是否能够代表被测量概念，是否能够覆盖测量范围；同时还通过现场访谈的方式，评判量表的表述和用词是否符合测量对象的习惯。对于专家和测量对象提出的改进建议，研究小组进行充分的讨论后，进行了适当的改进，设计出变量量表。

第五步：预测试。本书通过发放一定数量的调查问卷，对设计的量表进行预测试检验（pilot study），主要检验两个方面的内容，一方面是检验构念的结构效度是否达到要求，通常使用因子分析法；另一方面是检验测量量表的信度和效度。通过定量计算，检验量表是否达到预期标准，对于不达标的题项重新进行修订并重复检验，形成最终版的量表。

5.1.2 访谈记录及初始题项筛选

为了提高访谈的效率，本书事先针对隔离机制、双向资源依赖和协同效应之间的关系进行了解释说明，然后通过对合作研发企业高、中、基层管理者以及相关的技术人员进行深入开放式访谈，有针对性地收集变量测量题项。一方面，对于已有的成熟量表，我们通过访谈可以进一步来判断其与现有文化环境及合作研发实践的适应度，并对有关的变量测量题项根据实际需要进行必要的情境转换；另一方面，对于需要自行设计的量表，我们对访谈收集到的相关资料与现有的理论研究进行对比分析，并在此基础上提炼出变量量表题项。

5.1.2.1　部分访谈记录内容

本书为了保证量表的科学性、可行性和有效性，在访谈过程中，根据访谈的实际情况来调整或增加访谈内容，确保访谈的深入和全面。访谈对象是来自合作研发企业的20名高、中、基层管理者以及相关技术研发人员，其中高层管理者6名，中层管理者5名，基层管理者4名，技术研发人员5名。访谈采取一对一的形式，每人访谈时间不低于2个小时。访谈结束后，将对访谈内容进行整理，不清楚或不明确的地方，将以电话补访的方式来解决。由于本书篇幅的限制，在此只列举出部分访谈记录的内容。

对于隔离机制的相关认识和理解的部分访谈记录内容整理如下：

"企业要拥有实力雄厚的科研队伍，不断攻克技术难关，突破技术瓶颈，我们企业在国内外申请了多项技术专利，专利数目已经远远领先同行"；"如果企业的关键性技术能够很好地受到国家法律的保护，那么对于企业主营业务的发展和扩大以及竞争力的提升都是有利的"；"国家或当地政府对企业发展的支持力度决定了企业获得所需资源的便利程度，进而会影响企业发展前景及在某一区域内的竞争实力"；"企业的商誉很重要，百年老店靠的就是民众的良好口碑，企业的良好社会公众形象能够为企业带来更大的影响力"；"企业要想高人一筹，除了要产品独特、研发设备先进、研发人员优秀、管理者具有前瞻性外，还需要各部门、各层级之间的有效沟通和配合，使得资源能够得到充分的利用，实现效率最大化"；"一个组织最具竞争力的地方要看员工的学习能力，学习能力越强，组织越具有创新活力，创新能力是组织获取竞争优势的主要来源。组织的创新文化会促进学习能力的形成"。"资源或能力是组织的竞争优势的外在表现，而能够形成真正意义上竞争优势，即具有不被模仿的竞争优势，不是简单的一种资源或能力的作用，而是多种资源或能力的融合与协调"；"组织间的合作最看重的是双方资源是否具有互补性，合作双方从事不同的业务类型或是各自具有对方所需要的但自身不具备的资源，这样的互补能够带来难以模仿的合作效果"；"我们的合作属于同行之间的合作，合作能够使得合作双方实现利益最大化，而双方的优势都没有被削弱；除此之外，对资源超强的利用和整合能力也为彼此创造力的共享和释放提供了保障"；"产学研合作为科技创新提供了一个很好的平台，在产学研合作中，如何来选择合作伙伴，一方面要评估合作成本是否最低，合作风险是否最小，合作效率是否最大；另一方面要看合作伙伴是否能够为本组织提供最佳的资源特质，合作双方的资源是否能够得到最优化的配置"。

对于双向资源依赖的相关认识和理解的部分访谈记录内容整理如下：

“我们企业与合作伙伴之间建立起资源依赖的关系是基于资源互为需要，彼此都能够提供对方所需要的资源，形成资源优势互补关系”；“资源依赖关系持续稳定的前提是资源依赖双方之间是对等的依赖关系，即合作双方都对彼此的资源有所依赖，且依赖是对称的，不存在一方高或一方低的依赖关系”；“资源依赖要看所依赖资源的性质，如果合作双方都拥有对方所稀缺的资源，而且这种稀缺资源是不可模仿、不可替代的，那么这种资源不仅可以给合作双方带来不可分离的依赖关系，还可以带来更好的合作绩效”；“资源依赖关系更多地表现为‘强强联手’，通过合作提升各自的价值创造能力，实现强者愈强的合作目标”；“合作双方在合作过程中能够步调一致，协调统一，有效地解决合作中遇到的难题，较好地完成各阶段的合作任务”；“我们之间的依赖不是仅仅针对某项技术的依赖，而是基于知识、技术、资源等的共同依赖”；“双方投入的都是具有竞争力的资源，进而导致合作的过程具有复杂性，也进一步加强了双方的资源依赖关系”。

对于协同效应的相关认识和理解的部分访谈记录内容整理如下：

“协同效应是合作组织追求的主要目标，如果合作双方资源互补程度越高，期望净现值越多，就会产生越大的互补效应。另外，合作还能够有效地降低新技术的研发成本和市场的开拓成本，促进协同效应的实现”；“协同效应的实现取决于合作双方异质性资源的凝聚所能够激发出的价值创造潜能。如果合作各方都在合作中提升了自己的价值创造能力，那么合作双方均会进一步增加核心资源的投入力度，以实现更大的合作绩效”；“我们与合作伙伴在资源、信息等方面的高效、实时的共享为协同活动的开展提供了保障，极大地提高了新技术、新产品的研发效率和成功率”；“资源的充分、有效使用需要确保人与人、各项资源、组织功能之间以合理的结构形式组合在一起，缩短技术研发周期，进而带来集成效应”；“学习力是组织获得竞争力的一项重要能力，管理层在组织学习力的构建中扮演着十分重要的角色，不仅要重视研发投入，还要重视员工教育、培训等的投入”；“我们会以定期与合作方进行交流和讨论的方式来进一步了解产品研发动态以及市场最新信息。这是一个互相学习的过程，是一项投资，而不是成本”。

5.1.2.2 *初始题项筛选*

访谈结束后，由研究小组对访谈记录内容进行整理、归纳，并且结合相关的文献研究成果，根据已有构念的内容和结构提炼出 36 条初始测量题项，邀请从事管理学领域研究的三位高校专家学者对初步提炼出的 36 条测量题项进行评估。评估的过程采取“背靠背”的方式，遵循“少数服从多数”的原则。

首先由每一位专家单独对初始测量题项进行增减修改，提出自己的修改意见；然后由研究小组成员将三位专家的各自评估结果汇集在一起，对于三位专家都否定的题项做删除处理；而对存在争议的题项，保留两位专家以上同意的题项。最后研究小组成员对专家评估结果进行讨论，确定最终初始测量题项。①显性隔离题项由7项变为5项，合并意思相近的题项，将题项“本组织在专业技术领域已申请多项专利”与“本组织的关键性技术受到国家法律的保护”合并为一项，将题项“本组织生产的产品在该领域处于领先地位”“本组织拥有优秀的本领域研究的专业技术人才”与“本组织具有先进的研发实验室”合并为“本组织具有合作伙伴所不具有的业务优势”一项，并增加了一个题项“本组织与合作伙伴之间能够顺利开展合作工作”；②隐性隔离题项由6项变为4项，合并意思相近的题项，修改表述不清晰或不合理的题项，将题项“本组织高层管理者具有较强的洞察力及长远的战略眼光”“本组织的管理者具有较强的沟通协调能力”与“本组织的管理者具有较强的处理各种关系的能力”合并为“本组织高层管理者具有敏锐的洞察力、长远的战略眼光及较强的沟通协调能力”一项，将题项“本组织的员工具有较强的学习能力”与“本组织的专业技术人员具有丰富的研发经验和研发专长”合并为“本组织的专业技术人员具有丰富的研发经验、研发专长和学习能力”一项，将题项“本组织鼓励创新的文化氛围”修改为“本组织的资源或能力是众多资源或能力的复杂协调”，增加了题项“本组织与合作伙伴间的知识流动不会受到阻碍”；③结构依赖题项数目增加一项，增加的题项为“本组织与合作伙伴在合作过程中是不可替代的关系”；④过程依赖题项数目不变，合并意思相近的题项，将题项“本组织与合作伙伴在合作过程中都能贡献给对方所稀缺的资源”与“合作方所贡献的稀缺资源是不可模仿、不可替代的”合并，并增加一项“合作双方分工越复杂，合作越紧密”；⑤互补效应题项由5项变为4项，删除与量表关联不大的两个题项“合作双方异质性资源的聚集能够激发价值创造潜力”和“合作双方都会加大核心资源投入力度”，增加一个题项“互补程度越大，合作研发越深入”；⑥集成效应题项由5项变为4项，将题项“合作研发使得技术开发成功率得到很大提高”和“合作研发使得技术开发周期大大缩短”合并，修改为“合作研发提高了合作各方的技术水平”，修改表达不准确的题项“合作研发中相关的数据、资源等得到高效、实时的共享”为“合作双方异质性资源的融合能够激发价值创造潜力”；⑦学习效应题项由5项变为4项，删减意思相近题项“合作双方定期进行交流和讨论，来进一步了解产品研发动态和市场最新信息”。

5.1.3 变量初始测量题项

5.1.3.1 隔离机制的测量题项

隔离机制是本书的自变量，由第3章案例分析可知，隔离机制可以有显性资源和隐性资源两种来源，进而产生显性隔离和隐性隔离两种隔离类型。显性隔离是由知识产权、商标、专有资产等具有隔离特征的显性资源所形成的保护壁垒，主要表现为技术隔离和市场隔离等；隐性隔离是由经验、专长、技能等具有隔离特征的隐性资源所形成的保护壁垒，主要表现为能力隔离和知识隔离等。由于显性隔离与隐性隔离是本书定义的两个新变量，还没有相应的可以借鉴的测量量表。根据戴维·贝赞可（1999）、Rumelt（1984）、Mahoney 和 Padian（1992）、Amit 和 Schoemaker（1993）、Minyoung Kim（2016）、项保华（2004）、罗珉（2015）等学者对隔离机制的维度及其影响因素的相关研究，结合访谈记录内容，本书通过显性隔离和隐性隔离两个维度来对隔离机制进行测量，如表5-2所示。

表5-2 隔离机制量表

变量	题项编号	题项内容	来源
显性隔离	XG1	本组织在专业技术领域已申请多项专利	本书自行设计
	XG2	本组织具有合作伙伴所不具有的业务优势	
	XG3	本组织具有良好的商誉与市场影响力	
	XG4	本组织受到国家或地方政府的大力支持	
	XG5	本组织与合作伙伴能够顺利开展合作工作	
隐性隔离	YG1	本组织高层管理者具有敏锐的洞察力、长远的战略眼光及较强的沟通协调能力	
	YG2	本组织的专业技术人员具有丰富的研发经验、研发专长和学习能力	
	YG3	本组织的资源或能力是众多资源或能力的复杂协调	
	YG4	本组织与合作伙伴间的知识流动不会受到阻碍	

5.1.3.2 双向资源依赖的测量题项

双向资源依赖是本书的中介变量。双向资源依赖是指合作研发双方资源相互依赖，而且是一种对称性依赖。双向资源依赖是根据本书研究的特定情境定义的新变量，还没有相应的量表开发。但是双向依赖属于资源依赖范畴，可视为资源依赖的一种特定情境。有关资源依赖的研究，国外学者的主要贡献体现在理论探索方面，在实证研究方面还比较少见。Thompson（1967）在他的著作《行为组织：行政管理理论的社会科学基础》中提出资源依赖的内生性和外生性，同时指出外生性资源依赖取决于合作双方的分工复杂性和重复性。Pfeefer和Nowak（1976）将资源依赖划分为重要性、不可替代性和价值性三个维度。Madhok和Tellman（1998）从资源的角度将资源依赖划分为结构依赖（structure dependence）和过程依赖（process dependence）两个维度。之后，国内外学者对结构依赖和过程依赖进行了探讨。Dyer和Singh（1998）认为资源结构依赖与资源的专用性有关。Gulati和Singh（1998）认为资源过程依赖与合作双方的分工复杂性有关。我国学者贾华生、吴波等（2007）和龙勇、付建伟（2011）在国外学者研究的基础上，设计了资源结构依赖和资源过程依赖的测量量表，并通过了实证检验。吕晖、叶飞等（2010）设计了资源依赖的3个测量题项，并进行了实证检验。本书借鉴上述学者的研究成果，结合访谈记录内容，进行相应的情境转换，设计了相应的双向资源依赖量表，如表5-3所示。

表5-3 双向资源依赖量表

变量	题项编号	题项内容	来源
结构依赖	JL1	本组织与合作伙伴可借助双方优势资源达到优势互补的效果	Thompson（1967）；Pfeef和Nowak（1976）；Madhok和Tellman（1998）；Gulati和Singh（1998）；贾华生、吴波等（2007）；龙勇、付建伟（2011）；吕晖、叶飞等（2010）
	JL2	本组织与合作伙伴在合作过程中是不可替代的关系	
	JL3	本组织与合作伙伴之间的依赖关系是对等的，不存在一方高于或低于另一方的情况	
	JL4	本组织与合作伙伴所贡献的资源都是双方所需要的	
	JL5	合作双方互为资产专用	
过程依赖	GL1	本组织与合作伙伴在合作过程中都能贡献给对方所稀缺的资源	
	GL2	本组织与合作伙伴在合作过程中能够步调统一，协调一致	
	GL3	本组织与合作伙伴在合作过程中产生了不可分离的依赖关系	
	GL4	合作双方分工越复杂，合作越紧密	

5.1.3.3 协同效应的测量题项

协同效应是本书的因变量。李彬、潘爱玲（2014）从“内部结构—生成机理—收益分配”三方面构建出企业集团母子公司协同效应的三维结构分析框架。邱国栋、白景坤（2007）从价值生成的视角提出了协同效应是由共用效果、互补效果和同步效果中的一种或几种效果组成的观点。可见，基于不同研究问题或不同视角，协同效应可以有不同维度的划分。本书通过案例分析得出协同效应可以划分为互补效应、集成效应和学习效应三个维度。互补效应是指使用显性资源实现的协同效应，能够使合作双方产生互相补充、彼此增强的效果。王凤彬、杨阳（2013）提出互补效应可以表现为成本降低和销售额提高两个方面。集成效应是指企业间相关要素经过融合、优化后以最合理的结构形式组合在一起，产生“1+1>2”的协同效应，是对有形资源或无形资源获取、使用和整合的过程（卞建平，2006）。王国红、邢蕊等（2010）认为集成效应可以表现为合作关系的形成和资源吸收与整合两个方面。学习效应是指合作中有形资源或无形资源共享引起隐性知识的溢出所产生的效应，主要表现为学习意愿与学习投入两个方面（Caloghirou，Kastelli，Tsakanikas，2004），学习意愿是学习效应产生的条件，而学习投入决定了学习效应产生的效果。本书从学习意愿和学习投入两个方面来设计学习效应的测量量表。学习意愿的测量研究已经比较成熟，本书主要参照 Hamel（1991）、Baker 和 Sinkula（1999）、Simonin（2004）的研究成果。学习投入的测量主要参照 Doug Guthrie（2005）、Presutti 等（2011）、阎海峰和程鹏等（2010）、薛卫和雷家骕等（2010）、王雷（2013）的研究成果。本书对于互补效应和集成效应的测量量表的设计是根据已有相关研究的观点并结合访谈记录内容自行设计，对于学习效应的测量量表的设计是根据学者们的相关研究成果并结合访谈记录内容而进行相应的情境转换设计。协同效应量表如表 5-4 所示。

表 5-4 协同效应量表

变量	题项编号	题项内容	来源
互补效应	HX1	通过合作研发能够获得本组织不具备的资源	本书自行设计
	HX2	合作降低了新技术研发或市场开拓的成本	
	HX3	合作双方资源互补程度越高，期望净现值越大	
	HX4	互补程度越高，合作研发越深入	

表5-4(续)

变量	题项编号	题项内容	来源
集成效应	JX1	合作双方异质性资源的融合能够激发价值创造潜力	本书自行设计
	JX2	合作研发中人与人、资源、组织功能等之间以最合理的结构形式组合在一起	
	JX3	合作研发提高了各方的技术水平	
	JX4	集成带来了更加紧密的合作关系	
学习效应	XX1	本组织管理层十分重视组织的学习能力	Hamel（1991）；Baker 和 Sinkula（1999）；Simonin（2004）；Doug Guthrie（2005）；PresuttiM 等(2011)；阎海峰、程鹏等(2010)；薛卫、雷家骕等(2010)；王雷（2013）
	XX2	本组织通过激励机制来提高员工的学习热情	
	XX3	本组织每年投入一定比例的资金对员工进行再教育和培训	
	XX4	本组织的研究开发投入逐年增加	

5.1.3.4 控制变量的测量

本书选择组织性质、组织规模、组织年限和行业类型四个变量作为本书研究的控制变量。这些变量可能会影响合作研发双方协同效应的实现。①组织性质。不同性质的组织在经营目标、运营模式、资源来源等方面都有明显的差异。王艳等（2011）认为国有性质的组织与政府的关系比较密切，可以获得更多的政策倾斜和稀有资源的分配，因此国有性质的组织较非国有性质的组织更易获得创新资源，对于协同活动的开展更有利，进而会影响合作研发协同效应的实现。②组织规模。巴特·诺特鲍姆（2005）认为组织规模与组织的创新效率存在相关性。企业规模也会对研发投入带来影响（唐曼萍、李后建，2019）。因此组织规模的大小会对合作双方的协同活动带来影响，进而影响协同效应的实现。③组织年限。组织年限的长短能够反映组织的经验、关系资本以及管理能力的差异。Bantel（1998）指出组织年龄的不同决定了组织内部资源和能力水平的不同，成立时间短的组织面临的风险越大（Stam & Elfring，2008）。因此，在合作研发中，双方的协同活动效果会受到组织年限的影响，进而影响协同效应的实现。④行业类型。不同行业所需要的知识及其复杂程度都是不同的（张坤，2019），而且也会影响组织的创新绩效（王炯，2006），这也势必会影响研发双方协同合作的顺利开展，进而影响协同效应的实现。因此 Zahra 等（2002）提出应该将行业类型作为控制变量进行控制。

5.2 量表预测试

本书确定的初始变量量表主要通过两种方式获得，一种方式是参照已有的成熟量表，并结合现实研究情境进行情境转换而获得；另一种方式是参照已有的理论研究成果，并结合现实研究情境自行设计。无论是情境转换还是自行设计，得到的量表都不是成熟的量表，因此，本书需要对设计出的量表进行预测试，通过信度与效度分析来判断量表的可信度与有效性，以保证第 6 章的实证分析工作能够顺利进行。

5.2.1 预测试样本的选择与数据收集

根据量表设计思路，对已经设计好的量表进行预测试。预测试样本的来源主要是正在高校就读的高级管理人员工商管理硕士（executive master of business administration，EMBA）和工商管理硕士（master of business administration，MBA）学员，这些学员现均是各行业不同所有制企业的管理人员或技术人员。根据本书的研究需要，在这些 EMBA 或 MBA 学员中选择正在从事合作研发工作或有过合作研发经历的人员，对以上人员进行了现场一对一问卷调研，所涉及的行业领域包括：石油化工、汽车制造、通信技术、商业贸易、物流运输、钢铁制造等。通过小样本测试来检验量表的信度和效度，及时发现设计出的量表存在的不足之处，及时改正，以便确保大样本测试的顺利开展。

量表预测试于 2018 年 3 月 5 日至 4 月 5 日开展，历时一个月的时间。根据已经设计好的量表编制出相应的调查问卷，在 3 所高校进行，统计符合调查要求的学员数量，最后总共发放了 120 份调查问卷。这些学员的工作岗位包括：董事长、总经理、副总经理、部门经理、相关技术人员等，他们的观点对本研究的实证检验具有很高的参考价值，因为和普通员工相比，他们能够更加清晰地了解本企业的合作研发状况，同时也能够更好地解读本研究的目的。

问卷的发放工作在得到了 3 所高校的 MBA 学院的同意后，选择学员集中上课的时间进行。为了避免有人重复填写问卷，调查问卷是按照事先确定好的人数来实数发放的。在学员填写问卷之前，对调查问卷发放的目的、调查问卷的结构以及相关概念均进行了详细的解释，保证答卷人员对调查问卷的内容能够有清晰的理解。对不清晰或模糊的地方均进行了现场解答，并向被调研学员承诺，此调查问卷仅用于学术研究，不涉及个人隐私信息，之后要求学员进行现场独立作答。本次调研依次在 3 所高校分别发放调查问卷各 40 份，合计发放调查问卷 120 份，全部收回。为了保证数据质量，对回收的问卷还进行了筛选，筛选的基本原则是：

（1）对被调研者中非管理者或与合作研发无关的工作人员的问卷，予以删除。

（2）对问卷主体部分有漏答题项现象的问卷，予以删除。

（3）对回答有明显的规律，如全部题项，均选择同一选项的问卷，予以删除。

（4）本问卷全部题项都是单选题，发现有多重选择的问卷，予以删除。

经过筛选后，最终得到有效问卷 106 份，回收有效率是 88.3%。本次预测试样本基本情况如表 5-5 所示。

本次预测试样本组织的基本情况如下：①组织行业分布。电子通信占 16.0%，汽车占 15.1%，化工占 33.0%，教育占 15.1%，其他占 20.8%。②组织性质。国有企业占 31.1%，合资企业占 12.3%，外商独资企业占 11.3%，民营企业占 31.1%，大学/科研院所占 14.2%。③组织人数。50 人以下占 10.3%，51~150 人占 26.4%，151~300 人占 15.1%，301~500 人占 14.2%，500 人以上占 34.0%。④组织成长年限。1~3 年占 33.1%，3~5 年占 33.1%，5~10 年占 21.7%，10~20 年占 5.6%，20 年以上占 8.5%。⑤组织合作类型。跨行业合作占 23.6%，竞争者合作占 21.7%，产学研合作占 34.9%，供应链合作占 11.3%，其他类合作占 8.5%。

表 5-5　预测试样本基本情况统计表

变量	分类	计数	百分比/%
组织行业分布	电子通信	17	16.0
	汽车	16	15.1
	化工	35	33.0
	教育	16	15.1
	其他	22	20.8
组织性质	国有企业	33	31.1
	合资企业	13	12.3
	外商独资企业	12	11.3
	民营企业	33	31.1
	大学/科研院所	15	14.2

表5-5(续)

变量	分类	计数	百分比/%
组织人数	50 人以下	11	10.3
	50~150 人	28	26.4
	151~300 人	16	15.1
	301~500 人	15	14.2
	500 人以上	36	34.0
组织成长年限	1~3 年	33	31.1
	3~5 年	35	33.1
	5~10 年	23	21.7
组织成长年限	10~20 年	6	5.6
	20 年以上	9	8.5
组织合作类型	跨行业合作	25	23.6
	竞争者合作	23	21.7
	产学研合作	37	34.9
	供应链合作	12	11.3
	其他	9	8.5

5.2.2 因子分析以及信度和效度分析的评价标准

5.2.2.1 因子分析

为了量表内容的有效性，本书采用探索性因子分析对量表题项的合理性、解释力度进行分析，并对量表的内部结构和维度进行检验。本书使用 SPSS22.0 软件作为分析工具进行探索性因子分析。首先根据 KMO（Kaiser-Meyer-Olykin）和巴特尔球形检验（Bartlett test of sphericity）结果，来判断量表数据是否适合做因子分析。根据统计学阈值设定要求，KMO 值结果在 0.9 以上，表示非常适合做因子分析；结果落在 0.8~0.9 之间，表示很适合进行因子分析；结果落在 0.7~0.8 之间，表示适合做因子分析；结果落在 0.6~0.7 之间，表示比较适合进行因子分析；在 0.6 以下，表示不太适合做因子分析。巴特尔球形检验的显著性概率小于或等于显著性水平时，即 0.005 这个值，表示适合进行因子分析（马庆国，2002）。然后采用最大差值法（Vari max）进行因子旋转，对因子负荷小于 0.5 的测量条款进行删除，只提取特征值大于 1

的因子，只有当测量条款的因子负荷量均大于 0.5，并且累积方差解释百分比值大于 50%的时候，才表明测量量表条款具有比较好的内部结构效度。

5.2.2.2 信度分析

量表的信度和效度分析，是做好后期大样本实证检验的前提性、保障性工作。信度（reliability）是检验量表的可靠性、一致性和稳定性的重要指标，重点关注测量条款间的“内部一致性”，本书的信度测量指标采用 Cronbach'sα 系数，信度系数越高说明量表的一致性、稳定性和可靠性越好，越能够独立测量某一个变量。Nunnally（1978）的研究表明，如果变量的 Cronbach's α 系数大于 0.7，表示测量结果的信度较高；当 Cronbach's α 系数大于 0.5 小于 0.7，表明信度在可接受的范围内；当 Cronbach's α 系数小于 0.4，则认为信度偏低。根据 Cronbach's α 系数计算结果来对测量题项进行筛选，保留信度高的题项，删除信度低的题项。

5.2.2.3 效度分析

效度是反映量表是否能够准确测量出所要测量内容的程度，题项内容越符合所测内容，说明样本的内容效度越高，调查问卷的质量是保障测量效度的关键。研究两个变量间是否有关联性的论证力度通常用内部效度（internal validity）来测量，一项研究的内部效度很高，说明变量间关联的命题在特定的假设前提下是成立的，但是当研究条件发生变化，该命题是否还成立呢？这就引入了外部效度概念（external validity），外部效度就是用来论证已经证明的假设可以推广的程度，从而明确假设所涉及的变量之间关联关系的适用范围和适用环境。

不管是内部效度还是外部效度，所研究的内容基本相同，均包含四项，即假设效度、变量设计效度、观察方法效度和数据效度。其中数据效度是效度评价的关注重点，包括数据的真实性、时间序列的一致性、空间范围的一致性、变量间关系推论过程的正确性。因此，数据效度的评价，首先需要判断数据的可靠性，其次是判断作用的时间顺序和空间范围是否正确，最后是分析统计推断的关联效应是否和研究假设的预期判断相吻合。

判断数据的可靠性，重点关注测量的量表是否能够涵盖所有需要测量的变量，这就要检验量表是否能够对测量对象所包含的主要方面进行足够的覆盖。为此，本书的量表主要是通过对调研访谈的总结以及专家咨询和研究小组讨论的方法设定，变量量表设计完成后，再进行预测试，并根据预测试的数据分析结果，对量表进行再次修订，就是要保证量表的内容效度，从而实现量表的内容可以充分的涵盖需要测量的变量的内容。

分析统计推断的关联效应是否和研究假设的预期相符，涉及收敛效度（convergent validity）和区别效度（discriminant validity），收敛效度是指对某一特质、观念，用不同的方法去测量会有相同的结果，也就是说，用此指标来检验相同构面的题目彼此之间是否具有较高的相关性，平均方差提取量（averagevariance extracted，AVE）是统计学对收敛效度衡量的常用方法。区分效度是衡量不同构面之间在理论上是否具有足够的辨析度，也就是说，构面之间的相关性不可以太高，相关性可以用构面 AVE 的平方根数值和此构面与其他构面的相关性数值，通过两者的比较来判断（Fornell-Larcker，1981）。

5.2.3 预测试结果分析

5.2.3.1 预测试样本数据的描述性统计分析

对预测试样本数据的分析主要是为了检验本书设计的量表的可信度和有效性，而不进行变量之间关系的检验。在对量表进行探索性因子分析、信度和效度分析之前，本书首先对预测试样本数据进行描述性统计分析。利用 SPSS22.0 软件来计算预测试样本数据的均值、标准差、偏度以及峰度的数值（结果见表 5-6）。结果显示，数据偏度在-0.719 至 0.08 之间，绝对值小于 3；数据峰度在-1.439 至 0.072 之间，绝对值小于 10。偏度和峰度的结果基本满足要求，由此可见，预测试样本数据服从正态分布（Kline，2000）。

表 5-6 预测试样本数据描述性统计（N=106）

测量条款	样本数量（N）	平均值	标准差	方差	偏度		峰度	
					统计值	标准差	统计值	标准差
XG1	106	3.537 7	1.188 63	1.413	-0.629	0.235	-0.467	0.465
XG2	106	3.603 8	1.176 59	1.384	-0.719	0.235	-0.25	0.465
XG3	106	3.207 5	1.336 07	1.785	-0.438	0.235	-1.06	0.465
XG4	106	3.226 4	1.311 36	1.72	-0.378	0.235	-0.981	0.465
XG5	106	2.698 1	1.388 18	1.927	0.08	0.235	-1.439	0.465
YG1	106	3.556 6	1.179 83	1.392	-0.493	0.235	-0.659	0.465
YG2	106	3.594 3	1.263 24	1.596	-0.665	0.235	-0.535	0.465
YG3	106	3.207 5	1.314 51	1.728	-0.393	0.235	-0.983	0.465
YG4	106	3.207 5	1.307 25	1.709	-0.394	0.235	-1.027	0.465
JL1	106	3.132 1	1.394 38	1.944	-0.197	0.235	-1.237	0.465
JL2	106	3.273 6	1.327 6	1.763	-0.394	0.235	-1.032	0.465

表5-6(续)

测量条款	样本数量(N)	平均值	标准差	方差	偏度		峰度	
					统计值	标准差	统计值	标准差
JL3	106	3. 358 5	1. 422 2	2. 023	−0. 355	0. 235	−1. 235	0. 465
JL4	106	3. 188 7	1. 401 45	1. 964	−0. 238	0. 235	−1. 172	0. 465
JL5	106	3. 264 2	1. 475 53	2. 177	−0. 197	0. 235	−1. 393	0. 465
GL1	106	3. 830 2	1. 222 58	1. 495	−1. 007	0. 235	0. 072	0. 465
GL2	106	3. 688 7	1. 252 53	1. 569	−0. 928	0. 235	−0. 088	0. 465
GL3	106	3. 717	1. 292 87	1. 672	−0. 694	0. 235	−0. 677	0. 465
GL4	106	3. 556 6	1. 338 66	1. 792	−0. 67	0. 235	−0. 709	0. 465
HX1	106	3. 471 7	1. 318 06	1. 737	−0. 573	0. 235	−0. 854	0. 465
HX2	106	3. 405 7	1. 343 61	1. 805	−0. 563	0. 235	−0. 88	0. 465
HX3	106	3. 349 1	1. 316 87	1. 734	−0. 519	0. 235	−0. 865	0. 465
HX4	106	3. 264 2	1. 361 39	1. 853	−0. 378	0. 235	−1. 127	0. 465
JX1	106	3. 594 3	1. 169 28	1. 367	−0. 578	0. 235	−0. 531	0. 465
JX2	106	3. 415 1	1. 278 9	1. 636	−0. 517	0. 235	−0. 772	0. 465
JX3	106	3. 160 4	1. 303 01	1. 698	−0. 277	0. 235	−1. 024	0. 465
JX4	106	3. 188 7	1. 360 06	1. 85	−0. 165	0. 235	−1. 117	0. 465
XX1	106	3. 198 1	1. 190 6	1. 418	−0. 324	0. 235	−0. 827	0. 465
XX2	106	3. 113 2	1. 197 78	1. 435	−0. 29	0. 235	−0. 875	0. 465
XX3	106	3. 424 5	1. 249 37	1. 561	−0. 646	0. 235	−0. 527	0. 465
XX4	106	3. 245 3	1. 285 9	1. 654	−0. 417	0. 235	−0. 91	0. 465

5. 2. 3. 2　预测试样本数据的探索性因子分析

为了检验量表结构设计的合理性，本书采用探索性因子分析方法对预测试样本数据进行分析，检验量表中变量的维度结构是否符合预期以及各变量的测量题项是否存在交叉重合。首先进行预测试样本数据的 KMO 和 Bartlett 球形检验（见表 5-7），根据 KMO 和 Bartlett 球形检验的结构来判断预测试样本数据是否适合进行探索性因子分析。结果显示，KMO 值为 0. 796，Bartlett 球形检验卡方值为 2 073. 716，显著性概率为 0. 000。由于 KMO 值在 0. 7~0. 8 之间，接近 0. 8，并且 Bartlett 球形检验的显著性水平小于 0. 005，结果表明，预测试样本数据适合做探索性因子分析。

表 5-7　预测试样本 KMO 和 Bartlett 球形检验结果

KMO 值	0.796
Bartlett 球形度检验卡方值	2 073.716
显著性	0.000

预测试样本数据的探索性因子分析（见表 5-8）采用主成分分析方法，提取 7 个公共因子，其特征值均大于 1。7 个公共因子的特征值分别是：8.043、3.536、2.620、2.403、2.096、1.533、1.239，7 个公共因子的累积方差解释百分比为 71.565%，说明 7 个公共因子能够较好地解释样本数据。根据本书提出的基于 7 个潜变量研究的理论假设，这 7 个潜变量分别是：显性隔离、隐性隔离、结构依赖、过程依赖、互补效应、集成效应和学习效应。预测试数据探索性因子分析的结果显示，量表所涉及的研究变量数量与探索性因子分析归类出的因子数量是一致的，说明初始量表总体结构维度是合理的。

表 5-8　预测试样本数据探索性因子分析

因子	初始特征值			提取载荷平方和			旋转载荷平方和		
	总计	方差百分比	累计百分比	总计	方差百分比	累计百分比	总计	方差百分比	累计百分比
1	8.043	26.809	26.809	8.043	26.809	26.809	3.363	11.211	11.211
2	3.536	11.785	38.595	3.536	11.785	38.595	3.226	10.753	21.964
3	2.62	8.735	47.329	2.62	8.735	47.329	3.131	10.438	32.401
4	2.403	8.009	55.338	2.403	8.009	55.338	3.031	10.103	42.505
5	2.096	6.987	62.325	2.096	6.987	62.325	3.003	10.011	52.516
6	1.533	5.109	67.435	1.533	5.109	67.435	2.934	9.779	62.296
7	1.239	4.13	71.565	1.239	4.13	71.565	2.781	9.269	71.565
8	0.939	3.131	74.696						
9	0.845	2.817	77.514						
10	0.735	2.449	79.962						
11	0.691	2.302	82.264						
12	0.564	1.88	84.145						
13	0.537	1.789	85.933						
14	0.48	1.602	87.535						

表5-8(续)

因子	初始特征值			提取载荷平方和			旋转载荷平方和		
	总计	方差百分比	累计百分比	总计	方差百分比	累计百分比	总计	方差百分比	累计百分比
15	0.463	1.545	89.08						
16	0.419	1.396	90.476						
17	0.387	1.291	91.767						
18	0.338	1.127	92.894						
19	0.29	0.968	93.863						
20	0.281	0.937	94.8						
21	0.257	0.856	95.656						
22	0.242	0.807	96.463						
23	0.21	0.699	97.162						
24	0.175	0.584	97.746						
25	0.162	0.54	98.287						
26	0.152	0.506	98.793						
27	0.136	0.453	99.246						
28	0.089	0.298	99.545						
29	0.077	0.256	99.8						
30	0.06	0.2	100						

注：提取方法为主成分分析。

本书采用最大方差法对因子载荷矩阵进行正交旋转，用来检验公共因子的各测量题项的解释力度。预测试样本数据旋转后因子载荷矩阵分析结果如表5-9所示。在分析中发现，测量题项XG5的因子载荷为0.453，JL5的因子载荷为0.456，根据测量题项筛选标准，因子载荷小于0.5的测量题项要删除。除此之外，在测量题项之间没有出现交叉重叠或位置错乱的现象，说明测量题项对相应的因子的影响显著，题项所涉及的内容与需要研究的潜变量有很强的相关性。

表 5-9　预测试样本数据旋转后因子载荷矩阵

变量名	1	2	3	4	5	6	7
HX3	0. 853	0. 079	0. 129	0. 049	0. 156	0. 103	0. 052
HX4	0. 843	−0. 046	0. 044	0. 054	0. 095	0. 098	0. 209
HX2	0. 769	0. 228	0. 055	0. 123	0. 237	0. 18	0. 03
HX1	0. 707	0. 15	−0. 018	0. 091	0. 261	0. 082	0. 268
XG1	0. 025	0. 815	0. 049	0. 167	0. 062	0. 007	0. 069
XG2	−0. 033	0. 811	−0. 002	0. 063	−0. 001	−0. 022	−0. 047
XG4	0. 196	0. 806	0. 007	−0. 114	0. 089	0. 183	0. 279
XG3	0. 297	0. 764	0. 024	−0. 199	0. 105	0. 206	0. 232
XG5	0. 105	0. 453	0. 045	−0. 281	0. 23	0. 321	0. 2
XX3	−0. 017	−0. 053	0. 874	0. 117	0. 127	0. 118	0. 107
XX2	0. 009	0. 085	0. 832	0. 099	0. 188	0. 064	−0. 114
XX1	0. 085	0. 087	0. 801	0. 272	0. 174	0. 216	0. 121
XX4	0. 196	−0. 009	0. 788	0. 119	0. 244	0. 12	0. 156
YG3	0. 102	−0. 124	0. 07	0. 856	0. 136	0. 206	0. 082
YG4	0. 169	−0. 126	0. 136	0. 829	0. 087	0. 191	0. 146
YG1	0. 006	0. 136	0. 1	0. 748	−0. 064	−0. 056	0. 047
YG2	0. 042	0. 035	0. 218	0. 702	0. 128	−0. 04	0. 099
GL2	0. 141	0. 068	0. 252	−0. 043	0. 799	−0. 158	0. 1
GL4	0. 333	0. 004	0. 222	0. 005	0. 796	0. 009	0. 117
GL1	0. 049	0. 112	0. 232	0. 155	0. 765	0. 071	0. 175
GL3	0. 225	0. 106	0. 075	0. 14	0. 762	0. 132	0. 053
JX4	0. 184	0. 026	0. 07	0. 084	−0. 052	0. 805	0. 124
JX2	0. 171	0. 152	0. 12	0. 077	−0. 04	0. 799	0. 036
JX3	−0. 048	0. 271	0. 043	0. 126	−0. 02	0. 789	0. 112
JX1	0. 084	−0. 113	0. 241	−0. 051	0. 187	0. 72	−0. 108
JL3	0. 179	0. 072	0. 153	0. 216	−0. 024	−0. 016	0. 783
JL1	0. 342	0. 155	0. 041	0. 146	0. 152	0. 029	0. 76
JL2	0. 11	0. 231	0. 053	0. 216	0. 151	0. 235	0. 685
JL4	0. 362	0. 297	0. 136	0. 089	0. 218	0. 018	0. 641
JL5	−0. 245	−0. 072	−0. 076	−0. 235	0. 104	0. 011	0. 456
提取方法：主成分分析法							
旋转方法：Kaiser 标准化最大方差法							
α 旋转在第 6 次迭代后已收敛							

因此，本书删除 XG5 和 JL5 两个测量题项后，将对修改后的预测试样本数据进行探索性因子分析。首先对修改后的预测试样本数据进行探索性因子分析（见表 5-10），KMO 值为 0.807，Bartlett 球形检验卡方值为 2 015.702，显著性水平为 0.000。KMO 值与 Bartlett 球形检验显著性都符合检验标准。

表 5-10　修改后的预测试样本 KMO 和 Bartlett 球形检验结果

KMO 值	0.807
Bartlett 球形度检验卡方值	2 015.702
显著性	0.000

采用主成分分析法对修改后的预测试样本数据进行因子提取，没有出现自成一个因子的题项，共提取出 7 个特征值都大于 1 的公共因子，特征值分别为：7.89、3.35、2.61、2.325、2.088、1.419、1.217，7 个因子的累计方差解释百分比为 74.639%，说明 7 个因子能够很好地解释样本数据。修改后的预测试样本数据探索性因子分析结果如表 5-11 所示。

表 5-11　修改后的预测试样本数据探索性因子分析

因子	初始特征值			提取载荷平方和			旋转载荷平方和		
	总计	方差百分比	累计百分比	总计	方差百分比	累计百分比	总计	方差百分比	累计百分比
1	7.89	28.178	28.178	7.89	28.178	28.178	3.221	11.504	11.504
2	3.35	11.965	40.143	3.35	11.965	40.143	3.097	11.059	22.563
3	2.61	9.32	49.462	2.61	9.32	49.462	2.975	10.627	33.19
4	2.325	8.303	57.765	2.325	8.303	57.765	2.939	10.495	43.685
5	2.088	7.459	65.224	2.088	7.459	65.224	2.915	10.411	54.096
6	1.419	5.069	70.293	1.419	5.069	70.293	2.898	10.348	64.445
7	1.217	4.346	74.639	1.217	4.346	74.639	2.854	10.194	74.639
8	0.846	3.022	77.661						
9	0.706	2.523	80.184						
10	0.623	2.226	82.41						
11	0.582	2.077	84.487						
12	0.539	1.925	86.412						
13	0.472	1.687	88.099						

表5-11(续)

因子	初始特征值			提取载荷平方和			旋转载荷平方和		
	总计	方差百分比	累计百分比	总计	方差百分比	累计百分比	总计	方差百分比	累计百分比
14	0.425	1.517	89.616						
15	0.389	1.391	91.007						
16	0.344	1.228	92.235						
17	0.293	1.048	93.283						
18	0.29	1.037	94.319						
19	0.257	0.919	95.238						
20	0.246	0.88	96.118						
21	0.22	0.785	96.903						
22	0.179	0.638	97.541						
23	0.167	0.597	98.138						
24	0.154	0.551	98.689						
25	0.137	0.488	99.178						
26	0.093	0.331	99.508						
27	0.077	0.274	99.783						
28	0.061	0.217	100						
提取方法：主成分分析法									

采用最大方差法进行因子旋转（见表5-12），各测量题项的因子载荷均大于0.5，没有出现交叉载荷高于0.4的题项，也没有出现在多个因子上的因子载荷均大于0.5的题项。由旋转后的因子载荷结果可以看出，测量题项XG1、XG2、XG3、XG4与显性隔离具有较强的关联性；YG1、YG2、YG3、YG4与隐性隔离具有较强的关联性；JL1、JL2、JL3、JL4与结构依赖具有较强的关联性；GL1、GL2、GL3、GL4与过程依赖具有较强的关联性；HX1、HX2、HX3、HX4与互补效应具有较强的关联性；JX1、JX2、JX3、JX4与集成效应具有较强的关联性；XX1、XX2、XX3、XX4与学习效应具有较强的关联性。分析结果表明，所有量表的潜变量及其测量条款的设计均是合理的。

表 5-12　修改后的预测试样本数据旋转后因子载荷矩阵

变量名	1	2	3	4	5	6	7
HX3	0.859	0.133	0.142	0.059	0.096	0.061	0.089
HX4	0.836	0.043	0.093	-0.056	0.243	0.051	0.096
HX2	0.779	0.058	0.229	0.219	0.069	0.127	0.175
HX1	0.727	-0.014	0.249	0.156	0.264	0.096	0.075
XX3	-0.031	0.87	0.132	0.048	0.131	0.115	0.117
XX2	0.018	0.834	0.189	0.09	-0.102	0.104	0.066
XX1	0.099	0.804	0.165	0.087	0.122	0.283	0.208
XX4	0.19	0.785	0.248	-0.015	0.174	0.116	0.121
GL2	0.123	0.243	0.812	0.054	0.124	-0.056	-0.149
GL4	0.312	0.213	0.807	-0.016	0.152	-0.007	0.015
GL1	0.057	0.23	0.765	0.114	0.16	0.155	0.072
GL3	0.235	0.075	0.757	0.097	0.055	0.148	0.127
XG1	0.028	0.049	0.074	0.827	0.099	0.142	0.026
XG2	-0.025	0.001	0.006	0.815	-0.017	0.047	-0.01
XG4	0.193	0.005	0.096	0.787	0.312	-0.133	0.188
XG3	0.297	0.024	0.111	0.746	0.264	-0.217	0.212
JL3	0.109	0.132	0.001	0.037	0.838	0.172	-0.005
JL1	0.287	0.023	0.167	0.112	0.809	0.116	0.03
JL2	0.057	0.034	0.173	0.2	0.728	0.177	0.246
JL4	0.317	0.122	0.236	0.266	0.69	0.055	0.026
YG3	0.092	0.066	0.13	-0.124	0.113	0.859	0.201
YG4	0.163	0.133	0.081	-0.122	0.17	0.833	0.187
YG1	-0.003	0.098	-0.066	0.141	0.084	0.744	-0.056
YG2	0.065	0.225	0.106	0.047	0.092	0.722	-0.056
JX2	0.163	0.116	-0.029	0.145	0.066	0.061	0.809
JX4	0.191	0.071	-0.053	0.023	0.124	0.081	0.805
JX3	-0.037	0.044	-0.018	0.269	0.109	0.12	0.792
JX1	0.069	0.236	0.196	-0.136	-0.073	-0.058	0.724
提取方法：主成分分析法							
旋转方法：Kaiser 标准化最大方差法							
α 旋转在第 6 次迭代后已收敛							

5.2.3.3 预测试样本数据的信度分析

信度（reliability）即可靠性分析，它是指采用同样的方法对同一对象重复测量时所得结果的一致性程度。本书通过分析 Cronbach's α 系数来判断量表的内部一致性，该系数也被看成相关系数，即量表与其他量表之间的相关系数，系数的数值大小用来衡量量表受到随机误差影响的程度，系数越大，量表受到随机误差的影响就越小，测量结果就越可靠。CITC（Corrected Item Total Correlation）是校正后题项与它所测量变量的总相关系数，反映题项是否和同一潜变量上的其他题项所测试内容一致，即检验此题项对它所测量的变量的解释程度，该指标是信度分析中不可缺少的要素。一般要求，CITC 要大于 0.5。如果某个测量题项删除后能够增加该变量的 Cronbach's α 值，那么这个测量题项应该删除（Nunnally，1978）。修改后的预测试样本数据的信度分析如表 5-13 所示。由表 5-13 可知，各个变量的测量题项的内部一致性信度系数，即 Cronbach's α 值均大于 0.7，各测量题项的 CITC 值均大于 0.5。通过对每一项测量题项进行删除检验，没有发现使得 Cronbach's α 值变大的题项。由此可见，预测试量表具有较好的内部一致性，信度良好。

表 5-13 修改后的预测试样本数据的信度分析

变量	条款	CICT	删除该条款之后的 Cronbach's α	Cronbach's α
显性隔离	XG1	0.649	0.844	0.86
	XG2	0.585	0.858	
	XG3	0.777	0.79	
	XG4	0.823	0.77	
隐性隔离	YG1	0.569	0.821	0.847
	YG2	0.597	0.841	
	YG3	0.798	0.753	
	YG4	0.782	0.761	
结构依赖	JL1	0.773	0.798	0.862
	JL2	0.681	0.836	
	JL3	0.689	0.833	
	JL4	0.698	0.829	

表5-13（续）

变量	条款	CICT	删除该条款之后的 Cronbach's α	Cronbach's α
过程依赖	GL1	0.685	0.845	0.868
	GL2	0.734	0.826	
	GL3	0.655	0.857	
	GL4	0.808	0.793	
互补效应	HX1	0.706	0.862	0.882
	HX2	0.741	0.849	
	HX3	0.774	0.836	
	HX4	0.752	0.845	
集成效应	JX1	0.548	0.828	0.828
	JX2	0.747	0.741	
	JX3	0.638	0.792	
	JX4	0.696	0.765	
学习效应	XX1	0.815	0.857	0.887
	XX2	0.723	0.833	
	XX3	0.792	0.864	
	XX4	0.776	0.852	

5.2.3.4 预测试样本数据效度分析

效度（validity）即有效性，它是指测量工具或手段能够准确测出所需测量的事物的程度。调查问卷的目的是要取得具有较高的效度的测量和结论。调查问卷的效度与对要测试的行为的真实度呈正比关系，效度越高，越能达到问卷测试的目的。本书主要从区分效度和收敛效度两个方面对量表的效度进行分析。

收敛效度是指量表与同一个构面的其他题项相互关联的程度，一般用平均方差提取量（average variance extracted，AVE）来衡量，AVE 表示需要测量的潜变量的变异量中，有多大比例能够被指标变异量来解释，也就是可测变量对潜变量的解释程度。具体公式如下（Fornell & Larker，1981；罗胜强、姜嬿，2014）：$AVE=\dfrac{\sum \lambda^2}{\sum \lambda^2+\sum \theta}$，其中 λ 表示各题项在潜变量上的标准负荷，$\theta$ 表示各题项的测量误差。当 AVE 值大于 0.5，一般认为各题项总体收敛效度是良好的。

区分效度（discriminant validity）用来判断潜变量之间的区分程度，理论上应该足以分辨出它们之间的不同。判断步骤是：首先计算各潜变量的 AVE，之后计算不同变量之间的相关性矩阵，把 AVE 平方根数值代入变量相关性矩阵对角线，判断对角线数值是否大于相应的行和列的非对角元素（Fornell & Larcker，1981），如果 AVE 平方根数值大于非对角数值，则说明潜变量之间具有足够的区分效度。

（1）预测试样本数据收敛效度分析。

根据预测试样本数据的探索性因子分析结果，可以获得各变量测量题项旋转后的标准化载荷，代入 AVE 公式，可以获得各构面的 AVE 数值，具体如表 5-14 所示。

表 5-14　预测试样本数据收敛效度

变量	题项	标准化载荷	载荷平方	AVE
显性隔离	XG1	0. 827	0. 684	0. 631
	XG2	0. 815	0. 664	
	XG4	0. 787	0. 619	
	XG3	0. 746	0. 557	
隐性隔离	YG3	0. 859	0. 738	0. 627
	YG4	0. 833	0. 694	
	YG1	0. 744	0. 554	
	YG2	0. 722	0. 521	
结构依赖	JL3	0. 838	0. 702	0. 591
	JL1	0. 809	0. 654	
	JL2	0. 728	0. 530	
	JL4	0. 690	0. 476	
过程依赖	GL2	0. 812	0. 659	0. 617
	GL4	0. 807	0. 651	
	GL1	0. 765	0. 585	
	GL3	0. 757	0. 573	
互补效应	HX3	0. 859	0. 738	0. 643
	HX4	0. 836	0. 699	
	HX2	0. 779	0. 607	
	HX1	0. 727	0. 529	

表5-14(续)

变量	题项	标准化载荷	载荷平方	AVE
集成效应	JX2	0. 809	0. 654	0. 613
	JX4	0. 805	0. 648	
	JX3	0. 792	0. 627	
	JX1	0. 724	0. 524	
学习效应	XX3	0. 870	0. 757	0. 679
	XX2	0. 834	0. 696	
	XX1	0. 804	0. 646	
	XX4	0. 785	0. 616	

从表 5-14 的计算结果可以看出，7 个变量因子的 AVE 值分别是：显性隔离 AVE=0. 631；隐性隔离 AVE = 0. 627；结构依赖 AVE = 0. 591；过程依赖 AVE=0. 617；互补效应 AVE=0. 643；集成效应 AVE=0. 613；学习效应 AVE=0. 679。以上各变量因子的 AVE 值均大于 0. 5，说明各变量内的测量题项具有良好的收敛效度，符合检测预期。

（2）预测试样本数据区分效度检验。

如上所述，区分效度（discriminant validity）就是用来检测各潜变量间是否具有一定的辨析度，主要是查看平均方差提取量 AVE 的平方根值在潜变量间相关性矩阵中是否大于非对角数值。在收敛效度检测中，已经计算出了各潜变量的 AVE 数值，代入潜变量相关性矩阵，具体如表 5-15 所示。

表 5-15　预测试样本数据区分效度

变量	AVE	显性隔离	隐性隔离	结构依赖	过程依赖	互补效应	集成效应	学习效应
显性隔离	0. 631	0. 794						
隐性隔离	0. 627	0. 212	0. 792					
结构依赖	0. 591	0. 404	0. 323	0. 767				
过程依赖	0. 617	0. 215	0. 214	0. 383	0. 785			
互补效应	0. 643	0. 311	0. 239	0. 481	0. 455	0. 802		
集成效应	0. 613	0. 248	0. 195	0. 223	0. 126	0. 28	0. 783	
学习效应	0. 679	0. 103	0. 359	0. 272	0. 451	0. 236	0. 299	0. 824

从表5-15可以看出，显性隔离的AVE值平方根结果为0.794，大于相关性矩阵中非对角线数值，说明具有区分效度；隐性隔离的AVE值平方根结果为0.792，大于相关性矩阵中非对角线数值，说明具有区分效度；结构依赖的AVE值平方根结果为0.767，大于相关性矩阵中非对角线数值，说明具有区分效度；过程依赖的AVE值平方根结果为0.785，大于相关性矩阵中非对角线数值，说明具有区分效度；互补效应的AVE值平方根结果为0.802，大于相关性矩阵中非对角线数值，说明具有区分效度；集成效应的AVE值平方根结果为0.783，大于相关性矩阵中非对角线数值，说明具有区分效度；学习效应的AVE值平方根结果为0.824，大于相关性矩阵中非对角线数值，说明具有区分效度。综上所述，各潜变量之间具有一定的辨析度，量表区分效度达到了预期要求。

为了检验量表设计的合理性，本章对量表进行了预测试。首先，本章对106个预测试样本进行了探索性因子分析，采用主成分因子分析方法，分析得出所有量表的测量题项可以聚类为7个维度，采用最大方差法进行因子旋转，发现题项XG5与JL5在所有因子上的因子载荷小于0.5，将这两个题项删除，再重新进行探索性因子分析，发现去掉XG5和JL5后其他所有测量题项均通过检验。其次，本章对该预测试样本数据又进行了信度分析，逐一对每个变量的数据进行了信度分析，信度分析的结果表明，所有潜变量的Cronbach's α系数值均在0.7以上，CITC值也均在0.5以上，说明本书所设计的测量题项具有良好的内部一致性，信度分析结果符合预期。最后，本章对预测试样本数据进行了效度分析，从收敛效度和区分效度两个维度对量表的效度进行了分析，各潜变量的平均方差提取量AVE均大于0.5，说明具有良好的收敛效度，通过对潜变量间相关性矩阵的分析，各潜变量的AVE平方根均大于非对角数值，说明潜变量间具有一定的辨析度，整体效度分析结果符合预期要求。至此，所有量表的预测试数据分析结束。由上述分析可知，所有量表的整体结构和题项设计都是合理的，信度和效度也通过了检验，可以形成调查问卷并进行大样本发放，在对大样本数据分析的基础上，进行理论模型假设检验。

6 隔离机制、双向资源依赖与协同效应关系的实证分析

在量表的可靠性和有效性通过了小样本预测试的检验后，我们就可以进行大样本的发放工作了，通过对大样本数据的收集与分析来对本书提出的理论模型和研究假设进行检验。本章主要从样本的描述性统计分析、验证性因子分析以及结构方程建模三个方面来进行实证分析。

6.1 问卷发放与数据收集

6.1.1 样本企业的甄选

为了保证获得高质量的研究结果，本书选择的样本需要满足两个条件，第一，一定要选择正在从事合作研发工作或有过合作研发经历的样本，样本可以是竞争者合作，也可以是跨行业合作、产学研合作或是其他类型的合作。第二，为了验证理论模型是否具有普适性，样本选择上要尽量保证能够覆盖更多的行业。这些样本既可以来自制造业行业，也可以来自电子信息行业或服务行业等，如化工企业、汽车制造企业、电子通信企业、机械制造企业、医药企业等。

6.1.2 样本数量的确定

本书采用结构方程模型对研究假设进行检验，研究样本的数量会直接影响研究结果的可靠性。因此，需要一定的样本数量以确保研究结论具有较高的准确性。Anderson 和 Gerbing（1998）认为进行实证分析的样本数量应至少在 100 以上；Bentler（1989）认为样本数量应是自由参数的 5 倍及以上才是合理的。

本研究涉及 7 个潜变量，分别是：显性隔离、隐性隔离、结构依赖、过程依赖、互补效应、集成效应、学习效应。在满足研究需要的前提下，同时考虑到获得样本数据的难易程度，本书拟发放 450 份调查问卷。

6.1.3 问卷的发放方式

大样本调查问卷的发放时间是 2018 年 6 月 8 日至 2018 年 7 月 18 日，历时 40 天左右，发放方式主要有两种，现场组织问卷答题和邮寄问卷。

（1）现场组织问卷答题。该方式是本研究样本数据收集的主要方式。现场组织问卷答题与其他方式的问卷发放方式相比，具有更多优势，一方面，这种方式能够在现场解答答题者不理解的题项，这样可以收集到质量更高的样本数据；另一方面，现场问卷答题往往能够引起答题者的重视，能够提高问卷回收的有效性。但是在信息化时代，现场发放调查问卷与其他方式相比，成本也是最高的。

（2）电子问卷。为了进一步确保样本的广泛性，本研究还采取邮寄问卷方式，选择了北京、上海、武汉、长春、西安、深圳、新疆等地在国内比较有代表性和影响力的企业，在得到对方许可后，以电子邮件方式发送问卷给企业的高、中、基层管理人员以及相关的技术研发人员，在问卷填写完毕后回收问卷。

6.1.4 问卷的发放和数据筛选

现场问卷答题先后组织了 6 次，每次发放问卷 50 份，合计发放调查问卷 300 份，回收 290 份，回收率为 96.67%。电子问卷发放前均和对方组织管理层进行了沟通和联系，在得到对方许可后，将有关填写说明和概念解释等说明性文档一并发放给目标组织，在对方填写完毕后，将结果以电子邮件的方式收回。采用电子问卷方式合计发放问卷 150 份，回收问卷 91 份，回收率为 60.6%。

为了能够获得有效的调查数据以确保调查结果的科学合理，在调查问卷回收后，我们需要对回收数据进行严格筛选。具体遵循的原则如下：

（1）非管理人员或相关技术人员答题的问卷，予以删除。

（2）发现问卷主体部分有漏答题项现象的问卷，予以删除。

（3）回收问卷题项选择有明显的规律，如全部题项均选择同一选项的问卷，予以删除。

（4）本问卷全部题项都是单选题，发现有多重选择的问卷，予以删除。

经过筛选后，最终得到有效问卷 351 份，回收的有效率是 78%。经统计，本次问卷发放和回收基本情况如表 6-1 所示。

表 6-1　调查问卷发放和回收情况

问卷类型	发放数量/份	回收数量/份	回收率/%	有效问卷数量/份	有效回收率/%
纸质问卷	300	290	96.7%	280	93.3%
电子问卷	150	91	60.6%	71	47.3%
合计	450	381	84.7%	351	78%

6.2　大样本描述性统计

6.2.1　大样本基本情况的描述性统计

大样本基本情况的描述性统计如表 6-2 所示：①组织行业分布。其中电子通信行业有 59 份，占比 16.8%；汽车行业有 62 份，占比 17.7%；化工行业有 55 份，占比 15.7%；教育行业有 38 份，占比 10.8%；其他行业有 137 份，占比 39%。②组织性质。其中，国有企业有 95 份，占比 27.1%；合资企业有 45 份，占比 12.8%；外商独资企业有 48 份，占比 13.7%；民营企业有 103 份，占比 29.3%；大学/科研院所有 60 份，占比 17.1%。③组织人数。其中 50 人以下的有 50 份，占比 14.2%；51~100 人的有 42 份，占比 12%；101~300 人的有 82 份，占比 23.4%；301~500 人的有 92 份，占比 26.2%；500 人以上的有 85 份，占比 24.2%。④组织成长年限。其中 1~3 年的有 23 份，占比 6.6%；3~5 年的有 40 份，占比 11.4%；5~10 年的有 84 份，占比 23.9%；10~20 年的有 115 份，占比 32.8%；20 年以上的有 89 份，占比 25.3%。⑤组织合作类型。其中跨行业合作的有 85 份，占比 24.2%；竞争者合作的有 92 份，占比 26.2%；产学研合作的有 82 份，占比 23.4%；供应链合作的有 42 份，占比 12.0%；其他的有 50 份，占比 14.2%。

表 6-2　大样本基本情况的描述性统计

	分类	计数/份	百分比/%
组织行业分布	电子通信	59	16.8
	汽车	62	17.7
	化工	55	15.7
	教育	38	10.8
	其他	137	39.0

表6-2(续)

	分类	计数/份	百分比/%
组织性质	国有企业	95	27.1
	合资企业	45	12.8
	外商独资企业	48	13.7
	民营企业	103	29.3
	大学/科研院所	60	17.1
组织人数	50 人以下	50	14.2
	50~150 人	42	12.0
	151~300 人	82	23.4
	301~500 人	92	26.2
	500 人以上	85	24.2
组织成长年限	1~3 年	23	6.6
	3~5 年	40	11.4
	5~10 年	84	23.9
	10~20 年	115	32.8
	20 年以上	89	25.3
组织合作类型	跨行业合作	85	24.2
	竞争者合作	92	26.2
	产学研合作	82	23.4
	供应链合作	42	12.0
	其他	50	14.2

6.2.2 大样本数据的描述性统计

大样本数据的描述性统计主要是计算出显性隔离、隐性隔离、结构依赖、过程依赖、互补效应、集成效应、学习效应 7 个变量的测量题项数据的最大值、最小值、均值、标准差、方差、偏度和峰度，具体结果如表 6-3 所示。从大样本数据的描述性统计结果可以看出，大样本各测量题项数据的偏度绝对值均小于 3，峰度的绝对值也都小于 10，大样本数据基本服从正态分布，符合条件进行后期的实证分析。

表 6-3 大样本数据的描述性统计

测量条款	样本数量	均值	标准差	偏度		峰度	
				统计	标准差	统计	标准差
XG1	351	3.441 6	1.400 56	-0.419	0.13	-1.087	0.26
XG2	351	3.396	1.452 05	-0.347	0.13	-1.258	0.26
XG3	351	3.339	1.408 8	-0.328	0.13	-1.166	0.26
XG4	351	3.376 1	1.430 64	-0.393	0.13	-1.195	0.26
YG1	351	3.339	1.499 2	-0.332	0.13	-1.326	0.26
YG2	351	3.287 7	1.463 79	-0.233	0.13	-1.369	0.26
YG3	351	3.284 9	1.476 98	-0.254	0.13	-1.356	0.26
YG4	351	3.304 8	1.464 22	-0.298	0.13	-1.302	0.26
JL1	351	3.222 2	1.352 95	-0.117	0.13	-1.169	0.26
JL2	351	3.222 2	1.375 98	-0.161	0.13	-1.177	0.26
JL3	351	3.170 9	1.377 1	-0.172	0.13	-1.199	0.26
JL4	351	3.148 1	1.385 95	-0.183	0.13	-1.167	0.26
GL1	351	3.453	1.303 81	-0.425	0.13	-0.903	0.26
GL2	351	3.527 1	1.328 26	-0.526	0.13	-0.876	0.26
GL3	351	3.501 4	1.360 41	-0.496	0.13	-0.962	0.26
GL4	351	3.450 1	1.351 06	-0.39	0.13	-1.053	0.26
HX1	351	3.478 6	1.349 7	-0.491	0.13	-0.952	0.26
HX2	351	3.384 6	1.329 96	-0.307	0.13	-1.089	0.26
HX3	351	3.475 8	1.378 97	-0.4	0.13	-1.144	0.26
HX4	351	3.438 7	1.294 42	-0.484	0.13	-0.846	0.26
JX1	351	3.450 1	1.342 57	-0.435	0.13	-0.983	0.26
JX2	351	3.390 3	1.341 14	-0.347	0.13	-1.073	0.26
JX3	351	3.384 6	1.353 38	-0.383	0.13	-1.081	0.26
JX4	351	3.461 5	1.268 55	-0.403	0.13	-0.859	0.26
XX1	351	3.635 3	1.266 4	-0.612	0.13	-0.691	0.26
XX2	351	3.643 9	1.276 7	-0.585	0.13	-0.79	0.26
XX3	351	3.686 6	1.259 85	-0.659	0.13	-0.608	0.26
XX4	351	3.663 8	1.244 8	-0.646	0.13	-0.602	0.26

6.3 大样本数据的验证性因子分析

本书通过结构方程建模（SEM）的方法，应用 AMOS22.0 软件对大样本数据进行验证性因子分析（CFA），主要包括信度分析、效度分析和模型整体拟合度分析三个方面的内容。

6.3.1 结构方程模型与指标分析

6.3.1.1 结构方程模型

结构方程模型（structure equation model，SEM）是一种多变量数据分析方法，它包含多种原有的多变量数据分析方法，适用于定序、定类以及定比尺度，该方法广泛应用于管理科学、社会科学领域的实证研究。

结构方程建模法是一种综合运用多种统计学数据原理的分析工具，该工具可以用来解释一个或多个自变量与一个或多个因变量之间的逻辑关系。

结构方程模型一般是以路径图（path diagram）的方式来描绘的，路径图通常由两部分构成：一是测量模型，二是结构模型。这两类模型在逻辑上关系密切，分析结构方程模型，首先要判断测量模型是否具有有效性，保证可观测变量能够真实有效地测量出对应的潜在变量是模型有效的前提，如果对潜在变量无法做到有效测量，那么进一步应用结构方程模型分析外生潜变量与内生潜变量之间的关系就丧失了基础，得出的结论也是无效的。

6.3.1.2 指标分析

（1）信度分析。

本书通过计算多元相关平方（SMC）和组合信度（CR）的数值来分析大样本数据的信度，SMC 表示每个测量题项对相应的潜变量的反应程度。一般认为 SMC 大于 0.5，该测量题项可以被接受。SMC 值越大，则表明每个测量题项的信度越高。CR 表示同属测量模型的测量题项的一致性程度。CR 值越大，则表明测量题项之间的一致性程度越高。CR 的计算公式如下（Fornell & Larker，1981；罗胜强、姜嬿，2014）。

$$CR = \frac{(\sum \lambda)^2}{(\sum \lambda)^2 + \sum \theta}$$

其中 λ 表示各题项的标准负荷，θ 表示各题项的测量误差。

（2）效度分析。

本书通过计算平均方差提取量（AVE）的数值来分析大样本数据的收敛效度和区分效度。AVE 值越大，说明测量题项的收敛效度越高。一般认为，当 AVE 值大于 0.5 时，测量题项的总体收敛效度是良好的。区分效度的检验则是比较潜变量之间的相关系数的平方值与 AVE 的平均值的大小，如果小于则说明潜变量之间具有足够的区分效度。AVE 的计算公式如下（Fornell & Larker，1981；罗胜强、姜嬿，2014）。

$$AVE=\frac{\sum\lambda^2}{\sum\lambda^2+\sum\theta}$$

其中 λ 表示各题项在潜变量上的标准负荷，θ 表示各题项的测量误差。

（3）模型整体拟合度分析。

对模型整体拟合度的评价指标有很多，本书选择下列指标来衡量模型的拟合程度。

①卡方检定值（χ^2）与模型自由度（df）的比值（χ^2/df），通常该比值在（1，3）为标准，结果落在标准值区间，说明模型整体的拟合程度比较好。

②均方根残差 RMR（root mean square residual）通常 RMR 的取值范围在（0，1），越接近 0，说明模型整体的拟合程度就越好。

③拟合优度指数 GFI（goodness of fit index），该指标衡量理论与观察共变结构中的变异量与共变量相似，一般 0<GFI<1，理想值应大于 0.8。

④修正自由度的拟合优度指数 AGFI（adjusted goodness of fitindex），把 AGFI 指标以模型自由度与其相对的变量个数求比值，得到调整后的比较稳定的指标，理想值应大于 0.8。

⑤基准拟合优度指标 NFI（normed fit index），该指标反应设定模型与独立模型的改善“增量”关系，通常要求拟合值大于 0.9。

⑥非基准拟合优度指标 NNFI（non-normed fit index），该指标考虑了自由度对模型的影响，理想的结果要求大于 0.9。

⑦比较适合指标 CFI（comparative fit index），该指标通过与独立模型进行比较来评价模型的拟合度，取值在（0，1），一般要求结果在 0.8 以上。

⑧近似误差均方根估计（RMSEAE），该指标用于计算观察与估算之间的差异，其值要求越小越好。

6.3.2 隔离机制的验证性因子分析

本书利用 AMOS22.0 软件构建出隔离机制的结构方程模型（见图 6-1）。

（1）信度分析。从表 6-4 可以看出，显性隔离的四个测量题项的 SMC 值分别为 0.755、0.726、0.712、0.711；隐性隔离的四个测量题项的 SMC 值分别为 0.729、0.757、0.776、0.731。隔离机制的所有题项的 SMC 值均大于 0.5，说明单一测量题项的信度较好。显性隔离的 CR 值为 0.914，隐性隔离的 CR 值为 0.922，均大于 0.6，说明显性隔离和隐性隔离的组合信度较好。

（2）效度分析。从表 6-4 可以看出，显性隔离的 AVE 值为 0.726，隐性隔离的 AVE 值为 0.748，均大于 0.5，说明显性隔离和隐性隔离的收敛效度良好。显性隔离与隐性隔离的相关性如表 6-5 所示，两者之间的相关系数为 0.07，平方值为 0.004 9，小于 AVE 的均值 0.737，则显性隔离与隐性隔离之间有较好的区分效度。

（3）模型整体拟合度分析。隔离机制的模型整体拟合度如表 6-6 所示，χ^2/df 的值为 0.873，小于 3；RMSEA 的值为 0.000 1，小于 0.05；GFI 的值为 0.989，大于 0.9；AGFI 的值为 0.979，大于 0.9；PGFI 的值为 0.522，大于 0.5；NFI 的值为 0.992，大于 0.9；RFI 的值为 0.988，大于 0.9；IFI 的值为 1.001，大于 0.9；TLI 的值为 1.002，大于 0.9；CFI 的值为 1，大于 0.9。以上模型整体拟合度的各项指标都符合要求，因此，隔离机制测量模型是有效的。

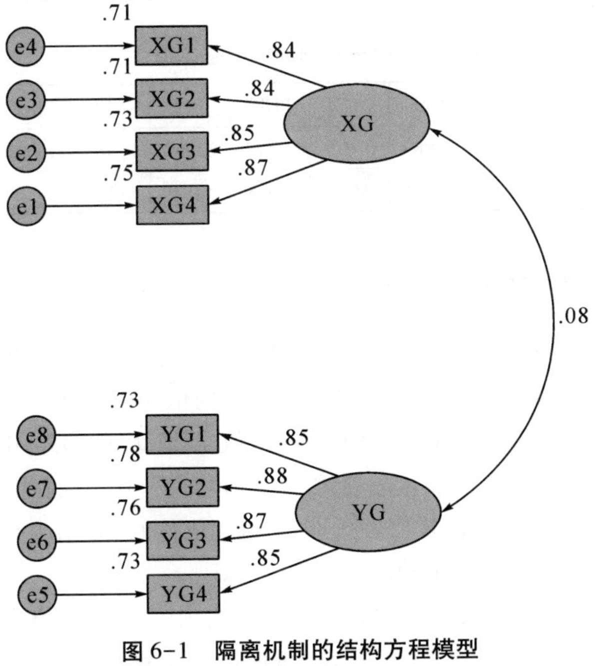

图 6-1　隔离机制的结构方程模型

表 6-4　隔离机制大样本数据的验证性因子分析

维度	题项	标准化系数	SMC	AVE	CR
显性隔离	XG4	0.869	0.755	0.726	0.914
	XG3	0.852	0.726		
	XG2	0.844	0.712		
	XG1	0.843	0.711		
隐性隔离	YG4	0.854	0.729	0.748	0.922
	YG3	0.870	0.757		
	YG2	0.881	0.776		
	YG1	0.855	0.731		

表 6-5　显性隔离与隐性隔离的相关性

维度	显性隔离	隐性隔离
显性隔离	1	
隐性隔离	0.07	1

表 6-6　隔离机制的模型整体拟合度

指标名称	χ^2/df	RMSEA	GFI	AGFI	PGFI	NFI	RFI	IFI	TLI	CFI
指标值	0.873	0.000 1	0.989	0.979	0.522	0.992	0.988	1.001	1.002	1
评价标准	< 3	< 0.05	>0.9	>0.9	>0.5	>0.9	>0.9	>0.9	>0.9	>0.9

6.3.3　双向资源依赖的验证性因子分析

本书利用 AMOS22.0 软件构建出双向资源依赖的结构方程模型（见图 6-2）。

（1）信度分析。从表 6-7 可以看出，结构依赖的 SMC 值分别为 0.608、0.651、0.696、0.632；过程依赖的 SMC 值分别为 0.645、0.681、0.696、0.684。双向资源依赖所有测量题项的 SMC 值均大于 0.5，说明单一测量题项的信度较好。结构依赖的 CR 值为 0.889，过程依赖的 CR 值为 0.884，均大于 0.5，说明结构依赖与过程依赖的组合信度较好。

（2）效度分析。从表 6-7 可以看出，结构依赖的 AVE 值为 0.647，过程依赖的 AVE 值为 0.676，均大于 0.5，说明结构依赖与过程依赖收敛效度良好。结构依赖与过程依赖的相关性如表 6-8 所示，两者之间的相关系数为

0.42，平方值为0.1764，小于AVE的均值0.6615，则结构依赖与过程依赖之间有较好的区分效度。

（3）模型整体拟合度分析。双向资源依赖的模型整体拟合度如表6-9所示，从表6-9可以看出，χ^2/df的值为1.089，小于3；RMSEA的值为0.016，小于0.05；GFI的值为0.986，大于0.9；AGFI的值为0.973，大于0.9；PGFI的值为0.520，大于0.5；NFI的值为0.987，大于0.9；RFI的值为0.981，大于0.9；IFI的值为0.999，大于0.9；TLI的值为0.998，大于0.9；CFI的值为0.999，大于0.9。以上模型整体拟合度各项指标均符合要求，因此，双向资源依赖的测量模型是有效的。

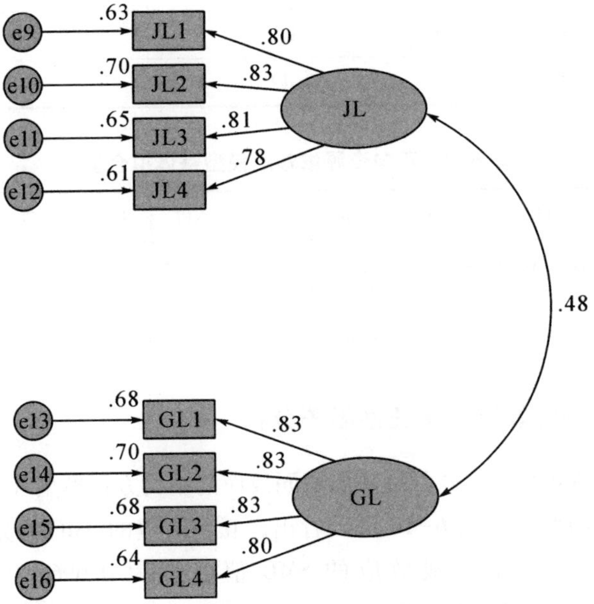

图6-2 双向资源依赖的结构方程模型

表6-7 双向资源依赖大样本数据的验证性因子分析

因子	题项	标准化系数	SMC	AVE	C.R.
结构依赖	JL4	0.780	0.608	0.647	0.880
	JL3	0.807	0.651		
	JL2	0.834	0.696		
	JL1	0.795	0.632		

表6-7(续)

因子	题项	标准化系数	SMC	AVE	C.R.
过程依赖	GL4	0.803	0.645	0.676	0.893
	GL3	0.825	0.681		
	GL2	0.834	0.696		
	GL1	0.827	0.684		

表 6-8　结构依赖与过程依赖的相关性

维度	结构依赖	过程依赖
结构依赖	1	
过程依赖	0.42	1

表 6-9　双向资源依赖的模型整体拟合度

指标名称	χ^2/df	RMSEA	GFI	AGFI	PGFI	NFI	RFI	IFI	TLI	CFI
指标值	1.089	0.016	0.986	0.973	0.520	0.987	0.981	0.999	0.998	0.999
评价标准	< 3	< 0.05	>0.9	>0.9	>0.5	>0.9	>0.9	>0.9	>0.9	>0.9

6.3.4　协同效应的验证性因子分析

本书利用 AMOS22.0 软件构建出协同效应的结构方程模型（见图 6-3）。

（1）信度分析。从表 6-10 可以看出，互补效应的 SMC 值分别为 0.676，0.686，0.590，0.682；集成效应的 SMC 值分别为 0.696，0.638，0.576，0.581；学习效应的 SMC 值分别为 0.627，0.634，0.653，0.602。协同效应的所有测量题项的 SMC 值均大于 0.5，说明单一测量题项的信度较好。互补效应的 CR 值为 0.876，集成效应的 CR 值为 0.868，学习效应的 CR 值为 0.881，均大于 0.6，说明互补效应、集成效应和学习效应的组合信度良好。

（2）效度分析。从表 6-10 可以看出，互补效应的 AVE 值为 0.658，集成效应的 AVE 值为 0.623，学习效应的 AVE 值为 0.629，均大于 0.5，说明互补效应、集成效应和学习效应的收敛效度较好。互补效应、集成效应与学习效应的相关性如表 6-11 所示，互补效应与集成效应之间的相关系数为 0.455，平方值为 0.207；互补效应与学习效应之间的相关系数为 0.501，平方值为 0.251；集成效应与学习效应之间的相关系数为 0.431，平方值为 0.186，均小

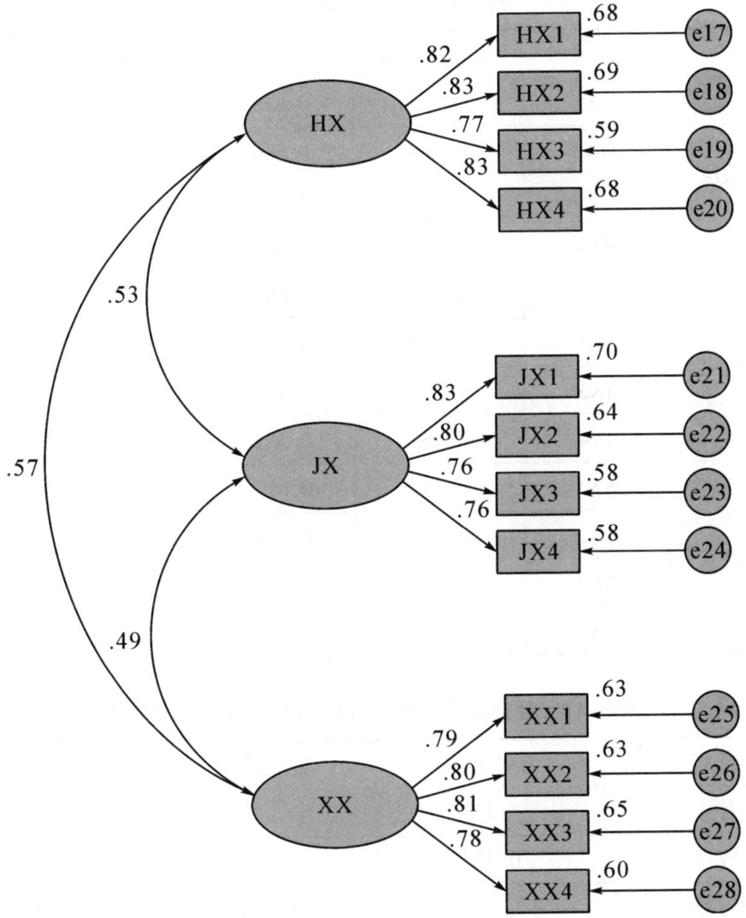

图 6-3　协同效应的结构方程模型

于 AVE 的均值 0.637，因此，互补效应、集成效应与学习效应之间具有较好的区分效度。

（3）模型整体拟合度分析。协同效应的模型整体拟合度如表 6-12 所示，χ^2/df 的值为 0.932，小于 3；RMSEA 的值为 0.000 1，小于 0.05；GFI 的值为 0.978，大于 0.9；AGFI 的值为 0.967，大于 0.9；PGFI 的值为 0.640，大于 0.5；NFI 的值为 0.980，大于 0.9；RFI 的值为 0.974，大于 0.9；IFI 的值为 1.002，大于 0.9；TLI 的值为 1.002，大于 0.9；CFI 的值为 1，大于 0.9。以上模型整体拟合度的各项指标均符合要求，因此，协同效应的测量模型是有效的。

表 6-10　协同效应大样本数据的验证性因子分析

因子	题项	标准化系数	SMC	AVE	C.R.
互补效应	HX1	0.822	0.676	0.658	0.876
	HX2	0.828	0.686		
	HX3	0.768	0.590		
	HX4	0.826	0.682		
集成效应	JX1	0.834	0.696	0.623	0.868
	JX2	0.799	0.638		
	JX3	0.759	0.576		
	JX4	0.762	0.581		
学习效应	XX1	0.792	0.627	0.629	0.881
	XX2	0.796	0.634		
	XX3	0.808	0.653		
	XX4	0.776	0.602		

表 6-11　互补效应、集成效应与学习效应的相关性

维度	互补效应	集成效应	学习效应
互补效应	1		
集成效应	0.455	1	
学习效应	0.501	0.431	1

表 6-12　协同效应的模型整体拟合度

指标名称	χ^2/df	RMSEA	GFI	AGFI	PGFI	NFI	RFI	IFI	TLI	CFI
指标值	0.932	0.000 1	0.978	0.967	0.640	0.980	0.974	1.002	1.002	1
评价标准	< 3	< 0.05	>0.9	>0.9	>0.5	>0.9	>0.9	>0.9	>0.9	>0.9

6.3.5　控制变量分析

本书主要研究隔离机制、双向资源依赖与协同效应之间的关系。在合作研发中，因变量协同效应除了受到自变量隔离机制、中介变量双向资源依赖的影响外，企业的其他特征可能也会对协同效应的实现产生影响，如组织性质、组

织规模、组织年限、行业类型等。本书将分析这些企业特征是否会给协同效应的实现带来潜在的影响，以确保研究结论的准确性。

6.3.5.1 组织性质的影响

本书将组织性质这一变量按照所有制形式分为国有企业、合资企业、外商独资企业、民营企业、大学/科研院所五种类型，采用分类变量单因素方差分析方法进行统计检验，得到组织性质与各研究变量的单因素分析结果（见表6-13）。首先需要进行方差齐次检验，只有通过齐次检验后，才能进行均值差异分析。由表6-13可知，互补效应、集成效应和学习效应三个变量在组织性质的各类别中都是方差齐次的，符合进行均值差异分析的条件。由均值差异的显著性均大于0.05可以判断，组织性质对互补效应、集成效应和学习效应的影响不显著。因此，组织性质不需要作为本书的控制变量。

表6-13 组织性质与各研究变量的单因素方差分析

研究变量	方差齐次			均值差异		
	Levene 统计值	显著性	是否齐次	F 值	显著性	是否显著
互补效应	1.150	0.333	是	1.212	0.305	否
集成效应	1.408	0.231	是	0.797	0.528	否
学习效应	1.502	0.201	是	1.857	0.118	否

6.3.5.2 组织规模的影响

本书将组织规模这一变量按照组织人数分为50人以下、50~100人、101~300人、301~500人、500人以上五种类型，采用分类变量单因素方差分析方法进行统计检验，得到组织规模与各研究变量的单因素分析结果（见表6-14）。首先需要进行方差齐次检验，只有通过齐次检验后，才能进行均值差异分析。由表6-14可知，互补效应、集成效应和学习效应三个变量在组织规模的各类别中都是方差齐次的，符合进行均值差异分析的条件。由均值差异的显著性均大于0.05可以判断，组织规模除了对互补效应不显著（虽然均值差异为0.071，但也接近0.05），对集成效应和学习效应的影响均是显著的。因此，组织规模可以作为本书的控制变量。

表 6-14　组织规模与各研究变量的单因素方差分析

研究变量	方差齐次			均值差异		
	Levene 统计值	显著性	是否齐次	F 值	显著性	是否显著
互补效应	0.748	0.560	是	2.182	0.071	否
集成效应	0.279	0.892	是	2.903	0.022	是
学习效应	1.958	0.100	是	3.066	0.017	是

6.3.5.3　组织年限的影响

本书将组织年限这一变量按照组织成长年龄分为 1~3 年、3~5 年、5~10 年、10~20 年、20 年以上五种类型，采用分类变量单因素方差分析方法进行统计检验，得到组织年限与各研究变量的单因素分析结果（见表 6-15）。首先需要进行方差齐次检验，只有通过齐次检验后，才能进行均值差异分析。由表 6-15 可知，互补效应、集成效应和学习效应三个变量在组织年限的各类别中都是方差齐次的，符合进行均值差异分析的条件。由均值差异的显著性均大于 0.05 可以判断，组织年限对互补效应、集成效应和学习效应的影响不显著。因此，组织年限不需要作为本书的控制变量。

表 6-15　组织年限与各研究变量的单因素方差分析

研究变量	方差齐次			均值差异		
	Levene 统计值	显著性	是否齐次	F 值	显著性	是否显著
互补效应	1.177	0.321	是	1.542	0.190	否
集成效应	1.557	0.185	是	2.199	0.069	否
学习效应	0.701	0.592	是	0.734	0.569	否

6.3.5.4　行业类型的影响

本书将行业类型这一变量按照组织所属行业分为电子通信行业、汽车制造行业、化工行业、教育行业和其他五种类型，采用分类变量单因素方差分析方法进行统计检验，得到行业类型与各研究变量的单因素分析结果（见表 6-16）。首先需要进行方差齐次检验，只有通过齐次检验后，才能进行均值差异分析。由表 6-16 可知，互补效应、集成效应和学习效应三个变量在行业类型的各类别中都是方差齐次的，符合进行均值差异分析的条件。由均值差异的显著性均大于 0.05 可以判断，行业类型对互补效应、集成效应和学习效应的影响不显著。因此，行业类型不需要作为本书的控制变量。

表 6-16　行业类型与各研究变量的单因素方差分析

研究变量	方差齐次			均值差异		
	Levene 统计值	显著性	是否齐次	F 值	显著性	是否显著
互补效应	1.284	0.276	是	0.291	0.884	否
集成效应	0.967	0.425	是	0.882	0.475	否
学习效应	1.498	0.202	是	1.427	0.225	否

6.4　研究假设检验

下面将利用结构方程模型和 AMOS22.0 软件对本书提出的研究假设进行检验，主要包括隔离机制与协同效应关系的假设检验、隔离机制与双向资源依赖关系的假设检验、双向资源依赖与协同效应关系的假设检验、双向资源依赖是隔离机制与协同效应中介变量的假设检验四个方面的内容。

6.4.1　隔离机制与协同效应关系的假设检验

6.4.1.1　隔离机制与协同效应关系的模型拟合度分析

本书利用 AMOS22.0 构建出隔离机制与协同效应关系的结构方程模型，如图 6-4 所示。

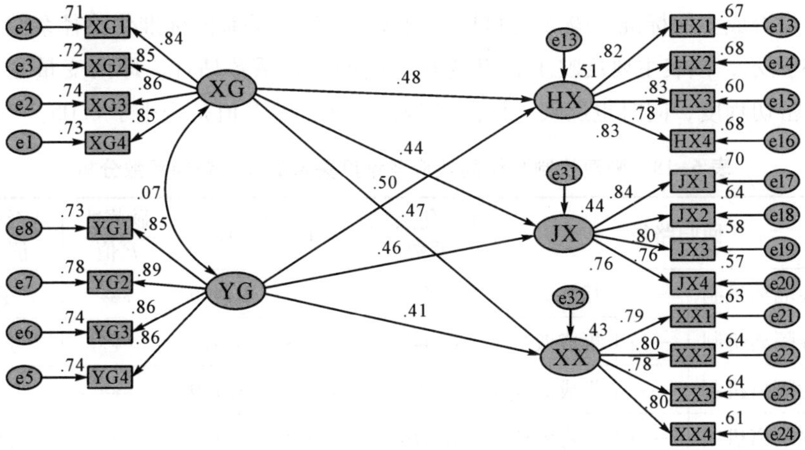

图 6-4　隔离机制与协同效应关系的结构方程模型

在图 6-4 中，矩形表示可测变量，即调查问卷里的各题项，椭圆表示潜变量，XG 表示显性隔离，YG 表示隐性隔离，HX 表示互补效应，JX 表示集成效应，XX 表示学习效应。通过对隔离机制与协同效应关系的结构方程模型的分析，来检验研究假设部分关于隔离机制与协同效应关系的若干假设的合理性。隔离机制与协同效应各维度的模型拟合度分析结果如表 6-17 所示。

表 6-17　隔离机制与协同效应各维度关系的模型拟合度

指标名称	χ^2/df	RMSEA	GFI	AGFI	PGFI	NFI	RFI	IFI	TLI	CFI
指标值	1.179	0.023	0.949	0.934	0.736	0.959	0.953	0.994	0.993	0.994
评价标准	< 3	< 0.05	>0.9	>0.9	>0.5	>0.9	>0.9	>0.9	>0.9	>0.9

由表 6-17 可以看出，卡方自由度比值χ^2/df为 1.179，小于 3；RMSEA 的值为 0.023，小于 0.05；GFI 的值为 0.949，大于 0.9；AGFI 的值为 0.934，大于 0.9；PGFI 的值为 0.736，大于 0.5；NFI 的值为 0.959，大于 0.9；RFI 的值为 0.953，大于 0.9；IFI 的值为 0.994，大于 0.9；TLI 的值为 0.993，大于 0.9；CFI 的值为 0.994，大于 0.9。以上各指标均在界值范围内，符合模型拟合度评价标准，说明隔离机制与协同效应关系的结构方程模型的整体拟合度较好，该测量模型是有效的。

6.4.1.2　隔离机制与协同效应关系的模型路径系数及假设检验

隔离机制与协同效应关系的结构方程模型中变量之间的标准化路径系数是检验隔离机制与协同效应各维度变量之间关系是否显著的主要依据，路径系数的大小可以反映各维度变量之间的关系密切程度和方向，并以此作为判断研究假设是否成立的标准。隔离机制与协同效应各维度关系的标准化路径系数如表 6-18 所示，该表主要反映了各潜变量之间的路径系数估计，即两变量之间的关系密切程度，同时也反映了该路径是否显著，即 P 值是否小于 0.05。

表 6-18　隔离机制与协同效应各维度关系的模型路径系数分析

回归路径			标准化路径系数	S.E.	CR	显著性 P 值	是否支持假设
显性隔离机制	⟶	互补效应	0.478	0.046	9.406	***	是
显性隔离机制	⟶	集成效应	0.443	0.048	8.474	***	是
隐性隔离机制	⟶	集成效应	0.46	0.047	8.799	***	是
隐性隔离机制	⟶	学习效应	0.414	0.042	7.856	***	是

备注：P 值<0.001 用 *** 表示，代表非常显著。

（1）显性隔离与互补效应关系的研究假设检验。

显性隔离对互补效应的影响关系如表 6-18 所示，标准化路径系数的值为 0.478，路径系数的临界比 C.R. 值为 9.406，大于 1.96，并且显著性水平 $P<0.001$。这表明显性隔离对互补效应有显著的正向影响，本书提出的研究假设 H1.1 通过检验。

（2）显性隔离与集成效应关系的研究假设检验。

显性隔离对集成效应的影响如表 6-18 所示，标准化路径系数的值为 0.443，路径系数的临界比 C.R. 值为 8.474，大于 1.96，并且显著性水平 $P<0.001$。这表明显性隔离对集成效应有显著的正向影响，本书提出的研究假设 H1.2 通过检验。

（3）隐性隔离与集成效应关系的研究假设检验。

隐性隔离对集成效应的影响如表 6-18 所示，标准化路径系数的值为 0.460，路径系数的临界比 C.R. 值为 8.799，大于 1.96，并且显著性水平 $P<0.001$。这表明隐性隔离对集成效应有显著的正向影响，本书提出的研究假设 H1.3 通过检验。

（4）隐性隔离与学习效应关系的研究假设检验。

隐性隔离对学习效应的影响如表 6-18 所示，标准化路径系数的值为 0.414，路径系数的临界比 C.R. 值为 7.856，大于 1.96，并且显著性水平 $P<0.001$。这表明隐性隔离对学习效应有显著的正向影响，本书提出的研究假设 H1.4 通过检验。

6.4.2 隔离机制与双向资源依赖关系的假设检验

6.4.2.1 隔离机制与双向资源依赖关系的模型拟合度分析

本书利用 AMOS22.0 构建出隔离机制与双向资源依赖关系的结构方程模型（见图 6-5）。

在图 6-5 中，矩形表示可测变量，即调查问卷里的各题项，椭圆表示潜变量，XG 表示显性隔离，YG 表示隐性隔离，JL 表示结构依赖，GL 表示过程依赖。通过对隔离机制与双向资源依赖关系的结构方程模型的分析，来检验研究假设部分关于隔离机制与双向资源依赖关系的若干假设的合理性。隔离机制与双向资源依赖各维度的模型拟合度分析结果如表 6-19 所示。

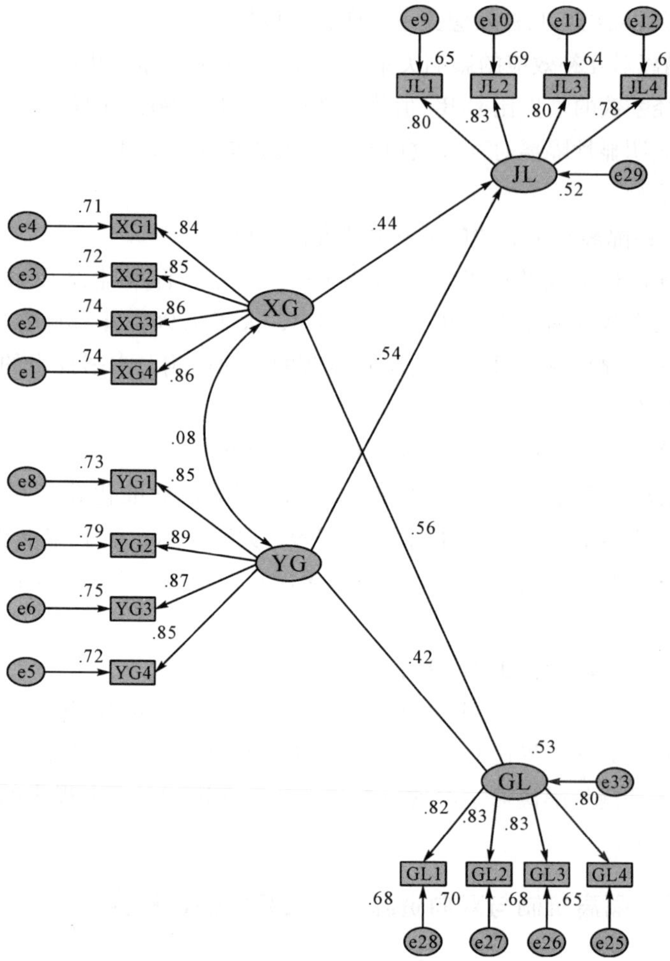

图 6-5　隔离机制与双向资源依赖关系的结构方程模型

表 6-19　隔离机制与双向资源依赖各维度关系的模型拟合度

指标名称	χ^2/df	RMSEA	GFI	AGFI	PGFI	NFI	RFI	IFI	TLI	CFI
指标值	1.055	0.013	0.964	0.951	0.702	0.974	0.968	0.999	0.998	0.999
评价标准	< 3	< 0.05	>0.9	>0.9	>0.5	>0.9	>0.9	>0.9	>0.9	>0.9

由表 6-19 可以看出，卡方自由度比值χ^2/df为 1.055，小于 3；RMSEA 的值为 0.013，小于 0.05；GFI 的值为 0.964，大于 0.9；AGFI 的值为 0.951，大于 0.9；PGFI 的值为 0.702，大于 0.5；NFI 的值为 0.974，大于 0.9；RFI 的值为 0.968，大于 0.9；IFI 的值为 0.999，大于 0.9；TLI 的值为 0.998，大于

0.9；CFI 的值为 0.999，大于 0.9。以上各指标均在界值范围内，符合模型拟合度评价标准，说明隔离机制与双向资源依赖关系的结构方程模型的整体拟合度较好，该测量模型是有效的。

6.4.2.2 隔离机制与双向资源依赖关系的模型路径系数及假设检验

在隔离机制与双向资源依赖关系的结构方程模型中，变量之间的标准化路径系数是检验隔离机制与双向资源依赖各维度变量之间关系是否显著的主要依据，路径系数的大小可以反映各维度变量之间的关系密切程度和方向，并以此作为判断研究假设是否成立的标准。隔离机制与双向资源依赖各维度关系的标准化路径系数。表 6-20 主要反映了各潜变量之间的路径系数估计，即两变量之间的关系密切程度，也反映了该途径是否显著，即 P 值是否小于 0.05。

表 6-20 隔离机制与双向资源依赖关系的各维度模型路径系数分析

回归路径			标准化路径系数	S.E.	C.R.	显著性 P 值	是否支持假设
显性隔离机制	⟶	结构依赖	0.442	0.044	8.823	***	是
显性隔离机制	⟶	过程依赖	0.561	0.046	10.734	***	是
隐性隔离机制	⟶	结构依赖	0.538	0.046	10.268	***	是
隐性隔离机制	⟶	过程依赖	0.420	0.043	8.569	***	是

备注：P 值<0.001 用 *** 表示，代表非常显著。

（1）显性隔离与结构依赖关系的研究假设检验。

显性隔离对结构依赖的影响如表 6-20 所示，标准化路径系数的值为 0.442，路径系数的临界比 C.R. 值为 8.823，大于 1.96，并且显著性水平 $P<0.001$。这表明显性隔离对结构依赖有显著的正向影响，本书提出的研究假设 H2.1 通过检验。

（2）显性隔离与过程依赖关系的研究假设检验。

显性隔离对过程依赖的影响如表 6-20 所示，标准化路径系数的值为 0.561，路径系数的临界比 C.R. 值为 10.734，大于 1.96，并且显著性水平 $P<0.001$。这表明显性隔离对过程依赖有显著的正向影响，本书提出的研究假设 H2.2 通过检验。

（3）隐性隔离与结构依赖关系的研究假设检验。

隐性隔离对结构依赖的影响如表 6-20 所示，标准化路径系数的值为 0.538，路径系数的临界比 C.R. 值为 10.268，大于 1.96，并且显著性水平 $P<0.001$。这表明隐性隔离对结构依赖有显著的正向影响，本书提出的研究假设 H2.3 通过检验。

（4）隐性隔离与过程依赖关系的研究假设检验。

隐性隔离对过程依赖的影响如表 6-20 所示，标准化路径系数的值为 0.420，路径系数的临界比 C.R. 值为 8.569，大于 1.96，并且显著性水平 $P<0.001$。这表明隐性隔离对过程依赖有显著的正向影响，本书提出的研究假设 H2.4 通过检验。

6.4.3 双向资源依赖与协同效应关系的假设检验

6.4.3.1 双向资源依赖与协同效应关系的模型拟合度分析

本书利用 AMOS22.0 构建出双向资源依赖与协同效应关系的结构方程模型（见图 6-6）。

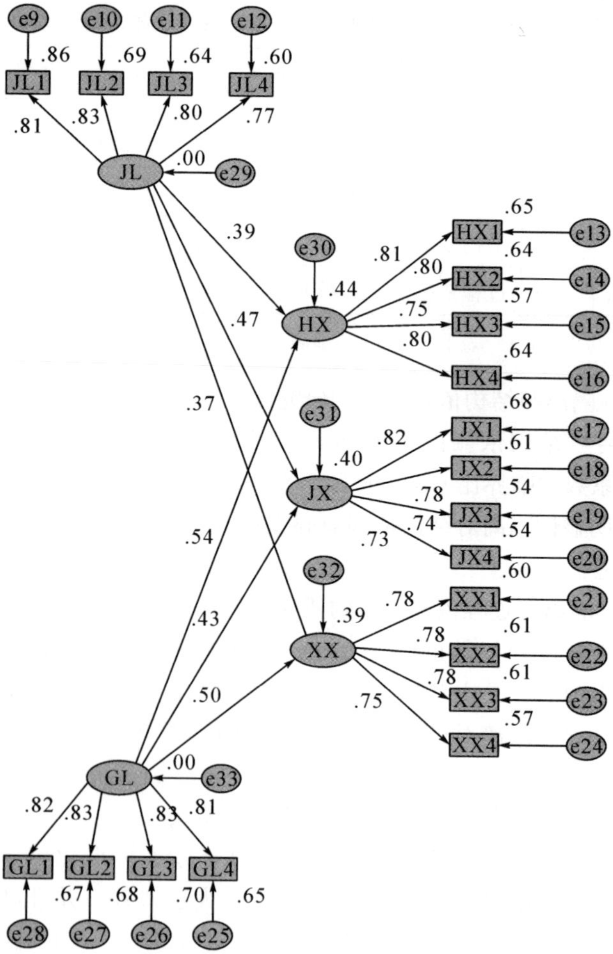

图 6-6　双向资源依赖与协同效应关系的结构方程模型

在图6-6中，矩形表示可测变量，即调查问卷里的各题项，椭圆表示潜变量，JL表示结构依赖，GL表示过程依赖，HX表示互补效应，JX表示集成效应，XX表示学习效应。通过对双向资源依赖与协同效应关系的结构方程模型的分析，来检验研究假设部分关于双向资源依赖与协同效应关系的若干假设的合理性。双向资源依赖与协同效应各维度的模型拟合度分析结果如表6-21所示。

表6-21 双向资源依赖与协同效应各维度关系的模型拟合度

指标名称	χ^2/df	RMSEA	GFI	AGFI	PGFI	NFI	RFI	IFI	TLI	CFI
指标值	1.458	0.036	0.940	0.924	0.734	0.945	0.936	0.982	0.979	0.982
评价标准	< 3	< 0.05	>0.9	>0.9	>0.5	>0.9	>0.9	>0.9	>0.9	>0.9

由表6-21可以看出，卡方自由度比值χ^2/df为1.458，小于3；RMSEA的值为0.036，小于0.05；GFI的值为0.940，大于0.9；AGFI的值为0.924，大于0.9；PGFI的值为0.734，大于0.5；NFI的值为0.945，大于0.9；RFI的值为0.936，大于0.9；IFI的值为0.982，大于0.9；TLI的值为0.979，大于0.9；CFI的值为0.982，大于0.9。以上各指标均在界值范围内，符合模型拟合度评价标准，说明双向资源依赖与协同效应关系的结构方程模型的整体拟合度较好，该测量模型是有效的。

6.4.3.2 双向资源依赖与协同效应关系的模型路径系数及假设检验

双向资源依赖与协同效应关系的结构方程模型中，变量之间的标准化路径系数是检验双向资源依赖与协同效应各维度变量之间关系是否显著的主要依据，路径系数的大小可以反映各维度变量之间的关系密切程度和方向，并以此作为判断研究假设是否成立的标准。双向资源依赖与协同效应各维度关系的标准化路径系数如表6-22所示，该表主要反映了各潜变量之间的路径系数估计，即两变量之间关系密切程度，同时也反映了该途径是否显著，即P值是否小于0.05。

表6-22 双向资源依赖与协同效应各维度模型路径系数分析

回归路径			标准化路径系数	S.E.	C.R.	显著性P值	是否支持假设
结构依赖	⟶	互补效应	0.391	0.051	7.292	***	是
结构依赖	⟶	集成效应	0.470	0.054	8.288	***	是
结构依赖	⟶	学习效应	0.367	0.048	6.591	***	是

表6-22(续)

回归路径			标准化路径系数	S.E.	C.R.	显著性 P 值	是否支持假设
过程依赖	⟶	互补效应	0. 537	0. 054	9. 425	***	是
过程依赖	⟶	集成效应	0. 429	0. 054	7. 737	***	是
过程依赖	⟶	学习效应	0. 504	0. 051	8. 570	***	是

备注：P 值<0. 001 用 *** 表示，代表非常显著。

（1）结构依赖与互补效应关系的研究假设检验。

结构依赖对互补效应的影响如表 6-22 所示，标准化路径系数的值为 0. 391，路径系数的临界比 C.R. 值为 7. 292，大于 1. 96，并且显著性水平 $P<$ 0. 001。这表明结构依赖对互补效应有显著的正向影响，本书提出的研究假设 H3. 1 通过检验。

（2）结构依赖与集成效应关系的研究假设检验。

结构依赖对集成效应的影响如表 6-22 所示，标准化路径系数的值为 0. 470，路径系数的临界比 C.R. 值为 8. 288，大于 1. 96，并且显著性水平 $P<$ 0. 001。这表明结构依赖对集成效应有显著的正向影响，本书提出的研究假设 H3. 2 通过检验。

（3）结构依赖与学习效应关系的研究假设检验。

结构依赖对学习效应的影响如表 6-22 所示，标准化路径系数的值为 0. 367，路径系数的临界比 C.R. 值为 6. 591，大于 1. 96，并且显著性水平 $P<$ 0. 001。这表明结构依赖对学习效应有显著的正向影响，本书提出的研究假设 H3. 3 通过检验。

（4）过程依赖与互补效应关系的研究假设检验。

过程依赖对互补效应的影响如表 6-22 所示，标准化路径系数的值为 0. 537，路径系数的临界比 C.R. 值为 9. 425，大于 1. 96，并且显著性水平 $P<$ 0. 001。这表明过程依赖对互补效应有显著的正向影响，本书提出的研究假设 H3. 4 通过检验。

（5）过程依赖与集成效应关系的研究假设检验。

过程依赖对集成效应的影响如表 6-22 所示，标准化路径系数的值为 0. 429，路径系数的临界比 C.R. 值为 7. 737，大于 1. 96，并且显著性水平 $P<$ 0. 001。这表明过程依赖对集成效应有显著的正向影响，本书提出的研究假设 H3. 5 通过检验。

（6）过程依赖与学习效应关系的研究假设检验。

过程依赖对学习效应的影响如表 6-22 所示，标准化路径系数的值为 0.504，路径系数的临界比 C.R. 值为 8.570，大于 1.96，并且显著性水平 $P<0.001$。这表明过程依赖对学习效应有显著的正向影响，本书提出的研究假设 H3.6 通过检验。

6.4.4 双向资源依赖是隔离机制与协同效应的中介变量的假设检验

6.4.4.1 隔离机制、双向资源依赖与协同效应关系的模型拟合度分析

本书利用 AMOS22.0 构建出隔离机制、双向资源依赖与协同效应之间关系的结构方程模型，图 6-7 显示的是非标准化路径系数的结构方程模型，图 6-8 显示的是标准化路径系数的结构方程模型。

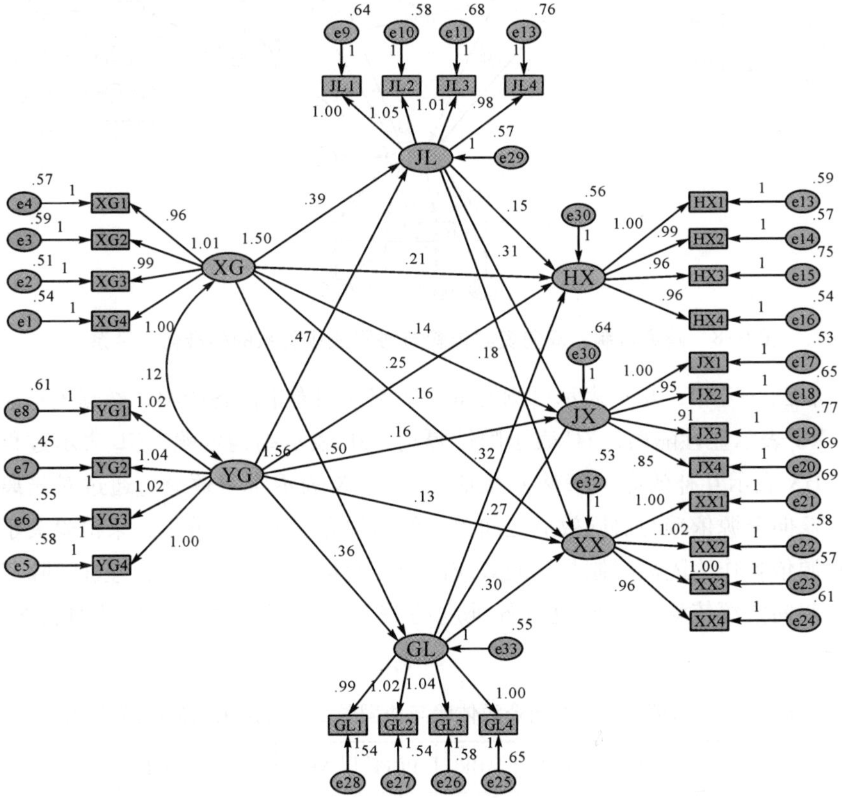

图 6-7 隔离机制、双向资源依赖与协同效应关系的非标准化路径系数

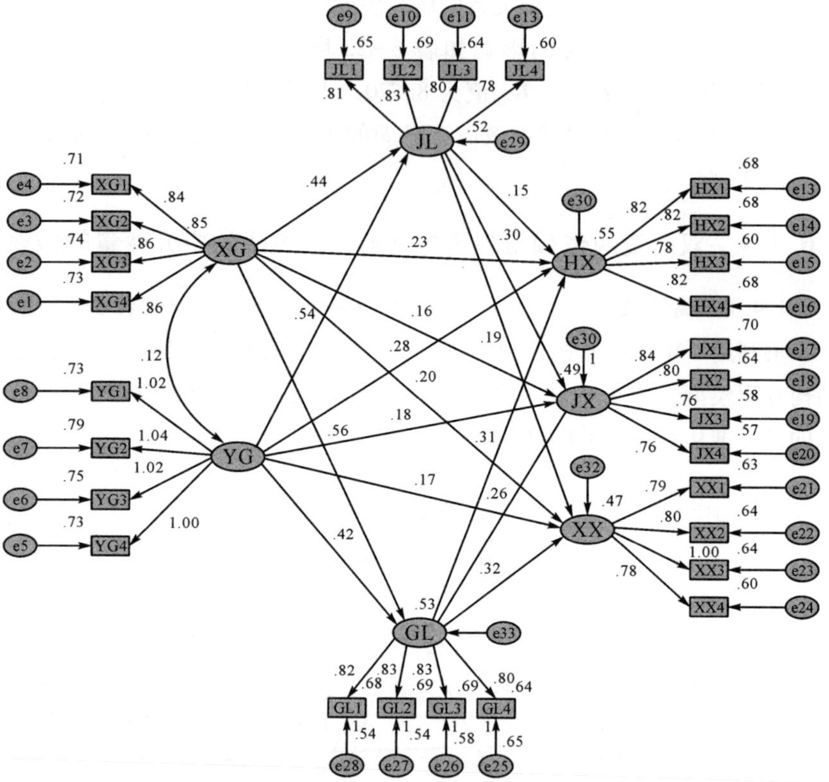

图 6-8　隔离机制、双向资源依赖与协同效应关系的标准化路径系数

在图 6-7 中，矩形表示可测变量，即调查问卷里的各题项，椭圆表示潜变量，XG 表示显性隔离，YG 表示隐性隔离，JL 表示结构依赖，GL 表示过程依赖，HX 表示互补效应，JX 表示集成效应，XX 表示学习效应。通过对隔离机制、双向资源依赖与协同效应之间关系的结构方程模型的分析，来检验关于双向资源依赖作为隔离机制与协同效应的中介变量的若干假设的合理性。隔离机制、双向资源依赖与协同效应各维度的关系模型拟合度分析结果如表 6-23 所示。

表 6-23　隔离机制、双向资源依赖与协同效应各维度关系的模型拟合度

指标名称	χ^2/df	RMSEA	GFI	AGFI	PGFI	NFI	RFI	IFI	TLI	CFI
指标值	1.099	0.017	0.934	0.919	0.766	0.947	0.94	0.995	0.994	0.995
评价标准	< 3	< 0.05	>0.9	>0.9	>0.5	>0.9	>0.9	>0.9	>0.9	>0.9

由表 6-23 可以看出，卡方自由度比值 χ^2/df 为 1.099，小于 3；RMSEA 的值为 0.017，小于 0.05；GFI 的值为 0.934，大于 0.9；AGFI 的值为 0.919，大于 0.9；PGFI 的值为 0.766，大于 0.5；NFI 的值为 0.947，大于 0.9；RFI 的值为 0.940，大于 0.9；IFI 的值为 0.995，大于 0.9；TLI 的值为 0.994，大于 0.9；CFI 的值为 0.995，大于 0.9。以上各指标均在界值范围内，符合模型拟合度评价标准，说明隔离机制、双向资源依赖与协同效应各维度关系的结构方程模型的整体拟合度较好，该测量模型是有效的。

6.4.4.2 模型路径系数分析与中介变量的检验

本书利用结构方程模型来检验资源依赖作为隔离机制和协同效应之间的中介变量的效应。温忠麟（2005）认为如果变量 X 通过影响变量 M 而对变量 Y 产生影响，那么变量 M 可以视为中介变量（mediator）。关于中介效应是否存在的鉴定方法，比较流行的有如下三种：

第一种：一次检验法，依次检验中介模型各回归系数是否显著，该方法可以从统计软件的计算结果中直接获得，但是这种检测方法对于较弱的中介效应检测不是很理想，容易犯统计分析中的第二类错误，即接受虚无假设。

第二种：系数乘积项检测法，此方法主要是检测 ab 乘积项的系数是否显著，具体检查方法叫 Sobeltest，具体公式如下：

$$z = ab/SE_{ab}$$

$$SE_{ab} = \sqrt{a^2SE_b^2 + b^2SE_b^2}$$

a、b 表示从自变量到中介变量，从中介变量到因变量的路径系数，SE 表示标准误。在 a、b 两条路径系数均显著的前提下，如果 Z 值 > 1.96，表示结果显著，即中介效果存在。

第三种：差异系数法，该方法需要计算联合标准误，存在专门的计算公式，Mackinnon 认为，在众多计算公式中，Clogg 和 Freedman 提出的计算公式相对比较准确。该方法同样可能出现错误。

本书采用第二类方法，即 Sobeltest 法检验资源依赖在隔离机制与协同效应之间的中介作用是否存在。各潜变量模型路径系数具体分析结果如表 6-24 所示。

表 6-24 各潜变量模型路径系数分析结果

潜变量		潜变量	非标准化路径系数	标准化路径系数	S.E.	C.R.	*P*
显性隔离	⟶	过程依赖	0.497	0.561	0.047	10.678	***
隐性隔离	⟶	过程依赖	0.357	0.421	0.042	8.578	***

表6-24(续)

潜变量		潜变量	非标准化路径系数	标准化路径系数	S.E.	C.R.	*P*
显性隔离	⟶	结构依赖	0. 394	0. 442	0. 045	8. 805	***
隐性隔离	⟶	结构依赖	0. 458	0. 538	0. 044	10. 313	***
显性隔离	⟶	学习效应	0. 161	0. 196	0. 064	2. 514	0. 012
隐性隔离	⟶	学习效应	0. 13	0. 165	0. 059	2. 205	0. 027
过程依赖	⟶	学习效应	0. 301	0. 325	0. 073	4. 142	***
结构依赖	⟶	互补效应	0. 154	0. 151	0. 073	2. 108	0. 035
结构依赖	⟶	学习效应	0. 176	0. 19	0. 071	2. 471	0. 013
过程依赖	⟶	集成效应	0. 266	0. 255	0. 079	3. 357	***
过程依赖	⟶	互补效应	0. 316	0. 308	0. 075	4. 18	***
隐性隔离	⟶	互补效应	0. 242	0. 279	0. 061	3. 945	***
隐性隔离	⟶	集成效应	0. 161	0. 183	0. 065	2. 477	0. 013
显性隔离	⟶	互补效应	0. 206	0. 228	0. 066	3. 13	0. 002
显性隔离	⟶	集成效应	0. 144	0. 157	0. 07	2. 052	0. 04
结构依赖	⟶	集成效应	0. 309	0. 299	0. 079	3. 9	***

备注：*P* 值<0. 001 用 *** 表示，表示非常显著。

（1）结构依赖对隔离机制与协同效应有中介作用的假设检验。

显性隔离到结构依赖的非标准化的路径系数是 0. 394，*P* 值小于 0. 05，说明此路径显著，标准误 S.E.为 0. 045；结构依赖到互补效应的非标准化路径系数是 0. 154，*P* 值小于 0. 05，说明此路径显著，标准误 S. E. 为 0. 071，代入 Sobeltest 公式计算 *Z* 值为 2. 051，大于 1. 96，说明中介作用存在。由此可见，结构依赖是显性隔离和互补效应的中介变量。

显性隔离到结构依赖的非标准化的路径系数是 0. 394，*P* 值小于 0. 05，说明此路径显著，标准误 S.E.为 0. 045；结构依赖到集成效应的非标准化路径系数是 0. 309，*P* 值小于 0. 05，说明此路径显著，标准误 S. E. 为 0. 079，代入 Sobeltest 公式计算 *Z* 值为 3. 571，大于 1. 96，说明中介作用存在。由此可见，结构依赖是显性隔离和集成效应的中介变量。

显性隔离到结构依赖的非标准化的路径系数是 0. 394，*P* 值小于 0. 05，说明此路径显著，标准误 S.E.为 0. 045；结构依赖到学习效应的非标准化路径系数是 0. 176，*P* 值小于 0. 05，说明此路径显著，标准误 S.E.为 0. 071，代入 Sobeltest 公式计算 *Z* 值为 2. 385，大于 1. 96，说明中介作用存在。由此可见，结构依赖是显性隔离和学习效应的中介变量。

隐性隔离到结构依赖的非标准化的路径系数是 0. 458，*P* 值小于 0. 05，说明此路径显著，标准误 S.E.为 0. 044；结构依赖到互补效应的非标准化路径系数是 0. 154，*P* 值小于 0. 05，说明此路径显著，标准误 S.E.为 0. 073，代入 Sobeltest 公式计算 *Z* 值为 2. 068，大于 1. 96，说明中介作用存在。由此可见，结构依赖是隐性隔离和互补效应的中介变量。

隐性隔离到结构依赖的非标准化的路径系数是 0. 458，*P* 值小于 0. 05，说明此路径显著，标准误 S.E.为 0. 044；结构依赖到集成效应的非标准化路径系数是 0. 309，*P* 值小于 0. 05，说明此路径显著，标准误 S.E.为 0. 079，代入 Sobeltest 公式计算 *Z* 值为 3. 661，大于 1. 96，说明中介作用存在。由此可见，结构依赖是隐性隔离和集成效应的中介变量。

隐性隔离到结构依赖的非标准化的路径系数是 0. 458，*P* 值小于 0. 05，说明此路径显著，标准误 S.E.为 0. 044；结构依赖到学习效应的非标准化路径系数是 0. 176，*P* 值小于 0. 05，说明此路径显著，标准误 S.E.为 0. 071，代入 Sobeltest 公式计算 *Z* 值为 2. 411，大于 1. 96，说明中介作用存在。由此可见，结构依赖是隐性隔离和学习效应的中介变量。

综上可以推导出结构依赖是隔离机制与协同效应之间的中介变量的结论。因此，本书提出的研究假设 H4. 1 通过检验。

（2）过程依赖对隔离机制与协同效应有中介作用的假设检验。

显性隔离到过程依赖的非标准化的路径系数是 0. 497，*P* 值小于 0. 05，说明此路径显著，标准误 S.E.为 0. 047；过程依赖到互补效应的非标准化路径系数是 0. 316，*P* 值小于 0. 05，说明此路径显著，标准误 S.E.为 0. 061，代入 Sobeltest 公式计算 *Z* 值为 3. 914，大于 1. 96，说明中介作用存在。由此可见，过程依赖是显性隔离和互补效应的中介变量。

显性隔离到过程依赖的非标准化的路径系数是 0. 497，*P* 值小于 0. 05，说明此路径显著，标准误 S.E.为 0. 047；过程依赖到集成效应的非标准化路径系数是 0. 266，*P* 值小于 0. 05，说明此路径显著，标准误 S.E.为 0. 079，代入 Sobeltest 公式计算 *Z* 值为 3. 208，大于 1. 96，说明中介作用存在。由此可见，过程依赖是显性隔离和集成效应的中介变量。

显性隔离到过程依赖的非标准化的路径系数是 0. 497，*P* 值小于 0. 05，说明此路径显著，标准误 S.E.为 0. 047；过程依赖到学习效应的非标准化路径系数数是0.301，P 值小于0.05，说明此路径显著，标准误S.E.为0.073，代入Sobeltest公式计算 Z 值为3.842，大于1.96，说明中介作用存在。由此可见，过程依赖是显性隔离和学习效应的中介变量。

隐性隔离到过程依赖的非标准化的路径系数是0.357，P 值小于0.05，说明此路径显著，标准误S.E.为0.042；过程依赖到互补效应的非标准化路径系数是0.316，P 值小于0.05，说明此路径显著，标准误S.E.为0.075，代入Sobeltest公式计算 Z 值为3.775，大于1.96，说明中介作用存在。由此可见，过程依赖是显性隔离和互补效应的中介变量。

隐性隔离到过程依赖的非标准化的路径系数是0.357，P 值小于0.05，说明此路径显著，标准误S.E.为0.042；过程依赖到集成效应的非标准化路径系数是0.266，P 值小于0.05，说明此路径显著，标准误S.E.为0.079，代入Sobeltest公式计算 Z 值为3.13，大于1.96，说明中介作用存在。由此可见，过程依赖是显性隔离和集成效应的中介变量。

隐性隔离到过程依赖的非标准化的路径系数是0.357，P 值小于0.05，说明此路径显著，标准误S.E.为0.042；过程依赖到学习效应的非标准化路径系数是0.301，P 值小于0.05，说明此路径显著，标准误S.E.为0.073，代入Sobeltest公式计算 Z 值为3.71，大于1.96，说明中介作用存在。由此可见，过程依赖是显性隔离和学习效应的中介变量。

综上可以推导出过程依赖是隔离机制与协同效应之间的中介变量的结论，因此，本书提出的研究假设H4.2通过检验。资源依赖对隔离机制与协同效应的中介作用的检验结果如表6-25所示。

表6-25　中介作用的检验结果

中介路径					Z 值	中介作用是否存在
潜变量		中介变量		潜变量		
显性隔离机制	→	结构依赖	→	互补效应	2.051	存在
显性隔离机制	→	结构依赖	→	集成效应	3. 571	存在
显性隔离机制	→	结构依赖	→	学习效应	2.385	存在
隐性隔离机制	→	结构依赖	→	互补效应	2.068	存在
隐性隔离机制	→	结构依赖	→	集成效应	3.661	存在
隐性隔离机制	→	结构依赖	→	学习效应	2.411	存在
显性隔离机制	→	过程依赖	→	互补效应	3.914	存在

表6-25(续)

中介路径					Z值	中介作用是否存在
潜变量		中介变量		潜变量		
显性隔离机制	→	过程依赖	→	集成效应	3.208	存在
显性隔离机制	→	过程依赖	→	学习效应	3.842	存在
隐性隔离机制	→	过程依赖	→	互补效应	3.775	存在
隐性隔离机制	→	过程依赖	→	集成效应	3.13	存在
隐性隔离机制	→	过程依赖	→	学习效应	3.71	存在

本章主要对第4章提出的研究假设进行实证检验。首先，为了进一步确认数据的有效性，笔者对大规模调查问卷收集的数据再次进行了信度和效度分析，确保收集的样本数据有效。然后，笔者通过构建结构方程模型对各变量之间的相关关系进行了路径分析，并通过路径分析来检验研究假设的有效性。由此，本书得到如下的检验结果（见表6-26）：

表6-26 研究假设检验结果汇总

编号	研究假设	检验结果
H1.1	显性隔离对互补效应有正向影响	通过检验
H1.2	显性隔离对集成效应有正向影响	通过检验
H1.3	隐性隔离对集成效应有正向影响	通过检验
H1.4	隐性隔离对学习效应有正向影响	通过检验
H2.1	显性隔离对结构依赖有正向影响	通过检验
H2.2	显性隔离对过程依赖有正向影响	通过检验
H2.3	隐性隔离对结构依赖有正向影响	通过检验
H2.4	隐性隔离对过程依赖有正向影响	通过检验
H3.1	结构依赖对互补效应有正向影响	通过检验
H3.2	结构依赖对集成效应有正向影响	通过检验
H3.3	结构依赖对学习效应有正向影响	通过检验
H3.4	过程依赖对互补效应有正向影响	通过检验
H3.5	过程依赖对集成效应有正向影响	通过检验
H3.6	过程依赖对学习效应有正向影响	通过检验
H4.1	结构依赖对隔离机制与协同效应有中介作用	通过检验
H4.2	过程依赖对隔离机制与协同效应有中介作用	通过检验

7 结论与展望

7.1 主要研究结论

本书依据协同理论与资源依赖理论，采用案例研究方法并以合作研发领域为研究背景，对隔离机制、双向资源依赖与协同效应之间的关系进行探讨。本书选择来自不同层面的3组合作研发样本来进行案例研究，尝试发现隔离机制、双向资源依赖与协同效应之间的内在逻辑关系，以及双向资源依赖在隔离机制与协同效应之间的中介作用。本书运用结构方程模型对提出的研究假设进行实证检验。主要研究结论如下：

7.1.1 隔离机制、双向资源依赖与协同效应之间存在正向影响关系

隔离机制是合作双方产生双向资源依赖关系的前因变量，双向资源依赖是合作双方实现协同效应的前因变量，即三者之间存在着隔离机制——双向资源依赖——协同效应的逻辑链条关系。隔离机制、双向资源依赖与协同效应之间的内在逻辑关系的发现，为合作研发双方协同效应研究提供了新的理论视角和理论依据。

7.1.2 隔离机制在协同效应实现中起到自发性作用机制的作用

在隔离机制作用下，合作双方不必采取一些“干预”手段来促使协同效应的实现，隔离机制能够促使合作双方自发地实现协同效应。而且本书从资源来源的角度对隔离机制进行了划分，显性隔离和隐性隔离在协同效应实现过程中发挥着不同的作用。研究结果表明，在显性隔离作用下，合作研发双方能够产生持续互补效应；在显性隔离和隐性隔离的共同作用下，合作研发双方能够产生集成效应；在隐性隔离作用下，合作研发双方能够产生学习效应。协同效

应是互补效应、集成效应和学习效应的一个组合。

7.1.3 双向资源依赖是隔离机制与协同效应之间的中介变量

在合作研发中，隔离机制能够发挥出“隔而不离”的作用，打破了生物学界对其原本的界定。在隔离机制作用下，合作研发双方能够消除核心资源或能力被模仿或替代的担忧，因此合作双方都能够从对方获得所需的且难以模仿或替代的优势资源，并建立起基于差别优势的资源依赖关系，即双向资源依赖关系。双向资源依赖能够促进合作双方的协同合作，通过优势资源的整合利用，使得双方都获得利益最大化，产生更高的合作价值，实现合作增量效果，即协同效应。

7.2 理论贡献与管理启示

7.2.1 理论贡献

（1）扩充和完善了协同理论内容体系，为合作研发协同研究提供了理论指导。本书通过引入隔离机制来研究合作研发双方协同效应实现的问题。如何通过合作研发来增加整体效益并实现协同效应对于合作双方具有重要的理论价值和实际意义。现有的协同研究虽然取得了一定的成果，为合作研发提供了理论指导，但还没有从根本上解决在管理实践中出现的合作失败的问题，如信任缺失、利益争夺及协调不畅等，从而导致双方合作失败，降低了整体合作效益。而在隔离机制的作用下，合作双方可以较好地解决以上问题。研究发现，隔离机制能够产生两方面的作用：一方面是隔离机制的“隔离”作用，能够保持合作双方各自的差别优势的持续性，消除其失去竞争优势的后顾之忧；另一方面是隔离机制的“协同”作用，通过充分利用对方的优势资源来实现协同运作，产生帕累托最优效果，带来合作增量，实现协同效应。深刻揭示隔离机制与协同效应之间的内在逻辑关系及其作用机理，为合作研发主体间合作的顺利开展提供了契机和动力。

（2）促进了资源依赖理论的发展，为合作主体间资源依赖关系的进一步研究提供了理论借鉴。隔离机制的引入为合作主体间资源依赖关系的探讨提供了全新的理论分析视角，为双向资源依赖关系的产生提供了更有说服力的理论支撑。现有研究对合作主体间资源依赖关系的划分主要根据组织间资源依赖程度，将其划分为对称性资源依赖关系与非对称性资源依赖关系两种形式。虽然学术界对对称性资源依赖关系能够促进合作双方的共同发展达成了共识，但尚缺乏对对称性资源依赖关系的形成机制的探讨。因此，本书对隔离机制与双向资源依赖关系的探讨不仅开辟了合作双方资源依赖关系研究的新视角，而且也为后续合作双方资源依赖关系的深入研究提供了理论借鉴。

（3）重新界定了隔离机制在合作研发领域的理论内涵并构建出隔离机制的概念框架，打破了生物学领域对隔离机制的原本界定。现有研究认为隔离机制主要是合作双方出于“自我保护”而采取的措施或手段，更适合在竞争的环境下来解读。而在当今环境下，组织间的合作活动已经成为组织适应环境发展的主要选择，但现有研究对合作环境中隔离机制的探讨较少。因此，本书深入合作研发领域来对隔离机制进行解读，发掘并拓展了隔离机制的作用范围，不仅继承了隔离机制的原始作用（即限制自己的竞争优势被模仿或被消弱），而且揭示了其产生互补和协同作用的本质，进一步拓展了隔离机制的理论内涵。

7.2.2 管理启示

（1）具有隔离机制的主体要正确对待显性隔离与隐性隔离之间的关系，两者不是孤立的而是互动增强的关系。上述案例资料显示，华为与东风、中国重汽与德国曼、新疆天业与石河子大学 3 组样本的合作无一例外都属于“强强联手”，“强”在本书中是隔离机制的体现，具体体现为显性隔离与隐性隔离的组合，隐性隔离是因，显性隔离是果。“强”与“强”的结合进一步强化了这种因果关系，隐性隔离推动了显性隔离的形成，显性隔离深化了隐性隔离的内涵。可见，显性隔离与隐性隔离之间不是互不干涉的关系，而是互为动态增强的关系。显性隔离和隐性隔离的互动增强关系也反映出显性资源与隐性资源的互相转化、不断增强的属性，构筑起核心能力并且进入良性循环。

（2）隔离机制作用下所产生的协同效应表现为互补效应、集成效应和学习效应的一个组合，而不仅仅是互补效应。通过对华为与东风、中国重汽与德国曼、新疆天业与石河子大学这来自不同合作层面的 3 组案例样本合作研发过程的梳理，本书发现隔离机制与协同效应这一对看似矛盾对立的事物，在合作研发领域却有着紧密的内在联系。也就是说，隔离机制的“隔离”作用能够使合作研发双方之间产生“协同”作用。通过 3 组样本的合作研发过程，笔者发现，隔离机制作用下的合作有别于仅限于异质性资源的合作。前者能够使合作双方之间产生双向资源依赖关系，可以带来持续互补效应，进而持续实现集成效应和学习效应；后者可能只是单向的资源依赖关系或是极易被模仿和替代的资源依赖关系，仅仅能够产生互补效应且很难持续互补，更难实现集成效应和学习效应。前者与后者相比，能够实现更加持久的协同效应。

（3）在合作过程中，企业要注意防范隔离机制的“刚性”问题。刘伟（2008）提出“隔离机制”是一把双刃剑，一方面能够保护企业不受侵犯，另一方面又可能阻碍企业进步和发展。隔离机制可能形成于政府或法律的保护、行业壁垒的限制、组织内部优势的积累。无论是内生性隔离还是外生性隔离，都可能在多变的环境中出现隔离机制的“刚性”问题，进而失去隔离作用。可见，企业的隔离机制不是企业永远的“保护伞”，也需要与环境相适应。因此，企业要保持隔离机制的动态性，即根据环境的变化动态地调整核心资源或核心能力，不断强化差别优势，有效地规避隔离机制的“刚性”出现。

7.3 研究局限与未来展望

7.3.1 研究局限

虽然本书的研究具有一定的创新性，但仍然存在以下的局限性：

（1）本书构建的隔离机制产生协同效应的实现框架是根据所选定的3组合作样本的实践过程而总结和提炼的，由于样本选择的局限，全面而深刻地揭示研究维度还需要后续深入研究。

（2）本书所采用的量表是通过自行设计和情境转换两种方式获得的，虽然得到了众多专家和学者的指正，验证通过具有可行性，但是量表的设计是在现有文献研究和探索性案例分析的基础上归纳总结出来的，总结归纳是分析性的而不是统计性的，量表设计上带有一定的主观性。

7.3.2 未来展望

通过对本书的研究局限性的分析，提出今后研究的方向：

（1）扩大样本的覆盖面，采集更多来自不同行业的合作样本，根据已有研究成果和大量合作样本的实践活动来检验各变量之间的关系，进一步验证本书研究已经得出的理论观点。

（2）将隔离机制放在合作研发领域里的研究还不多见，可以继续深入挖掘隔离机制的属性特征，尤其是显性隔离与隐性隔离的属性差异。本书初步构建了显性隔离与隐性隔离实现协同效应的理论模型，在后续研究中，可以深入探讨显性隔离与隐性隔离的作用机理，特别是对企业价值增值的作用和影响，进一步完善隔离机制作用下协同效应实现的理论模型。

（3）通过理论与实践的结合，进一步细化隔离机制、双向资源依赖和协同效应的研究维度，从客观与主观相结合的角度出发，优化量表设计，使量表的内容更加客观，也更加符合企业实践和社会经济发展规律。

参考文献

[1] 艾晓玉，尹继东. 协同创新的动态演进机制：基于 CAS 理论的分析框架 [J]. 科技管理研究，2015，35 (18)：161-165.

[2] 安娜·格兰多里. 企业网络：组织和产业竞争力 [M]. 祝茂，罗若愚，刘刚，译. 北京：中国人民大学出版社，2005.

[3] 宝贡敏，龙思颖. 企业动态能力研究：最新述评与展望 [J]. 外国经济与管理，2015，37 (7)：74-87.

[4] 卞建平. 集成创新与企业核心竞争力的提升 [J]. 理论学刊，2006 (12)：50-51.

[5] 蔡庆丰，田霖. 产业政策与企业跨行业并购：市场导向还是政策套利 [J]. 中国工业经济，2019 (1)：81-99.

[6] 蔡新蕾，高山行，杨燕. 企业政治行为对原始性创新的影响研究：基于制度视角与资源依赖理论 [J]. 科学学研究，2013 (2)：276-285.

[7] 曹静，范德成，唐小旭. 产学研结合技术创新绩效评价研究 [J]. 科技进步与对策，2010，27 (7)：114-118.

[8] 曹洲涛，杨建梅. 现代企业创新新模式：集成创新 [J]. 科技管理研究，2003 (5)：44-46.

[9] 常荔，李顺才，邹珊刚. 论基于战略联盟的关系资本的形成 [J]. 外国经济与管理，2002 (7)：29-33.

[10] 陈刚，赵志耘，许端阳. 科技创新支撑经济发展方式转变的动力机制 [J]. 中国科技论坛，2014 (6)：5-8，16.

[11] 陈宏光. 浙江省市级科技政策对产学研合作创新绩效的影响研究 [D]. 杭州：杭州电子科技大学，2013.

[12] 陈建军，王正沛，李国鑫. 中国宇航企业组织结构与创新绩效：动态能力和创新氛围的中介效应 [J]. 中国软科学，2018 (11)：122-130.

[13] 陈金丹，黄晓. 集群协同创新网络研究回顾与未来展望：群内协同与群际协同视角 [J]. 科技进步与对策，2015，32 (7)：155-160.

[14] 陈劲. 中国科技体制改革笔谈 [J]. 科学学研究，2011，29 (12)：1761-1764.

[15] 陈劲，梁靓，吴航. 开放式创新背景下产业集聚与创新绩效关系研究：以中国高技术产业为例 [J]. 科学学研究，2013 (4)：623-629，577.

[16] 陈培樗，屠梅曾. 产学研技术联盟合作创新机制研究 [J]. 科技进步与对策，2007，24 (6)：37-39.

[17] 陈晓红，解海涛. 基于"四主体动态模型"的中小企业协同创新体系研究 [J]. 科学学与科学技术管理，2006，27 (8)：37 -43.

[18] 陈玉罡，李善民. 并购中主并公司的可预测性：基于交易成本视角的研究 [J]. 经济研究，2007，42 (4)：90-100.

[19] 陈伟，张旭梅. 供应链伙伴特征、知识交易与创新绩效关系的实证研究 [J]. 科研管理，2011，32 (11)：7-15.

[20] 陈云. 产学研合作相关概念辨析及范式构建 [J]. 科学学研究，2012 (8)：1206-1210，1252.

[21] 陈志军，马鹏程，董美彤，等. "凝心"能"协同"吗?：母公司文化控制、研发协同与子公司创新绩效关系研究 [J]. 中国软科学，2018 (4)：102-112.

[22] 褚燕. 企业信息系统与其互补资源的互动关系及价值研究 [D]. 上海：复旦大学，2008.

[23] 戴维·贝赞可，戴维·德雷诺夫，马克·尚利. 公司战略经济学 [M]. 北京：北京大学出版社，1999.

[24] 党兴华，刘兰剑. 跨组织技术创新合作动因的两视角分析 [J]. 科研管理，2006，27 (1)：55-61.

[25] 党兴华，楼桂球. 技术创新网络中企业权力依赖关系的构面探索研究 [J]. 科学学与科学技术管理，2009 (10)：73-78.

[26] 党兴华，李玲，张巍. 技术创新网络中企业间依赖与合作动机对企业合作行为的影响研究 [J]. 预测，2010，29 (5)：37-41，47.

[27] 丁鹏玉，李江涛. 四轮驱动："十三五"应急产业科技创新路径选择 [J]. 国家行政学院学报，2015 (2)：124-128.

[28] 董保宝，葛宝山，王侃. 资源整合过程、动态能力与竞争优势：机理与路径 [J]. 管理世界，2011 (3)：92-101.

[29] 董睿，张海涛．产学研协同创新模式演进中知识转移机制设计［J］．软科学，2018，32（11）：6-10.

[30] 董晓波，常向阳．替代交易费用、资产专用性与农业自我实施合约［J］．科研管理，2016，7（11）：159-166.

[31] 段晶晶．基于企业合作绩效的产学研合作研究［D］．天津：天津大学，2011.

[32] 樊杰，刘汉初．“十三五”时期科技创新驱动对我国区域发展格局变化的影响与适应［J］．经济地理，2016，36（1）：1-9.

[33] 范波，孟卫东，代建生．具有协同效应的合作研发利益分配模型［J］．系统工程学报，2015，30（1）：34-43.

[34] 范佳凤，林健．竞争者联盟与低成本集群恶性竞争［J］．生产力研究，2008（5）：70-72.

[35] 冯之浚，刘燕华，方新，等．创新是发展的根本动力［J］．评价与管理，2015（4）：1-8.

[36] 傅利平，周小明，罗月丰．知识溢出与产学研合作创新网络的耦合机制研究［J］．科学学研究，2013（10）：1541-1547.

[37] 高举红，滕金辉，侯丽婷，等．需求不确定下考虑竞争的闭环供应链定价研究［J］．系统工程学报，2017，32（1）：78-88.

[38] 顾兴燕，银路．基于能力异质性的产学研合作创新对象选择［J］．技术经济，2010，29（11）：24-29.

[39] 郭其友，张晖萍．罗伯特·奥曼的博弈论及其经济理论述评［J］．国外社会科学，2002（5）：75-78.

[40] 韩文海．基于隔离机制的竞合效益研究［D］．大连：东北财经大学，2012.

[41] 贺建风，吴慧．科技创新和产业结构升级促进新型城镇化发展了吗［J］．当代经济科学，2016，38（5）：59-68，126.

[42] 洪银兴．关于创新驱动和协同创新的若干重要概念［J］．经济理论与经济管理，2013（5）：5-12.

[43] 洪银兴．科技创新中的企业家及其创新行为：兼论企业为主体的技术创新体系［J］．中国工业经济，2012（6）：83-93.

[44] 侯光文，薛惠锋．集群网络关系、知识获取与协同创新绩效［J］．科研管理，2017，38（4）：1-9.

[45] 黄波，熊德章，皮星．网络外部性环境下的企业研发行为［M］．

成都：西南财经大学出版社，2012.

［46］黄海杰，吕长江，LEE E. “四万亿投资”政策对企业投资效率的影响［J］. 会计研究，2016（2）：51-57.

［47］黄少卿，从佳佳，巢宏. 研发联盟组织治理研究述评及未来展望［J］. 外国经济与管理，2016，38（6）：63-81，99.

［48］加里·哈梅尔，普拉哈拉德 C K. 竞争大未来［M］. 王振西，译. 北京：昆仑出版社，1998.

［49］贾生华，吴波，王承哲. 资源依赖、关系质量对联盟绩效影响的实证研究［J］. 科学学研究，2007，25（2）：334-339.

［50］贾军，张卓，张伟. 互补资产协同对企业绩效影响研究：技术关联的调节作用［J］. 科研管理，2013，34（10）：84-93.

［51］简兆权，吴隆增，黄静. 吸收能力、知识整合对组织创新和组织绩效的影响研究［J］. 科研管理，2008，29（1）：80-86，96.

［52］江飞涛，李晓萍. 直接干预市场与限制竞争：中国产业政策的取向与根本缺陷［J］. 中国工业经济，2010（9）：26-36.

［53］江小涓. 理解科技全球化：资源重组、优势集成和自主创新能力的提升［J］. 管理世界，2004（6）：4-13.

［54］蒋兴华，张明. 产学研战略联盟合作动机多理论视角研究及实证探讨［J］. 科技管理研究，2012（13）：10-14.

［55］解学梅. 中小企业协同创新网络与创新绩效的实证研究［J］. 管理科学学报，2010（8）：51-64.

［56］解学梅. 企业协同创新影响因素与协同程度多维关系实证研究［J］. 科研管理，2015，36（2）：69-78.

［57］赖馨正. 产学研技术创新战略联盟模式及运行研究［D］. 长沙：中南大学，2008.

［58］李彬，潘爱玲. 母子公司协同效应的三维结构解析及其价值相关性检验［J］. 南开管理评论，2014，17（1）：76-84.

［59］李彬，王凤彬，秦宇. 动态能力如何影响组织操作常规：一项双案例比较研究［J］. 管理世界，2013（8）：137-153.

［60］李成龙，刘智跃. 产学研耦合互动对创新绩效影响的实证研究［J］. 科研管理，2013（3）：23-30.

［61］李飞，米卜，刘会. 中国零售企业商业模式成功创新的路径：基于海底捞餐饮公司的案例研究［J］. 中国软科学，2013（9）：97-111.

[62] 李纲. 合作创新组织间关系嵌入与知识共享的关系研究 [J]. 科技进步与对策, 2010, 27 (1): 130-133.

[63] 李玲. 技术创新网络中企业间依赖、企业开放度对合作绩效的影响 [J]. 南开管理评论, 2011, 14 (4) : 16-24.

[64] 李敏, 杨建梅, 欧瑞秋. 中小企业集群的横向合作与技术创新激励研究 [J]. 科学学与科学技术管理, 2007 (7): 64-68.

[65] 李青原, 王永海. 资产专用性、资产一体化与公司并购绩效的实证研究 [J]. 经济评论, 2007 (2): 90-109.

[66] 李青原. 公司并购绩效与公司边界: 交易费用的视角 [J]. 南开管理评论, 2006, 9 (1): 38-44.

[67] 李青原. 公司并购协同效应、影响成本与资产专用性 [D]. 武汉: 武汉大学, 2005.

[68] 李瑞茜, 陈向东, 黄敏. 初始合作基础、后续合作过程对技术学习效应的影响 [J]. 科学学研究, 2016, 34 (11): 1708-1715.

[69] 李爽. 专利制度是否提高了中国工业企业的技术创新积极性: 基于专利保护强度和地区经济发展水平的"门槛效应" [J]. 财贸研究, 2017, 28 (4): 13-24, 42.

[70] 李涛, 张璋. 科技创新能力与国家位势关系研究: 基于结构方程模型的量化分析 [J]. 中国软科学, 2014 (2): 90-99.

[71] 李文博, 郑文哲. 企业集成创新的动因、内涵及层面研究 [J]. 科学学与科学技术管理, 2004, 25 (9): 41-46.

[72] 李晓静, 艾兴政, 唐小我. 竞争性供应链下再制造产品的回收渠道研究 [J]. 管理工程学报, 2016, 30 (3): 90-98.

[73] 李新荣. 基于集对分析的高校产学研合作项目绩效评价方法与模型研究 [J]. 科技管理研究, 2013 (2): 85-88.

[74] 李勇, 张异, 杨秀苔, 等. 供应链中制造商: 供应商合作研发博弈模型 [J]. 系统工程学报, 2005, 20 (1): 12-18.

[75] 李正峰, 叶金福. 企业合作研发中的机会主义行为及其治理机制设计 [J]. 世界科技研究与发展, 2014, 36 (1): 42-47.

[76] 黎文靖、李耀淘. 产业政策激励了公司投资吗? [J]. 中国工业经济, 2014 (5): 122-134.

[77] 刘丹, 闫长乐. 协同创新网络结构与机理研究 [J]. 管理世界, 2013 (12): 1-4.

［78］刘古权，董衍善，李伟. 协同凭什么创造价值：组织协同助力 500 强企业价值创造［J］. 企业管理，2018（9）：92-96.

［79］刘恒江，陈继祥. 要素、动力机制与竞争优势：产业集群的发展逻辑［J］. 中国软科学，2005（2）：125-126.

［80］刘克寅，汤临佳. 基于异质性要素匹配的企业合作创新作用机理研究［J］. 科技管理研究，2016，36（7）：11-18.

［81］刘克寅，汤临佳. 基于异质性资源互补匹配的企业合作创新伙伴选择方法［J］. 科技管理研究，2016，36（21）：145-150，156.

［82］刘伟. 动态复杂环境下企业隔离机制的研究［D］. 开封：河南大学，2008.

［83］刘小鲁. 知识产权保护、自主研发比重与后发国家的技术进步［J］. 管理世界，2011（10）：10-19.

［84］刘学元，丁雯婧，赵先德. 企业创新网络中关系强度、吸收能力与创新绩效的关系研究［J］. 南开管理评论，2016，19（1）：30-42.

［85］刘颖，陈继祥. 生产性服务业与制造业协同创新的自组织机理分析［J］. 科技进步与对策，2009，26（15）：48 -50.

［86］刘志迎，单洁含. 技术距离、地理距离与大学-企业协同创新效应：基于联合专利数据的研究［J］. 科学学研究，2013，31（9）：1331-1337.

［87］刘建秋，盛梦雅. 战略性社会责任、关系资源与企业竞争优势［J］. 财会月刊，2019（4）：59-63.

［88］龙勇，赵玉竹. 供应链协同对产品创新的影响［J］. 中国科技论坛，2016（11）：19-25.

［89］龙勇，付建伟. 资源依赖性、关系风险与联盟绩效的关系：基于非对称竞争性战略联盟的实证研究［J］. 科研管理，2011，32（9）：91-99.

［90］芦苇. 新常态下科技创新的困境与出路［J］. 经济问题，2016（6）：19-24.

［91］陆杉，高阳. 供应链的协同合作：基于商业生态系统的分析［J］. 管理世界，2007（5）：160-161.

［92］陆杉，龚潇潇. 供应链协同创新、关系资本与供应链绩效关系研究［J］. 中南大学学报（社会科学版），2016，22（6）：102-107.

［93］陆亚东，孙金云. 复合基础观的动因及其对竞争优势的影响研究［J］. 管理世界，2014（7）：93-106.

［94］罗党论，赵聪. 什么影响了企业对行业壁垒的突破：基于中国上市

公司的经验数据［J］. 南开管理评论，2013，16（6）：95-105.

［95］罗利，鲁若愚. 产学研合作对策模型研究［J］. 管理工程学报，2000，14（2）：1-4.

［96］罗珉，李亮宇. 互联网时代的商业模式创新：价值创造视角［J］. 中国工业经济，2015（1）：95-107.

［97］罗珉. 价值星系：理论解释与价值创造机制的构建［J］. 中国工业经济，2006（1）：80-89.

［98］罗胜强，姜嬿. 管理学问卷调查研究方法［M］. 重庆：重庆大学出版社，2015.

［99］骆品亮，周勇. 虚拟研发组织中知识转移的道德风险模型分析［J］. 研究与发展管理，2005，17（3）：64-69.

［100］吕海萍，龚建立，王飞绒，等. 产学研相结合的动力：障碍机制实证分析［J］. 研究与发展管理，2004，16（2）：58-62.

［101］吕晖，叶飞，强瑞. 供应链资源依赖、信任及关系承诺对信息协同的影响［J］. 工业工程与管理，2010，15（6）：7-15.

［102］吕璞，林莉. 供应链上下游企业间合作研发博弈模型［J］. 大连交通大学学报，2013，34（2）：117-120.

［103］吕文晶，陈劲，汪欢吉. 组织间依赖研究述评与展望［J］. 外国经济与管理，2017，39（2）：72-85.

［104］马鸿佳、董保宝、葛宝山. 创业能力、动态能力与企业竞争优势的关系研究［J］. 科学学研究，2014，32（3）：431-440.

［105］马海涛，方创琳，吴康. 链接与动力：核心节点助推国家创新网络演进［J］. 中国软科学，2012（2）：88-95.

［106］马君，陈锟，朱南. 基于企业持续竞争优势的隔离机制研究［J］. 华东经济管理，2005，19（1）：64-67.

［107］马宁，王立. 企业主导型产学研合作创新模式分析［J］. 科学学研究，2005（23）：244-248.

［108］马庆国. 管理统计：数据获取、统计原理、SPSS 工具与应用研究［M］. 北京：科学出版社，2002.

［109］马仁锋，唐娇，张弢，等. 科技创新带动文化创意产业发展研究动态与中国议题［J］. 经济问题探索，2012（11）：93-99.

［110］马喜芳，颜世富. 创业导向对组织创造力的作用机制研究：基于组织情境视角［J］. 研究与发展管理，2016，28（1）：73-83.

[111] 马艳艳，刘凤朝，姜滨滨，等. 企业跨组织研发合作广度和深度对创新绩效的影响：基于中国工业企业数据的实证 [J]. 科研管理，2014，35 (6)：33-40.

[112] 马莹莹，朱桂龙. 影响我国产学研合作创新绩效的行业特征 [J]. 科技管理研究，2011 (4)：98-100.

[113] 孟琦，韩斌. 获取战略联盟竞争优势的协同机制生成分析 [J]. 科技进步与对策，2008，25 (11)：1-4.

[114] 孟卫东，代建生. 合作研发中的双边道德风险和利益分配 [J]. 系统工程学报，2013，28 (4)：464-471.

[115] 倪飞，马朝良. 大数据情境下的产学研协同创新机制 [J]. 辽宁工业大学学报（社会科学版），2017，19 (2)：48-51.

[116] 潘文安. 关系强度、知识整合能力与供应链知识效率转移研究 [J]. 物流管理，2012 (5)：59-65.

[117] 邱国栋，白景坤. 价值生成分析：一个协同效应的理论框架 [J]. 中国工业经济，2007 (6)：88-95.

[118] 邱国栋，甘立双. 资源依赖理论视角的隔离机制与协同效应：以三组合作研发为例 [J]. 中国软科学，2017 (12)：39-48.

[119] 邱国栋，韩文海. 基于隔离机制的竞合效益：以 Nike 等 3 组企业为样本的跨案例研究 [J]. 中国工业经济，2012 (4)：141-153.

[120] 屈维意，周海炜，姜骞. 资源-能力观视角下战略联盟的协同效应层次结构研究 [J]. 科学进步与对策，2011，28 (24)：17-21.

[121] 冉文学，李子悦. 基于第三方物流的三级供应链 VMI 模式利益分配机制研究 [J]. 物流工程与管理，2018，40 (12)：79-83.

[122] 沈灏，李垣. 联盟关系、环境动态性对创新绩效的影响研究 [J]. 科研管理，2010，31 (1)：77-84.

[123] 沈灏，谢恩，王栋晗. 不确定环境驱动下的新产品开发战略选择与持续竞争优势 [J]. 经济与管理研究，2017，38 (9)：117-126.

[124] 盛虎宜，王建刚，鲁若愚. 资源依赖下企业内部知识创造的研究 [J]. 系统工程，2018，36 (11)：46-56.

[125] 石乘齐，党兴华. 创新网络中组织间依赖的维度和构面研究 [J]. 经济管理，2012 (12)：120-128.

[126] 石乘齐. 创新情景下组织间依赖的研究述评 [J]. 科技管理研究，2017，37 (1)：32-36.

［127］史宇鹏，顾全林. 知识产权保护、异质性企业与创新：来自中国制造业的证据［J］. 金融研究，2013（8）：136-149.

［128］水常青，郑刚，许庆瑞. 影响中国大中型工业企业协同创新要素的实证研究［J］. 科学学与科学技术管理，2004，25（12）：44-48.

［129］苏州. 基于多维分层的产学研合作绩效评价模型研究［J］. 南京理工大学学报，2018，42（6）：747-755.

［130］苏中锋，王海绒，张文红. 整合独立研发与合作研发：吸收能力的影响［J］. 科研管理，2016，37（11）：11-17.

［131］孙彪. 基于资源依赖观的合作双元能力对联盟创新绩效的影响研究［J］. 管理评论，2017，29（11）：98-105.

［132］孙冰，赵健. 技术创新协同研究综述［J］. 情报杂志，2011（11）：76-81.

［133］孙文. 企业研发支出的影响因素研究：基于非正式制度和产权保护的视角［J］. 技术经济与管理研究，2019（8）：64-68.

［134］孙毅. 控制性股东专用性资产投资行为研究［D］. 天津：南开大学，2013.

［135］汤临佳，范彦成. 面向异质行业领先企业的跨行业合作创新研究：来自西子联合的案例［J］. 科技进步与对策，2015（32）：86-91.

［136］汤湘希. 基于企业核心竞争力理论的无形资产经营问题研究［J］. 中国工业经济，2004（1）：87-92.

［137］唐保庆，邱斌，孙少勤. 中国服务业增长的区域失衡研究：知识产权保护实际强度与最适强度偏离度的视角［J］. 经济研究，2018，53（8）：147-162.

［138］唐方成，陈怡然. 双边市场中平台企业的隔离机制研究［J］. 北京交通大学学报（社会科学版），2013，12（2）：48-53.

［139］唐丽艳，刘旭华，王国红，等. 企业资源依赖性与合作创新行为的关系研究［J］. 运筹与管理，2017，26（2）：165-172.

［140］唐曼萍，李后建. 普通话技能的农户减贫效应研究：基于西部民族地区经济社会的调查［J］. 中国经济问题，2019（2）：122-136.

［141］陶丹. 产学研协同创新成本分摊机制研究［J］. 科技进步与对策，2018，35（5）：8-13.

［142］田洁，翟志芳. 高科技创新型企业品牌价值提升研究：以华为成功入围全球百强品牌为例［J］. 科学管理研究，2015，33（5）：82-85.

［143］万幼清，胡强. 产业集群协同创新的风险传导路径研究［J］. 管理世界，2015（9）：178-179.

［144］万幼清，王云云. 产业集群协同创新的企业竞合关系研究［J］. 管理世界，2014（8）：175-176.

［145］汪浩，宣国良. 创造知识“租”的学习型战略联盟结构分析［J］. 财经研究，2003，29（12）：68-73.

［146］王国红，邢蕊，唐丽艳. 基于知识场的产业集成创新研究［J］. 中国软科学，2010（9）：96-107.

［147］王凤彬，杨阳. 跨国企业对外直接投资行为的分化与整合：基于上市公司市场价值的实证研究［J］. 管理世界，2013（3）：148-171.

［148］王海军，于兆吉，温馨，等. “产学研 +”协同创新绩效评价研究：来自海尔的多案例验证［J］. 科研管理，2017，38（S1）：633-640.

［149］王浩，梁耀明. 产学研合作绩效评价研究综述［J］. 科技管理研究，2011（11）：55，56-61.

［150］王华. 更严厉的知识产权保护制度有利于技术创新吗？［J］. 经济研究，2011（A2）：124-135.

［151］王进富，张颖颖，苏世彬，等. 产学研协同创新机制研究：一个理论分析框架［J］. 科技进步与对策，2013，30（16）：1-6.

［152］王节祥，盛亚，蔡宁. 合作创新中资产专用性与机会主义行为的关系［J］. 科学学研究，2015，33（8）：1251-1260.

［153］王炯. 全球制造网络中网络嵌入性对企业绩效的影响研究［D］. 杭州：浙江大学，2006.

［154］王睢. 开放式创新下的知识治理：基于认知视角的跨案例研究［J］. 南开管理评论，2009，12（3）：45-52.

［155］王克敏，刘静，李晓溪. 产业政策、政府支持与公司投资效率研究［J］. 管理世界，2017（3）：113-124，145，188.

［156］王雷. 外部社会资本与集群企业创新绩效的关系：知识溢出与学习效应的影响［J］. 管理学报，2013，10（3）：444-450.

［157］王丽平，何亚蓉. 互补性资源、交互能力与合作创新绩效［J］. 科学学研究，2016，34（1）：132-141.

［158］王玲. 租金视角下供应链竞合的价值创造途径［J］. 商业经济与管理，2010（4）：5-11.

［159］王清晓. 跨国公司协调性知识转移的实证研究［J］. 科技进步

与对策，2010，27（17）：123-127.

[160] 王树祥，张明玉，郭琦. 价值网络演变与企业网络结构升级 [J]. 中国工业经济，2014（3）：93-106.

[161] 王宛秋，张永安. 基于解释结构模型的企业技术并购协同效应影响因素分析 [J]. 科学学与科学技术管理，2009（4）：104-109，193.

[162] 王文亮，肖美丹，吴静，等. 产学研协同创新生态机制影响因素研究 [J]. 技术经济与管理研究，2016（3）：34-38.

[163] 王亚娟. 组织演化的方向和能力：基于路径依赖理论的拓展分析 [J]. 管理现代化，2014（1）：33-35，89.

[164] 王艳，贺新闻，梁莱歆. 不同产权性质下企业组织冗余与自主创新投入关系研究：来自中国上市公司的经验数据 [J]. 科学学与科学技术管理，2011，32（7）：140-147.

[165] 王毅，陈劲，许庆瑞. 企业核心能力：理论溯源与逻辑结构剖析 [J]. 管理科学学报，2000，3（3）：24-33.

[166] 王琛，赵英军，刘涛. 协同效应及其获取的方式与途径 [J]. 学术交流，2004（10）：47-50.

[167] 王渊，张彤，陈立军，等. 基于资源依赖理论的供应链联盟成因分析及其发展策略 [J]. 科技进步与对策，2006，23（4）：173-176.

[168] 王子龙，谭清美，许箫迪. 策略联盟及其协同创新模型研究 [J]. 管理评论，2006（3）：59 -62.

[169] 魏江. 基于核心能力的企业购并后整合管理 [J]. 科学管理研究，2002，20（1）：31-36.

[170] 温珂，周华东. 联盟能力视角下的产学研合作联盟促进政策研究 [J]. 科学学与科学技术管理，2010（8）：10-14.

[171] 温小霓，李俊霞. 科技创新与经济增长之间的关系研究 [J]. 西安电子科技大学学报（社会科学版），2015，25（6）：58-67.

[172] 武博，刘光东，王怡. 产业价值链视角的纵向研究联合体研发模式研究：以上汽集团与通用（中国）纵向研究联合体为例 [J]. 华东经济管理，2012，26（2）：151-154.

[173] 武丹，管锡展. 产业组织角度的合作 R&D 研究述评 [J]. 产业经济研究，2007（4）：62-68.

[174] 吴国斌，党苗，吴建华，等. 任务复杂性下目标差异对沟通行为和应急合作关系的影响研究 [J]. 中国软科学，2015（5）：149-159.

［175］吴先明，梅诗晔. 基于自主创新的追赶战略：基于资源依赖视角［J］. 经济管理，2016，38（6）：29-40.

［176］吴炯，彭飞. 公司治理结构演进的进化博弈分析［J］. 管理工程学报，2004，18（2）：114-116.

［177］吴琨，殷梦丹，赵顺龙. 协同创新组织模式与运行机制的国内外研究综述［J］. 工业技术经济，2016（4）：9-16.

［178］项保华，邵军. 企业超长业绩成因试析：基于资源能力观的经济租金理论解释［J］. 南开管理评论，2004，7（2）：18-22.

［179］项国鹏. 公司战略变革的权力与文化阻力及其克服［J］. 经济管理，2007（3）：41-44.

［180］肖丁丁，朱桂龙. 产学研合作创新效率及其影响因素的实证研究［J］. 科研管理，2013，34（1）：11-18.

［181］辛晴. 动态能力的测度与功效：知识观视角的实证研究［J］. 中国科技论坛，2011（8）：106-112.

［182］邢美华，王维薇. 基于模糊积分法的农业企业产学研协同创新绩效评价研究［J］. 湖北农业科学，2017，56（24）：4911-4915.

［183］熊励，孙友霞，蒋定福，等. 协同创新研究综述：基于实现途径视角［J］. 科技管理研究，2011（14）：15-18.

［184］熊文景，徐拥军. 科技创新的强大精神力量［J］. 前线，2018（9）：15-18.

［185］薛卫，雷家骕，易难. 关系资本、组织学习与研发联盟绩效关系的实证研究［J］. 中国工业经济，2010（4）：90-99.

［186］许庆瑞，谢章澍. 企业创新协同及其演化模型研究［J］. 科学学研究，2004，22（3）：327-332.

［187］闫海峰，程鹏，关涛，等. 本土企业学习效应影响因素的实证研究［J］. 管理学报，2010，7（6）：814-818.

［188］杨芳，戴恩勇，李金亮. 基于 Multi-Agent 的果蔬冷链物流系统协同优化［J］. 统计与决策，2016（18）：178-181.

［189］杨怀珍，刘瑞环，李灿灿，等. 产品价格受需求影响的上游段 VMI 供应链利益分配模型［J］. 系统科学学报，2017，25（3）：107-111.

［190］吴画斌，许庆瑞，李杨. 创新引领下企业核心能力的培育与提高：基于海尔集团的纵向案例分析［J］. 南开管理评论，2019，22（5）：28-37.

［191］杨林，柳洲. 国内协同创新研究述评［J］. 科学学与科学技术

管理，2015，36（4）：50-53.

［192］杨瑞龙，刘刚. 企业异质性假设和企业竞争优势的内生性分析［J］. 中国工业经济，2002（1）：88-95.

［193］杨省贵. 基于企业成长的竞争者之间的合作研究［J］. 工业技术经济，2005，24（8）：39-40.

［194］杨伟，方刚，郑刚. 产业联盟中关系性知识产权的适用条件分析［J］. 科学学研究，2013，31（12）：1841-1847.

［195］杨雪，刘成，何玉成. 动态能力视角下商业模式创新企业绩效的作用机制研究：以制造业上市公司为例［J］. 工业技术经济，2019，38（2）：120-128.

［196］姚艳虹，欧阳雪，周惠平. 开放式创新、知识动态能力与企业竞争力的关系研究：伙伴机会主义的调节作用［J］. 软科学，2017，31（7）：29-33.

［197］叶建光，李艳红. 所有权、产业政策指导与银行贷款利率［J］. 财经理论与实践，2014，35（2）：21-26.

［198］伊戈尔·安索夫. 战略管理［M］. 北京：机械工业出版社，2015：41-43.

［199］易余胤，袁江. 基于混合回收的闭环供应链协调定价模型［J］. 管理评论，2011，23（11）：169-176.

［200］于斌斌. 演化经济学理论体系的建构与发展：一个文献综述［J］. 经济评论，2013（5）：140-146.

［201］于惊涛，武春友. 关于企业合作研发项目运作管理的案例分析［J］. 科研管理，2005，26（3）：65-72.

［202］余长林，王瑞芳. 发展中国家的知识产权保护与技术创新：只是线性关系吗？［J］. 当代经济科学，2009，31（3）：92-100.

［203］余明桂，范蕊，钟慧洁. 中国产业政策与企业技术创新［J］. 中国工业经济，2016（12）：5-22.

［204］余雅风，郑晓齐. 基于资源观的大学：企业合作创新研究［J］. 北京航空航天大学学报（社会科学版），2002，15（2）：55-58.

［205］余颖，青生，汤凌冰. 多类伙伴在新产品共同合作中的协同效应研究［J］. 软科学，2016，30（6）：62-65.

［206］喻登科，严红玲. 核心竞争力与竞争优势形成路径：知识资本与组织性格整合视角的解释［J］. 科技进步与对策，2019，36（1）：122-131.

［207］原毅军，孙大明. 合作研发影响制造业技术升级的机理及实证研究

[J]. 经济学家，2017 (8)：49-55.

[208] 韵江，刘立，高杰. 企业集团的价值创造与协同效应的实现机制[J]. 财经问题研究，2006 (4)：81-86.

[209] 威廉姆森. 资本主义经济制度：论企业签约与市场签约 [M]. 北京：商务印书馆，2002.

[210] 翟金芝，赵希男. "互联网 +" 时代基于 Markov 链的企业战略联盟生态圈合作伙伴选择分析 [J]. 技术经济，2016，35 (9)：66- 71.

[211] 翟磊. 产业演化视角下我国研发企业项目导向型合作组织研究[J]. 科学学与科学技术管理，2010 (3)：162-166.

[212] 曾萍，蓝海林. 组织学习、知识创新与动态能力：机制和路径[J]. 中国软科学，2009 (5)：135-146.

[213] 詹爱岚. 企业专利战略理论及应用研究综述 [J]. 情报杂志，2012，31 (5)：23-28.

[214] 张春明. 基于结构方程模型的企业超动态能力维度设计与验证[J]. 科技管理研究，2012，32 (23)：119-123.

[215] 张慧玉，杨俊. 新企业社会网络特征界定与测度问题探讨：基于效率与效果视角 [J]. 外国经济与管理，2011，33 (11)：11-20.

[216] 张坤. 学习导向对新创企业绩效的作用机制研究 [D]. 长春：吉林大学，2019.

[217] 张来武. 科技创新驱动经济发展方式转变 [J]. 中国软科学，2011 (12)：1-5.

[218] 张丽英. 技术并购与技术创新 [J]. 技术经济与管理研究，2013 (3)：25-29.

[219] 张钦朋. 产学研协同创新政府引导机制研究：基于 "2011 计划" 实施背景 [J]. 科技进步与对策，2014，31 (5)：96 -99.

[220] 张荣佳，原毅军，徐凯. 合作研发的影响因素：来自中国企业的经验研究 [J]. 当代经济科学，2012，34 (2)：95-127.

[221] 张威. 构建企业资源特征多层面分析模型：持续竞争优势形成探源[J]. 现代财经（天津财经大学学报），2006，26 (8)：52-55.

[222] 张伟. 区域创新体系中产学研合作行为与微观机制研究 [D]. 武汉：武汉理工大学，2010.

[223] 张协奎，林冠群，陈伟清. 促进区域协同创新的模式与策略思考：以广西北部湾经济区为例 [J]. 管理世界，2015 (10)：174-175.

［224］张玉强，宁凌. 对企业主导型产学研合作的反思与解构［J］. 中国科技论坛，2008（3）：67-70，99.

［225］章怡心，李登科. 供应链协同与供应链绩效的关系研究：基于环境不确定性的调节作用［J］. 经济研究导刊，2018（3）：11-14.

［226］赵莉楠. 中小企业技术创新绩效测度与评价研究［D］. 哈尔滨：哈尔滨理工大学，2005.

［227］赵振宇，王岚. 国际工程承包商与竞争者协同进化 NKC 模型研究［J］. 工程管理学报，2018，32（1）：47-52.

［228］周静珍，万玉刚，高静. 我国产学研合作创新的模式研究［J］. 科技进步与对策，2005，22（3）：70 -72.

［229］周立群，张龙鹏，张双志. 研发合作与企业创新：基于中国制造业的实证研究［J］. 江苏社会科学，2016（2）：47-55.

［230］周珺，徐寅峰. 企业间合作研发的发展趋势与动机分析［J］. 重庆大学学报（社会科学版），2002，8（5）：27- 29.

［231］周旻，邓飞其. 供应链上演化博弈的复制动态及演化稳定策略［J］. 统计与决策，2007（4）：43-44.

［232］周茜，葛扬. 科技创新演化与创新经济发展［J］. 科技进步与对策，2012，29（20）：6-13.

［233］周青，杨伟，马香媛. 浙江企业产学研合作主体性的实证研究［J］. 科学学与科学技术管理，2012（4）：142-146.

［234］周晓阳，王钰云. 产学研协同创新绩效评价文献综述［J］. 科技管理研究，2014（11）：45-49.

［235］周跃锋，景学青，周辽东，等. 同质化竞争性中小企业联盟的效应分析［J］. 中国管理现代化，2012，15（16）：82-83.

［236］周振，孔祥智. 资产专用性、谈判实力与农业产业化组织利益分配：基于农民合作社的多案例研究［J］. 中国软科学，2017（7）：28-41.

［237］朱晨，杨晔. 本土企业与跨国公司合作研发诱发机制研究［J］. 科研管理，2018，39（10）：61-69.

［238］朱丽，刘军，刘超，等. 异质性行业连接、网络权力与创新绩效关系研究：基于中国上市公司全网络［J］. 经济管理，2017（9）：35-48.

［239］朱彦龙，吴楠，许哲军. 新形势下产学研结合机制探讨［J］. 研究与发展管理，2005，17（5）：115-118.

［240］祝娜，王效岳，白如江. 科技创新路径识别研究进展：方法与工具

[J]. 图书情报工作, 2014, 58 (13): 132-139.

[241] 弗雷德·R. 戴维. 战略管理 概念与案例 [M]. 徐飞, 译. 北京: 中国人民大学出版社, 2012: 257-258.

[242] 纳雷安安·V. K. 技术战略与创新 竞争优势的源泉 [M]. 程源, 高建, 杨湘玉, 译. 北京: 电子工业出版社, 2002.

[243] ABEDI M, FATHI M S, RAWAI N M. The impact of cloud computing technology to precast supply chain management [J]. International Journal of Construction Engineering & Management, 2013, 2 (A): 13-16.

[244] ADAMS S. Intellectual property rights, innovation, and economic growth in Sub-Saharan African [J]. Journal of Third World Studies, 2010, 28 (1): 231-243.

[245] ANDA, ZEITHAML C P. Competencies and firm performance: Examining the causal ambiguity paradox [J]. Strategic Management Journal, 2001 (22): 75-99.

[246] AKINTOYE A, CHINYIO E. Private finance initiative in the healthcare sector: Trends and risk assessment [J]. Engineering, Construction and Architectural Management, 2005, 12 (6): 601-616.

[247] ISHII A. Cooperative R&D between vertically related firms with spillovers [J]. International Journal of Industrial Organization, 2004, 22 (8-9): 1213-1235.

[248] ARROW K. Economic welfare and allocations of resource for invention [M]. Princeton: Princeton University Press, 1962.

[249] ZIMMER C. Entrepreneurship through social networks [M]. Cambridge, MA: The Art and Science of Entrepreneurship, Ballinger, 2006.

[250] SAMMARRA A, BIGGIERO L. Heterogeneity and specificity of inter-firm knowledge flows in innovation networks [J]. Journal of Management Studies, 2008 (4): 143-149.

[251] ALLRED B B, PARK W G. Patent rights innovative activity: Evidence from national and firm-level data [J]. Journal of International Business Studies, 2007, 38 (6): 878-900.

[252] AMALDOSS W, STAELIN R. Cross-function and same-function alliances: How does alliance structure affect the behavior of partnering firms? [J]. Management Science, 2010, 56 (2): 302-317.

[253] AMBROSINI V, BOWMAN C. What are dynamic capabilities and are they a useful construct in strategic management [J]. International Journal of Management Reviews, 2010, 11 (1): 29-49.

[254] AMIR R, JIM Y, TROEGE M. On additive spillovers and returns to scale in R&D [J]. International Journal of Industrial Organization, 2008, 26 (3): 695-703.

[255] AMIT R, SCHOEMAKER P. Strategic assets and organization rents [J]. Strategic Management Journal, 1993 (14): 33-46.

[256] ANDERSON J C, GERBING D W. Structural equation modeling in practice: A review and recommended two-step approach [J]. Psychological Bulletin, 1988, 103: 411-423.

[257] ANDREU R, CIBORRA C. Organisational learning and core capabilities development: The role of IT [J]. Journal of Strategic Information Systems, 1996, 5 (2): 111-127.

[258] ANNE L J, BOSCHMA R. Co-evolution of firms, industries and networks in space [J]. Regional Studies, 2011, 45 (7): 919-933.

[259] ANSOFF H I. Corporate strategy: An analytic approach to business policy for growth and expansion [J]. Harvard Business Review, 1978, 56 (3): 180.

[260] BADARACCO J L. The knowledge link: How firms compete through strategic alliances [M]. Boston: Harvard Business School Press, 1991.

[261] BAIN J S. Barriers to new competition [M]. Harvard University Press, 1956.

[262] BAKER W E, SINKULA J M. The synergistic effect of market orientation and learning orientation on organizational performance [J]. Journal of the Academy of Marketing Science, 1999, 27 (4): 411-427.

[263] BANTEL K A. Technology-based "adolescent" firm configurations: Strategy identification, context, and performance [J]. Journal of Business Venturing, 1998, 13 (3): 205-230.

[264] BARNEY J B. Firm resources and sustained competitive advantage [J]. Journal of Management, 1991 (17): 99-120.

[265] BECHKY B A, GRIPS G G. Pole-Based Coordination in Temporary Organizations [J]. Organization Science, 2006, 17 (1): 3-19.

[266] BEERS C, ZAND F. R&D cooperation, partner diversity, and innova-

tion performance: An empirical analysis [J]. Journal of Product Innovation Management, 2014, 31 (2): 292-312.

[267] BELDERBOS R, CARREE M, DIEDEREN B, et al. Heterogeneity in R&D cooperation strategies [J]. International Journal of Industrial Organization, 2004, 22 (8-9): 1237-1263.

[268] BOUBAKRI N, COSSET J C, SAFFAR W. Political connections of newly privatized firms [J]. Journal of Corporate Finance, 2008, 14 (5): 654-673.

[269] BOUNCKEN R B, FREDRICH V. Coopetition: Performance implications and management antecedents [J]. International Journal of Innovation Management, 2012, 16 (5): 1-28.

[270] BOURANTAS D. Avoiding dependence on suppliers and distributors [J]. Long Range Planning, 1989, 22 (3): 140-149.

[271] BRETHERTON P, CARSWELL P. Trust me: I'm a marketing academic across-disciplinary look at trust [J]. Proceedings of Academy of Marketing Annual Conference, 2002: 2-5.

[272] BRAGA C A P, FINK C. International transactions in intellectual property and developing countries [J]. International Journal of Technology Management, 2000, 19 (1): 35-56.

[273] BUVIK A, GRONHAUG K. Inter-firm dependence, environmental uncertainty and vertical co-ordination in industrial buyer-seller Relationships [J]. The International Journal of Management Science, 2000, 28 (4): 445-454.

[274] CARBONI O A. Heterogeneity in R&D collaboration: An empirical investigation [J]. Structural Change and Economic Dynamics, 2013, 25 (5): 48-59.

[275] CALOGHIROU Y, KASTELLI L, TSAKANIKAS A. International capabilities and external knowledge sources: Complements or substitutes for innovative performance? [J]. Technovation, 2004, 24 (1): 29-39.

[276] CARSON S J, MADHOK A, WU T. Uncertainty, opportunism, and governance: The effects of volatility and ambiguity on formal and relational contract [J]. Academy of Management Journal, 2006, 49: 1058-1077.

[277] CASICIARO T, PISKORSKI M J. Power imbalance, mutual dependence, and constraint absorption: A closer look at resource depence theory [J].

Administrative Science Quarterly, 2005, 50 (2): 167-199.

[278] CHEN C J, LI Z, SU X, et al. Rent-seeking incentives, corporate political connections, and the control structure of private firms: Chinese evidence [J]. Journal of Corporate Finance, 2011, 17 (2): 229-243.

[279] CHESBROUGH H. Why companies should have open business models [J]. Mit Sloan Management Review, 2007, 48 (2): 22-28, 91.

[280] CHIANGY H, HUNG K P. Exploring open search strategies and perceived innovation performancefrom the perspective of inter-organizational knowledge flows [J]. R&D Management, 2010, 40 (3): 292-299.

[281] CLAESSENS S, LAEVEN L. Financial development, property rights, and growth [J]. Journal of Finance, 2003, 58 (6): 2401-2436.

[282] COLLINS J D, HITT M A. Leveraging tacit knowledge in alliances: The importance of using relational capabilities to build and leverage relational capital [J]. Journal of Engineering and Technology Management, 2006, 23 (3): 147-167.

[283] COMINOL S. On the governance of R&D alliance: Joint venture and contract agreements [R]. Italia: Vniversitddi Padova, Dipartimento di Scienze Econoniche, 2003.

[284] CONNER K. A historical comparison of resource-based theory and five schools of thought within industrial organization economics: Do we have a new theory of the firm [J]. Journal of Management, 1991 (17): 121-154.

[285] DAS T K, TENG B S. Risk types and inter-firm alliance structures [J]. Journal of Management Studies, 1996, 33 (6): 827-843.

[286] DAVID R J, HAN S K. A systematic assessment of the empirical support for transaction cost economics [J]. Strategic Management Journal, 2004, 25 (1): 39-58.

[287] D'ASPREMONT C, JACQUEMIN A, REVIEW A E. Coopretive and non-cooperative R&D induopoly with spillors [J]. American Economic Review, 1988, 78 (5): 1133-1137.

[288] VISSER M D, WEERD-NEDERHOF P D, FAEMS D, et al. Structural ambidexterity in NPD processes: A firm-level assessment of the impact of differentiated structures on innovation performance [J]. Technovation, 2010, 30 (5): 291-299.

[289] DEETER-SCHMELZ D R, BIZZARI A, GRAHAM R, et al. Business-

to-Business online purchasing suppliers' impact on buyers'adoption and usage intent [J]. Journal of Supply Chain Management, 2010, 37 (1): 4-10.

[290] DIERICKX I, COOL K. Asset stock accumulation and sustainability of competitive advantage [J]. Management Science, 1989 (35): 1504-1511.

[291] DIRKS K T, FERRIN D L. Trust in leadership: Meta-analytic findings and implications forresearch and practice [J]. Journal of Applied Psychology, 2002, 87 (4): 611-628.

[292] GUTHRIE D. Organizational learning and productivity: State structure and foreign investment in the rise of the Chinese corporation [J]. Management and Organization Review, 2005, 1 (2): 165-195.

[293] DOZ Y. The evolution of cooperation in strategic alliance: Initial conditions or learning processes [J]. Strategic Management Journal, 1996, 17 (S1): 55-83.

[294] DREJER I, JRGENSEN B H. The dynamic creation of knowledge: Analyzing public-private collaborations [J]. Technovation, 2005, 25 (2): 83-94.

[295] DREES J M, HEUGENS P. Synthesizing and extending resource dependence theory: A meta-analysis [J]. Journal of Management, 2013, 39 (6): 1666-1698.

[296] DUYSTERS G, HEIMERIKS K, LOKSHIN B, et al. Do firms learn to manage alliance portfolio diversity? The diversity-performance relationship and the moderating effects of experience and capability [J]. European Management Review, 2012, 9 (3): 139-152.

[297] DYER J H, SINGH H. The relational view: Cooperative strategy and sources of inter organizational competitive advantage [J]. Academy of Management Review, 1998, 23 (4): 660-679.

[298] EDMONDSON A C, MCMANUS S E. Methodological fit in management field research [J]. Academy of Management Review, 2007, 21 (4): 1155-1179.

[299] EISENHARDT K M, MARTIN J A. Dynamic capabilities: What are they? [J]. Strategic Management Journal, 2000, 21 (10): 1105-1121.

[300] EISENHARDT K M. Building theories from case study research [J]. Academy of Management Review, 1989, 14 (1): 532-550.

[301] ELLINGER A E, KELLER S B, ELLINGER A D. Developing interdepartmental integration: An evaluation of three strategic approaches for performance im-

provement [J]. Performance Improvement Quarterly, 2000, 13 (3): 41-59.

[302] EMERSON R M. Power-dependence relations [J]. American Sociological Review, 1962 (1): 31-34.

[303] GALLIE E P, ROUX P. Forms and determinants of R&D collaborations: Evidence based on french data [J]. Industry&Innovation, 2010, 17 (17): 551-576.

[304] ERIC W K. Acquiring knowledge by foreign partners from international joint ventures in a transition economy: Learning-by-doing and learning myopia [J]. Strategic Management Journal, 2002, 23 (9): 835-854.

[305] ERKALA N, PICCININ D. Cooperative R&D under uncertainty with free entry [J]. International Journal of Industrial Organization, 2010 (1): 74-85.

[306] EVSTIGNEEV A R, WOODERS I J. Noncooperative versus cooperative R&D with endogenous spillover rates [J]. Games and Economic Behavior, 2003, 42 (2): 183-207.

[307] FAEMS D, LOOY B V, DEBACKERE K. Interorganizational collaboration and innovation: towarda portfolio approach [J]. Journal of Product Innovation Management, 2005, 22 (2): 238-250.

[308] FLORIDA R. The flight of the creative class: The new global competition for talent [J]. Liberal Education, 2006, 92 (3): 22-29.

[309] FORNELL C, LARCKER D F. Evaluating structural equation models with unobservable variables and measurement error: Algebra and Statistics [J]. Journal of Marketing Research, 1981, 18 (2): 39-50.

[310] FRIEDMAN. Evolutionary games in economics [J]. Econometrica, 1991, 59 (3): 637 -666.

[311] GARCIA-PONT C, NOHRIA N. Local versus global mimetism: The dynamics of alliance formation in the automobile industry [J]. Strategic Management Journal, 2002, 23 (4): 307-321.

[312] GERINGER J M. Selection of partners for international joint venture: Identification and screening of partner [J]. Business Quarterly, 1988, 53 (2): 31-36.

[313] GERWIN D. Coordinating new product development in strategic alliances [J]. Academy of Management Review, 2004, 29 (2): 241-257.

[314] PANKAJ G, MICHAEL S A. Learning curve spillovers and market per-

formance [J]. Quarterly Journal of Economics, 1985 (100): 839-852.

[315] NYAGA G N, WHIPPLE J M, LYNCH D F. Examining supply chain relationships: Do buyer and supplier perspectives on collaborative relationships differ? [J]. Journal of Operations Management, 2010 (2): 101-114.

[316] GLAISTER K W, BUCHLEY P J. Strategic motives for international alliance formation [J]. Journal of Management Studies, 1996, 33: 301-332.

[317] GRANT R M. Toward a knowledge-based theory of the firm [J]. Strategic Management Journal, 1996 (2): 109-122.

[318] GRECO M, GRIMALDI M, CRICELLI L. An analysis of theopen innovation effect on firm performance [J]. European Management Journal, 2016, 34 (5): 501-516.

[319] GREENHAUS J H, POWELL G N. When work and family are allies: A theory of work-family enrichment [J]. Academy of Management Review, 2006, 31 (1): 72-92.

[320] GUTHRIE D. Organizational learning and productivity: State structure and foreign investment in the rise of the chinese corporation [J]. Management and Organization Review, 2005, 1 (2): 165-195.

[321] GULATI R, NOHRIA N, ZAHEER A. Strategic networks [M]. John Wiley & Sons, Ltd, 2006.

[322] GULATI R, SINGH H. The architecture of cooperation: Managing coordination costs and appropriation concerns in strategic alliances [J]. Administrative Science Quarterly, 1998, 43 (4): 781-814.

[323] GULATI R, SYTCH M. Does familiarity breed trust? Revisiting the antecedents of trust [J]. Managerial and Decision Economics, 2008, 29, 165-190.

[324] GULATI R, SYTCH M. Dependence asymmetry and joint dependence in interorganizational relationships: Effects of embeddedness on a manufacturer's performancein in procurement relationships [J]. Administrative Science Quarterly, 2007, 52 (1): 32-69.

[325] HA A Y. Supplier-buyer contracting: Asymmetric cost information and cutoff level policy for buyer participation [J]. Naval Reaearch Logistics, 2001, 48 (1): 41-64.

[326] LUNDBERG H, ANDRESEN E. Cooperation among companies, universities and local government in a swedish context [J]. Industrial Marketing Manage-

ment, 2012, 41 (3): 429-437.

[327] HELFAT C E. Know-how and asset complementarity and dyanmic capability accumulation: The case of R&D [J]. Strategic Management Journal, 1997, 18 (5): 339-360.

[328] HELPMAN E. Innovation, imitation and intellectual property rights [J]. Econometrica, 1993, 61 (6): 1247-1280.

[329] HENNET J C, ARDA Y. Supply chain coordination: A game approach [J]. Engineering Application of Artificial of Intelligence, 2008 (21): 399-405.

[330] HOECHT A, TROTT P. Innovation risks of strategic outsourcing [J]. Technovation, 2006, 26 (5): 672-681.

[331] HOLM D B, ERIKSSON K, JOHANSON J. Creating value through mutual commitment to business network relationships [J]. Strategic Management Journal, 1999, 20 (5): 467- 486.

[332] HOLMES S, SMART P. Exploring open innovation practice in firm-nonprof it engagements: A corporate social responsibility perspective [J]. R&D Management, 2009, 39 (4): 394-409.

[333] HU M C, MATHEWS J A. China's national innovation capacity [J]. Research Policy, 2008, 37 (9): 1465-1479.

[334] INKPEN A C, BEAMISH P W. Knowledge, bargaining power, and the instability of international joint ventures [J]. Academy of Management Review, 1997, 22 (1): 177 -202.

[335] ITAMI H, ROEHI W. Mobilizing invisible assets [M]. Cambridge (MA): Harvard University Press, 1987.

[336] JUN X, JIANG M S, LI S, et al. Practice standardization in cross-border activities of multinational corporations: A resource dependence perspective [J]. Management International Review, 2014, 54 (5): 707-734.

[337] DEWALD J, BOWEN F. Storm clouds and silver linings: Respoding to disruptive innovations through cognitive resilience [J]. Entrepreneurship Theory and Practice, 2009, 3 (1): 197-218.

[338] HELLMAN J S, JONES G, KAUFMANN D. Seize the state, seize the day: State capture, corruption, and influence in transition [J]. Policy Research Working Paper, 2003, 31 (4): 751-773.

[339] KALAIGNANAM K, SHANKAR V, VARADARAJAN R. Asymmetric

new product development alliancese: Win-win or win-lose partnerships [J]. Management Science, 2007, 53 (3): 357-374.

[340] MICHAEL L K. An analysis of cooperative research and development [J]. The Rand Journal of Economice, 1986, 17 (4): 527-543.

[341] FUKUDA K, WATANABE C. Japanese and US perspectives on the national innovation ecosystem [J]. Technology in Society, 2008, 30 (1): 49-63.

[342] KING A W. Disentangling interfirm and intrafirm causal ambiguity: A conceptual model of causal ambiguity and sustainable competitive advantage [J]. Academy of Management Review, 2007 (32): 156-178.

[343] KLINE R B. Principles and practice of structural equation modeling [M]. New York: The Guilford Press, 2000.

[344] KOGUT B. Joint ventures: Theoretical and empirical perspectives [J]. Strategic Management Journal, 1988 (9): 319-332.

[345] KRUEGER A O. The Political Economy of the Rent-seeking Society [J]. American Economic Review, 1974, 64 (3): 291-303.

[346] KUITTINEN H, KYLHEIKO K, SANDSTRM J, et al. Cooperation governance mode: An extended transaction cost approach [J]. Journal of Management and Governance, 2009, 13 (4): 303-323.

[347] KULATUNGA U, AMARATUNGA D, HAIGH R. Performance measurement in the construction research and development [J]. International Journal of Productivity and Performance Management, 2007, 56 (8): 673-688.

[348] KUMAR N, SCHEER L K, STEENKAMP J B E M. The effects of perceived interdependence on dealer attitudes [J]. Journal of Marketing Research, 1995, 32 (3): 348-356.

[349] LAMBE C J, SPEKMAN R E, HUNT S D. Alliance competence, resources, and alliance success: Conceptualization, measurement, and initial test [J]. Journal of the Academy of Marketing Science, 2002, 30 (2): 141-158.

[350] LARRY V D B. The adoption of new university technology for product innovation: A core competence perspective [D]. Waterloo: University of Waterloo, 2001.

[351] LAU A H L, LAU H S, WANG J C. Pricing and volume discounting for a dominant retailer with uncertain manufacturing cost information [J]. European Journal of Operational Research, 2007, 183 (2): 848-870.

[352] LEE J W. Government interventions and productivity growth in Korean manufacturing Industries [J]. Journal of Economic Growth, 1996, 1 (3): 391-414.

[353] LEONARD D A. Core capability and core rigidities: A paradox in managing new product development [J]. Strategic Management Journal, 1992 (13): 111-125.

[354] LHUILLERY S, PFISTER E. R&D cooperation and failures in innovation projects: Empirical evidence from french CIS data [J]. Research Policy, 2009, 38 (1): 45-57.

[355] LIDDELL S, BAILEY D V. Market opportunities and threats to the U.S. pork industry posed by trace ability systems [J]. The International Food & Agribusiness Management Review, 2001, 4 (3): 287-302.

[356] LINE M B. Changes in the use of literature with time: Obsolescence revisited [J]. Library Trends, 1993 (41): 665-683.

[357] LIPPMAN S A, RUMELT R P. Uncertain imitability: An analysis of interfirm difference in efficiency under competition [J]. Bell Journal of Economics, 1982, 13 (2): 418-438.

[358] LONG C, ZHANG X B. Cluster-based industrialization in China: Financing and performance [J]. Journal of International Economics, 2011 (84): 112-123.

[359] MA X, YAO X, XI Y. How do interorganizational and interpersonal networks affect a firm's strategic adaptive capability in a transition economy [J]. Journal of Business Research, 2009, 62 (11): 1087-1095.

[360] MA Z, LEE Y. Patent application and technological collaboration in inventive activities : 1980-2005 [J]. Technovation, 2008, 28 (6): 379-390.

[361] MADHOK A, TALLMAN S B. Resources, transactions and rents: Managing value through interfirm collaborative relationships [J]. Organization Science, 1998, 9 (3): 326-339.

[362] MAHONEY J T, PANDIAN J. The resource-based view within the conversation of strategic management [J]. Strategic Management Journal, 1992 (13): 363-380.

[363] MALHOTRA A, GOSAIN S, ELSAWY O. Absorptive capacity configurations in supply chains: Gearing for partner-enabled market knowledge creation [J]. MIS Quarterly, 2005, 29 (1): 145-187.

[364] MANSFIELD E. Intellectual property protection, direct investmentand technology transfer: Germany, Japan and the United States [J]. International Journal of Technology Management, 2000, 19 (1): 3-21.

[365] MANSFIELD E, RAPOPORT J, ROMEO A, et al. Social and private rates of return from industrial innovation [J]. Quarterly Journal of Economics, 1977, 91 (2): 221-240.

[366] MARKIDES C C, WILLIAMSON P. Related diversification, core competences and corpotate performance [J]. Strategic Management Journal, 1994 (15): 149-165.

[367] MAYER R C, DAVIS J H. The effect of the performance appraisal system on trust [J]. Academy of Management Review, 1995 (20): 709-734.

[368] MCCANN J E, FERRY D L. An approach for assessing and managing interunit interdependence [J]. Academy Management Review, 1979, 4 (1): 113-119.

[369] MCIVOR R, HUMPHREYS P, MCCURRY L. Electronic commerce: Supporting collaboration in the supply chain? [J]. Journal of Materials Processing Technology, 2003 (139): 147-152.

[370] MILLER D, SHAMSIE J. The resource-based view of the firm in two environments: The Hollywood film studies from 1936 to 1965 [J]. Academy of Management Journal, 1996, 39 (3): 519-543.

[371] MINDRUTA D, MOEEN M, AGARWAL R. A two-sided matching approach for partner selection and assessing complementarities in partners'attributes in interfirm alliances [J]. Strategic Management Journal, 2016, 37 (1): 206-231.

[372] KIM M. Geographic scope, isolating mechanisms, and value appropriation [J]. Strategic Management Journal, 2016, 37 (4): 695-713.

[373] NARVER J C, STANLEY F, DOUGLAS S, et al. Responsive and proactive market orientation and new product success [J]. Journal of Product Innovation Management, 2004, 21 (5): 334-347.

[374] NELSON R R, WINTER S G. An evolutionary theory of economic change [M]. Boston: Harvard University Press, 1982.

[375] NEWBERT S L, TORNIKOSKI E T. Resource acquisition in the emergence phase: Considering the effects of embeddedness and resource dependence [J]. Entrepreneurship Theory and Practice, 2013, 37 (2): 249-280.

[376] NONAKA I. The knowledge-greating company [J]. Havard Business

Review, 1991, 69 (6): 96-104.

[377] NUNNALLY J C. Psychometric Theory (2nd ed.) [M]. New York: Mcgraw-Hill, 1978.

[378] WILLIAMSON O E. The theory of the firm as governance structure: From choice to contract [J]. Journal of Economic Perspectives, 2002, 16 (3): 171-195.

[379] OXLEY J E, SAMPSON R C. The scope and governance of international R&D alliances [J]. Strategic Management Journal, 2004, 25: 723-749.

[380] PARKER H. Interfirm collaboration and the new product development process [J]. Industrial Management&Data Systems, 2000, 100 (6): 255-260.

[381] PARKHE A. Strategic alliance structuring: A game theory and transaction cost examination of Interfirm Cooperation [J]. Academy of Management Journal, 1993, 36 (4): 794-829.

[382] PETERAF M A. The cornerstones of competitive advantage: A resource-based view [J]. Strategic Management Journal, 1993, 14 (3): 179-191.

[383] PFEFFER J, SALANCIK G R. The external control of organizations: A resource dependence perspective [M]. New York: Harper &Row, 1978.

[384] PFEEFER J, NOWAK P. Joint ventures and interorganizational interdependence [J]. Administrative Science Quarterly, 1976 (21): 398-418.

[385] PHILBIN S. Measuring the performance of research collaborations [J]. Measuring Business Excellence, 2008, 12 (3): 16-23.

[386] PISANO G. The R&D boundaries of the firm: An empirical analysis [J]. Administrative Science Quarterly, 2009, 35 (1): 153-176.

[387] PLEWA C, QUESTER P. Key drivers of university-industry relationships: The role of organisational compatibility and personal experience [J]. Journal of Services Marketing, 2007, 21 (5): 370-382.

[388] PONT C G, NOHRIA N. Local versus global mimetism: The dynamics of alliance for mation in the automobile industry [J]. Strategic Management Journal, 2002, 23 (4): 307-321.

[389] POWELL B. State development plannning: Did it create an East Asian miracle? [J]. Review of Austrian Ecomomics, 2005, 18 (3-4): 305-323.

[390] PRAHALAD C K, HAMEL G. The core competence of the corporation [J]. Harvard Business Review, 2000 (3): 3-22.

[391] PRESUTTI M, BOARI C, MAJOCCHI A. The importance of proximity for the start- ups' knowledge acquisition and exploitation [J]. Journal of Small Business Management, 2011, 49 (3) : 361-389.

[392] PRICE D J D S. Networks of scientific papers [J]. Sciences, 1965 (149): 510-515.

[393] WU Q, LUO X, SLOTEGRAAF R J, et al. Sleeping with competitors: The impact of NPD phases on stock market reactions to horizontal collaboration [J]. Journal of the Academy of Marketing Science, 2015, 43 (4): 490-511.

[394] QUINN J B, DOORLEY T L, PAQUETTE P C. The intellectual holding company: Structuring around core activities [J]. The Strategy Process, 1990: 324-330.

[395] RAHMAN N, KORN H J. Alliance longevity: Examining relational and operational antecedents [J]. Long Range Plannning, 2014, 47 (5): 245-261.

[396] REED R, DEFILLIPPI R J. Causal ambiguity, barriers to imitation, and sustainable competitive advantage [J]. Academy of Management Review, 1990 (41): 88-102.

[397] RUMELT R. Towards a strategic theory of the firm [M]. Englewood Cliffs: Prentice-Hall, 1984: 556-570.

[398] RUMELT R. How much does industry matter? [J]. Strategic Management Journal, 1991 (12): 167-185.

[399] ROBERTS N, GROVER V. Leveraging information technology infrastructure to facilitate a firm's customer agility and competitive activity: An empirical investigation [J]. Journal of Management Information Systems, 2012, 28 (4): 231-270.

[400] ROELS G, KARMARKAR U S, CARR S. Contracting for collaborative services [J]. Management Science, 2010, 56 (5): 849-863.

[401] SCHMITT R W. Conflict or synergy: University industry research relations [J]. Accountability in Research, 1997 (5): 251-254.

[402] ROMERO D, MOLINA A. Collaborative networked organisations and customer communities: Value co-creation and co-innovation in the networking era [J]. Production Planning & Control, 2011, 22 (5-6): 447-72.

[403] ROPER S, CRONE M. Knowledge complementarity and coordination in the local supply chain: Some empirical evidence [J]. British Journal of Management,

2003, 14 (4): 339-355.

[404] ROTHAERMEL F T, BOEKER W. Old technology meets new technology: Complementarities, similarities and alliance formation [J]. Strategic Management Journal, 2008, 29 (1): 47-77.

[405] SALA A, LANDONI P, VERGANTI R. R&D networks: An Evaluation Framework [J]. International Journal of Technology Management, 2011, 53 (1): 19-43.

[406] SAMPSON R C. The cost of misaligned governance in R&D alliances [J]. Journal of Law, Economics & Organization, 2004, 20 (2): 484-526.

[407] SANCHEZ-GONZALEZ G, HERRERA L. The influence of R&D cooperation on innovatory effort [J]. Innovation, 2010, 12 (3): 337-354.

[408] SAVASKAN R C, BHATTACHARYA S, WASSENHOVE L. Closed-loop supply chain models with product remanufacturing [J]. Management Science, 2004, 50 (2): 239-252.

[409] SAVASKAN R C, WASSENHOVE L. Reverse channel design: The case of competing retailers [J]. Operations Research, 2006, 52 (1): 1-14.

[410] SAVIOTTI P P. On the dynamics of appropriability of tacit and of codified knowledge [J]. Research Policy, 1998, 26 (7-8): 843-856.

[411] SCHARTINGER D, RAMMER C, FISCHER M. Knowledge interactions between universities and industry in Austria: Sectoral patterns and determinant [J]. Research Policy, 2002, 31 (3): 303-328.

[412] SCHNEIDER P H. International trade, economic growth and intellectual property rights: A panel data study of developed and developing countries [J]. Journal of Development Economics, 2005, 78 (2): 529-547.

[413] CHUNG S A, KIM G M. Performance effects of partnership between manufacturers and suppliers for new product development: The supplier's standpoint [J]. Research Policy, 2003, 32 (4): 587-603.

[414] SHAN R, SWAMINATHANN V. Factors influencing partner selection in strategic alliances: The moderating role of alliance context [J]. Strategic Management Journal, 2008, 29 (5): 471-494.

[415] WINTER S G. Understanding dynamic capabilities [J]. Strategic Management Journal, 2003, 24 (10): 991-995.

[416] SIMATUPANG T M, SRIDHARAN R. A benchmarking scheme for sup-

ply chain collaboration [J] Benchmarking, 2004, 11 (1): 9-30.

[417] SIMON D G, HITT M A, IRELAND R D. Managing firm resources in dynamic environments to create value: Looking inside the blook box [J]. Academy of Management Review, 2007, 32 (1): 273-292.

[418] SIMONIN B L. Ambiguity and the process of knowledge transfer in strategic alliances [J]. Strategic Management Journal, 1999 (20): 595-624.

[419] SIMONIN B L. An empirical investigation of the process of knowledge transfer in international strategic alliances [J]. Journal of International Business Studies, 2004, 35 (5): 407-427.

[420] STAM W, ELFRING T. Entrepreneurial orientation and new venture performance: The moderating role of intra-and extraindustry social capital [J]. Academy of Management Journal, 2008, 51 (1): 97-111.

[421] STOCK G N, TATIKONDA M V. The joint influence of technology uncertainty and interorganizational interaction on external technology integration success [J]. Journal of Operations Management, 2008, 26 (1): 65-80.

[422] TANG C S, ZIMMERMAN J D, NELSON J I. Managing new product development and supply chain risks: The boeing 787 case [J]. Supply Chain Forum, 2009, 10 (2): 74-86.

[423] TEECE D J. Profiting from technological innovation: Implications for integration, collaboration, licensing and public Policy [J]. Research Policy, 1986, 15 (6): 285-305.

[424] TEECE D J, PISANO G, SHUEN A. Dynamic capabilities and strategic management [J]. Strategic Management Journal, 1997, 18 (7): 509-533.

[425] TEECE D J. Business models and dynamic capabilities [J]. Long Range Planning, 2018, 51 (1): 40-49.

[426] TEECE D J. Dynamic capabilities as (workable) management systems theory [J]. Journal of Management&Organization, 2018, 24 (3): 359-368.

[427] THOMPSON J D, ZALD M N, SCOTT W R. Organizations in action: Social science based of administrative theory [M]. NJ: Transaction Publishers, 1967.

[428] TOMLINSON P R. Co-operative ties and innovation: Some new evidence for UK manufacturing [J]. Research Policy, 2010, 39 (6): 762-775.

[429] TSAI W. Social capital, strategic relatedness and the formation of in-

traorganizational linkages [J]. Strategic Management Journal, 2000, 21: 925-939.

[430] TSANG, ERIC W K. Transaction cost and resource-based explanations of joint ventures: A comparison and synthesis [J]. Organizational Studies, 2000, 21 (1): 215-242.

[431] UTTERBACK J M, MEYER M H. The product family and the dynamice of core capability [J]. Sloan Management Review, 1993 (34): 29-47.

[432] VEUGELERS R. Collaboration in R&D: An assessment of theoretical and empirical findings [J]. De Economist, 1998, 146 (3): 419-443.

[433] WANG C L, AHMED P K. Dynamic capabilities: A review and research agenda [J]. International Journal of Management Reviews, 2007, 9 (1): 31-51.

[434] WATHNE K H, HEIDE J B. Opportunism in Inter-firm relationships: Firms, outcomes, and solutions [J]. The Journal of Marketing, 2000, 64 (4): 36-51.

[435] ARBOR A. A resource based view of the firm [J]. Strategic Management Journal, 1984 (5): 4-12.

[436] WERDER A. Corporate governance and stakeholder opportunism [J]. Organization Science, 2011, 22 (5): 1345-1358.

[437] WIKLUND J , SHEPHERD D. Knowledge-based resources, entrepreneurial orientation, and the performance of small and medium-sized businesses [J]. Strategic Management Journal, 2003, 24 (13): 1307-1314.

[438] WILLIAMSON O E. Strategizing economizing and economic organigation [J]. Strategic Management Journal, 1991 (12): 1087-1108.

[439] WINTER G S, KANIOVSLI Y M, DOSI G. A baseline model of industry evolution [J]. Journal of Evolutionary Economics, 2003, 13 (4): 355-383.

[440] WRIGHT G. Game theory, game threorists, university students, role - playing and forecasting ability [J]. International Journal of Forecasting, 2002, 18 (3): 383-387.

[441] WU Q, LUO X, SLOTEGRAAF J R, et al. Sleeping with competition: The impact of NPD phases on stock market reaction to horizontal collaboration [J]. Journa of the Academy of Marketing Science, 2015, 43 (4): 490-510.

[442] XIA J. Mutual dependence, partner substitutability, and repeated partnership: The survival of cross-border alliances [J]. Strategic Management Journal,

2011, 32 (3): 229-253.

[443] XIE X M. How does cooperative innovation affect innovation performance? Evidence from Chinese firms [J]. Technology Analysis&Strategic Management, 2013, 25 (8): 939-956.

[444] YAN A, GRAY B. Bargaining power, management control, and performance in United States-China joint ventures: A comparative case study [J]. Academy of Management Journal, 1994, 37 (6): 1478-1517.

[445] YAN A, GRAY B. Negotiating control and achieving performancein international joint ventures: A conceptual model [J]. Journal of International Management, 2001, 7 (4): 295-315.

[446] YIN R K. Case study research: Desigh and methods [M]. CA: Sage Publications, 2009.

[447] ZAHRA S A, SAPIENZA H J, DAVIDSSON P. Entrepreneurship and dynamic capabilities: A review model and research agenda [J]. Journal of Management Studies, 2006, 43 (4): 917-955.

[448] ZAHRA S A, GEORGE G. Absorptive capacity: A review reconceptualization, and extension [J]. Academy of Management Review, 2002, 27 (2): 185-204.

[449] CHENG Z, DHALIWAL J. An investigation of resource-based and institutional theoretic factors in technology adoption for operations and supply chain management [J]. International Journal of Production Economics, 2009, 120 (1): 252-269.

[450] ZHANG X, JIANG J Y. With whom shall I share my knowledge? A recipient perspective of knowledge sharing [J]. Journal of Knowledge Management, 2015, 19 (2): 277-295.

[451] ZIKOPOULOS C, TAGARAS G. Impact of uncertainty in the quality of returns on the profitability of a single-period refurbishing operation [J]. Journal of Knowledge Management, 2007, 182 (1): 205-225.

[452] ZIMMERMAN M A, ZEITZ G J. Beyond survival: Achieving new venture growth by building legitimacy [J]. The Academy of Management Review, 2002, 27 (3): 414-431.

[453] ZIPF G K. Human behavior and the principle of least effort [M]. Addison-Wesley, Reading, MA, 1949.

[454] ZIRULIA L. The role of spillovers in R&D network Formation [J]. Economics of Innovation and New Technology, 2012, 21 (1): 83-105.

[455] ZOLFAGHARINIA H, HALEZI M, FARAHANI R Z, et al. A hybridtwo-stick inventory control model for a reverse supply chain [J]. Transportation Research Part E: Logistics and Transportation Review, 2014, 67 (7): 141-161.

[456] ZOLLO M, WINTER S G. Deliberate learning and the evolution of dynamic capabilities [J]. Organization Science, 2002, 13 (3): 339-351.

[457] ZOTT C, AMIT R. Business model design and the performance of entrepreneurial firms [J]. Organization Science, 2007, 18 (2): 181-199.

[458] ZOTT C. Dynamic capabilities and the emergence of intraindustry differential firm performance: Insights from a simulation study [J]. Strategic Management Journal, 2003, 24 (2): 97-125.

附录

附录1：访谈提纲

一、了解公司的基本情况

1. 请问贵公司的成长历程是怎样的？

2. 请问贵公司的经营业务种类有哪些？主营业务是什么？

3. 请问贵公司员工人数是多少？近些年有无增减变化？

4. 请问贵公司的组织结构框架是怎样的？

5. 请问贵公司的研发水平在业内所处的地位？

二、了解公司竞争优势的构建

1. 请问贵公司的发展战略规划是怎样的？

2. 请问贵公司的核心资源或能力是什么？对公司的竞争力的影响？

3. 请问贵公司从外部环境中得到哪些支持（如政策、法律、文化、地理等方面）？

4. 请问贵公司的研发投入情况是怎样的？

三、了解公司的研发合作情况

1. 请问贵公司选择合作伙伴是基于哪些方面的考虑？

2. 请问贵公司目前与主要合作伙伴的合作情况是怎样的？

3. 请问贵公司在合作过程中如何与合作伙伴进行信息交流及经验分享？

4. 请问贵公司与合作伙伴能够顺利开展合作及合作持续进行的主要原因是什么？

5. 请问贵公司如何处理和解决在合作中出现的问题？

四、了解合作研发对公司技术创新及绩效的影响

1. 请问合作对于贵公司来说是否是在新技术领域里的一次全新尝试？请

具体说明。

2. 请问通过合作是否能够给贵公司带来的技术突破？请具体说明。

3. 请问通过合作贵公司是否提高了技术研发水平？请具体说明。

4. 请问通过合作贵公司是否获得了更大的市场影响力，提高了产品的市场占有率？

5. 请问通过合作贵公司是否获得了更多的财务回报？

6. 请问合作是否有利于经济社会的发展？

附录2：隔离机制、双向资源依赖与协同效应关系的调查问卷

尊敬的先生/女士：

您好！非常感谢您能在百忙之中抽出时间来参与本次问卷调查。我是东北财经大学工商管理学院的一名博士生，正在从事合作研发组织协同效应实现的研究工作。本调查旨在分析隔离机制对合作研发组织协同效应实现的影响，以及双向资源依赖在隔离机制与协同效应之间的作用机制。所谓隔离机制是指限制企业竞争优势被削弱的经济力量；协同效应是指合作各方的整体收益大于个体收益的简单相加。本书获得的数据仅作学术研究之用。我们将恪守科学研究道德规范，不会泄露您的任何相关信息，请您放心并选择您认为合理的答案，您的客观回答对本研究具有重要的意义和作用。再次衷心感谢您的支持和帮助！

一、企业基本情况（请您在所选答案上打"√"）

B1. 您所在组织所属行业：

A. 电子通信　　B. 汽车　　C. 化工　　D. 教育

E. 其他

B2. 您所在组织的性质：

A. 国有企业　　B. 合资企业　　C. 外商独资企业　　D. 民营企业

E. 大学/科研院所

B3. 您所在组织的人数：

A. 50人以下　　B. 50~150人　　C. 151~300人　　D. 301~500人

E. 500人以上

B4. 您所在组织的成长年限：

A. 1~3 年　　B. 3~5 年　　C. 5~10 年　　D. 10~20 年

E. 20 年以上

B5. 您所在组织的合作类型：

A. 跨行业合作　　B. 竞争者合作　　C. 产学研合作　　D. 供应链合作

E. 其他

二、隔离机制与协同效应的关系（1 表示"非常不同意"，2 表示"比较不同意"，3 表示"中立"，4 表示"比较同意"，5 表示"非常同意"。请您在所选答案上打"√"）

（一）显性隔离

XG1. 本组织在专业技术领域已申请多项专利、并受到国家或地方政府的大力支持。

非常不同意	比较不同意	中立	比较同意	非常同意
1	2	3	4	5

XG2. 本组织具有合作伙伴所不具有的业务优势。

非常不同意	比较不同意	中立	比较同意	非常同意
1	2	3	4	5

XG3. 本组织具有的良好的商誉与市场影响力。

非常不同意	比较不同意	中立	比较同意	非常同意
1	2	3	4	5

XG4. 本组织受到中央政府或地方政府的大力支持。

非常不同意	比较不同意	中立	比较同意	非常同意
1	2	3	4	5

（二）隐性隔离

YG1. 本组织高层管理者具有敏锐的洞察力、长远的战略眼光及较强的沟通协调能力。

非常不同意	比较不同意	中立	比较同意	非常同意
1	2	3	4	5

YG2. 本组织的专业技术人员具有丰富的研发经验、研发专长和学习能力。

非常不同意	比较不同意	中立	比较同意	非常同意
1	2	3	4	5

YG3. 本组织的资源或能力是众多资源或能力的复杂协调。

非常不同意	比较不同意	中立	比较同意	非常同意
1	2	3	4	5

YG4. 本组织与合作伙伴间的知识流动不会受到阻碍。

非常不同意	比较不同意	中立	比较同意	非常同意
1	2	3	4	5

（三）结构依赖

JL1. 本组织与合作伙伴可借助双方的优势资源达到优势互补的效果。

非常不同意	比较不同意	中立	比较同意	非常同意
1	2	3	4	5

JL2. 本组织与合作伙伴在合作过程中是不可替代的关系。

非常不同意	比较不同意	中立	比较同意	非常同意
1	2	3	4	5

JL3. 本组织与合作伙伴之间的依赖关系是对等的，不存在一方高于或低于另一方的情况。

非常不同意	比较不同意	中立	比较同意	非常同意
1	2	3	4	5

JL4. 本组织与合作伙伴所贡献的资源都是双方所需要的。

非常不同意	比较不同意	中立	比较同意	非常同意
1	2	3	4	5

（四）过程依赖

GL1. 本组织与合作伙伴在合作过程中都能提供给对方所需的稀缺资源。

非常不同意	比较不同意	中立	比较同意	非常同意
1	2	3	4	5

GL2. 本组织与合作伙伴在合作过程中能够步调统一，协调一致。

非常不同意	比较不同意	中立	比较同意	非常同意
1	2	3	4	5

GL3. 本组织与合作伙伴在合作过程中产生了不可分离的依赖关系。

非常不同意	比较不同意	中立	比较同意	非常同意
1	2	3	4	5

GL4. 合作双方分工越复杂，合作越紧密。

非常不同意	比较不同意	中立	比较同意	非常同意
1	2	3	4	5

（五）互补效应

HX1. 通过合作研发能够获得本组织不具备的资源。

非常不同意	比较不同意	中立	比较同意	非常同意
1	2	3	4	5

HX2. 合作降低了新技术研发或市场开拓的成本。

非常不同意	比较不同意	中立	比较同意	非常同意
1	2	3	4	5

HX3. 合作双方资源互补程度越高，期望净现值越大。

非常不同意	比较不同意	中立	比较同意	非常同意
1	2	3	4	5

HX4. 合作双方资源互补程度越高，合作研发越深入。

非常不同意	比较不同意	中立	比较同意	非常同意
1	2	3	4	5

（六）集成效应

JX1. 合作双方异质性资源的融合能够激发价值创造潜力。

非常不同意	比较不同意	中立	比较同意	非常同意
1	2	3	4	5

JX2. 合作研发中人与人、资源、组织功能等之间以最合理的结构形式组合在一起。

非常不同意	比较不同意	中立	比较同意	非常同意
1	2	3	4	5

JX3. 合作研发提高了合作各方的技术水平。

非常不同意	比较不同意	中立	比较同意	非常同意
1	2	3	4	5

JX4. 集成效应带来了更加紧密的合作关系。

非常不同意	比较不同意	中立	比较同意	非常同意
1	2	3	4	5

（七）学习效应

XX1. 本组织管理层十分重视组织的学习能力。

非常不同意	比较不同意	中立	比较同意	非常同意
1	2	3	4	5

XX2. 本组织通过激励机制来提高员工的学习热情。

非常不同意	比较不同意	中立	比较同意	非常同意
1	2	3	4	5

XX3. 本组织每年投入一定比例的资金对员工进行再教育和培训。

非常不同意	比较不同意	中立	比较同意	非常同意
1	2	3	4	5

XX4. 本组织的研究开发投入逐年增加。

非常不同意	比较不同意	中立	比较同意	非常同意
1	2	3	4	5

后记

在键盘上敲下最后一个终止符，本人终于完成了博士毕业论文的撰写，这也意味着我的博士学习生活历程临近了尾声。此刻已是深夜，站在窗口，遥望窗外灯火阑珊，几年来博士学习生活的点点滴滴又浮现在脑海，不禁感慨万千。其中，有确定选题时的彷徨，有收集数据时的痛苦，有写作中难题久攻不下时的煎熬，当然还有顿悟时的喜悦，成熟的收获，眼界的开阔。在东北财经大学的博士学习历程是我人生中最值得珍惜的宝贵记忆，在成长的道路上，正是有老师和同学的鼓励和支持，有亲人和朋友的期盼与理解，才让我能够坚持下来，并且顺利完成了博士阶段的学习，我对这一路走来给予我引导和帮助的良师益友们深表感激。

感谢我的博士生导师邱国栋教授！六年前，我有幸成为邱老师的学生，邱老师渊博的学识、深邃的洞察力、严谨的治学态度和淡定的处事风格对我的影响很大。正是在邱老师的培育下，我的科研水平和写作能力得到很大的提升，在此谨向恩师致以深深的敬意和诚挚的感谢。

感谢东北财经大学工商管理学院的各位老师，感谢学院为我们完成学业提供的良好的学习和科研环境，感谢开题答辩中各位专家提出的真诚的指导意见，感谢论文答辩过程中各位专家提出的完善建议，这些都让我受益匪浅。

感谢我现在工作单位的领导、同事和朋友，一路走来，一直有你们的理解和支持。在你们的协调和帮助下，我的论文调查问卷数据得以顺利收集，特别是协助我联系到了相关大型企业的高层管理者，一对一的访谈才得以顺利开展。

感谢我的博士同学和各位同门兄弟姐妹们，在我博士学习期间对我学习和生活上的支持和帮助。学术活动中的激烈辩论与深入交流，让我的思路更加清晰了，观点更加明确了。在我论文写作的各个阶段，都有你们的陪伴，并给我提出了很多宝贵的建议，让我获得很多启发，这些都成了我不断进步、提升自我能力的丰富营养。六年来，我们结下了深厚的友谊，我相信，这是我一生的宝贵财富。

感谢我的家人，你们是我最大的动力和最坚强的后盾！感谢我的父母对我的养育之恩，以及这么多年来对我家庭的默默奉献。对我来说，能够博士毕业是件异常艰难的事情。我博士入学时，孩子还不满三岁，完成学业和照顾孩子这“两座大山”，如果没有你们在我背后支持我，我实在难以承受。感谢我的爱人，在我读博的这些年，因为有你的理解、支持和付出，我才得以安心求学并顺利完成学业。

这一路，有太多太多的人给予了我无私的帮助和关爱，因为有你们，我才有勇气不惧风雨；因为有你们，我才有力量战胜困难。最后，请允许我再一次，对给予我帮助的师长、朋友、亲人们表达我内心最真挚的谢意和最崇高的敬意！

甘立双

2022 年 3 月